I0166591

DÉPÔT LÉGAL
Seine
n° 1571
1861.
INVENTAIRE
Y2 3.350

NI JAMAIS
NI TOUJOURS,

PAR

CH. PAUL DE KOCK.

ÉDITION ILLUSTRÉE DE 25 VIGNETTES PAR BERTALL.

PRIX : **90** CENTIMES.

PARIS,

PUBLIÉ PAR GUSTAVE BARBA, LIBRAIRE-ÉDITEUR,

8, RUE CASSETTE.

Toute traduction ou contrefaçon est interdite en France et à l'étranger. (Propriété de l'Éditeur.)

72

ROMANS POPULAIRES ILLUSTRÉS

NI JAMAIS NI TOUJOURS

PAR

PAUL DE KOCK.

CHAPITRE I. — Une visite
galante.

Il est huit heures, c'est
bien ce soir qu'elle doit venir, elle ne tardera pas :
Clémence n'a pas l'habitude
de se faire attendre, et d'ailleurs nous nous voyons si
rarement ! les occasions deviennent si difficiles qu'il ne
faut pas les laisser échapper.
On dit que les obstacles ali-
mentent l'amour ; alors le
nôtre devrait durer éternellement, car nous avons toujours mille peines pour nous
rapprocher.

Voilà deux ans que je la
connais... Deux ans... cela
date déjà ; et on lui avait
dit que je ne l'aimerais pas
trois mois !... On est si méchant !... il est vrai que nous
sommes quelquefois trois semaines sans pouvoir nous
parler. Nous nous entrete-
nons, mais nous n'usons pas
notre amour.

Quand nous ne nous
voyons pas, elle pense sans
cesse à moi... à ce qu'elle
me dit... et je le crois. Les
femmes aiment si bien,
quand elles aiment... Alors
même que le devoir les retient ailleurs, ne peuvent-
elles pas être près de nous
par la pensée !... Pauvre
Clémence, qui s'ennuie tant,
qui passe une vie si triste

jamais aimé, et entourée de
parents qui ne cherchent
qu'à lui causer des chagrins !
Est-ce donc un crime qu'elle
vienne chercher un moment
dans mes bras cet amour, ce
bonheur que son cœur avait
rêvé et que ceux qui l'entourent ne lui donnent pas ?
On fait de si singuliers ma-
riages ! on sacrifie les jeunes
filles !... et ce sont les jeunes
femmes qui se vengent.

Le temps est bien mau-
vais ; la pluie fouette contre
mes fenêtres ; il fait un froid
noir. C'est de la neige fondue qui tombe. Clémence
bravera-t-elle le vent et la
pluie? Oh ! oui ! quand on
aime bien, consulte-t-on le
temps ! Vite un grand feu,
que du moins à son arrivée
elle puisse se sécher, se réchauffer... Ah ! ce n'est pas
à ce feu-là qu'elle se ré-
chauffera le plus.

Fermons mes persiennes,
mes rideaux, on n'apercevra
pas que j'ai de la lumière
chez moi, et je ne me soucie
pas de recevoir d'autres visites que celle que j'attends...
Il est vrai qu'à
moins d'y être poussé par
quelque motif puissant, on
ne doit point sortir ce
soir... Mais que sait-on ?...
Il y a des intrépides ! des
gens qui barboteraient à travers les ruisseaux plutôt que
de passer une soirée chez eux,

Moi-même, si je n'attendais pas Clémence, serais-je resté ce soir chez moi? ce n'est pas probable, et pourtant j'ai à travailler... deux pièces en train... un chapitre à faire... Mais je n'aime pas à travailler le soir en hiver; c'est l'heure des plaisirs; la nuit, passe encore; car alors on n'empiète que sur son repos. Eh! nous aurons toujours le temps de dormir!...

Je baisse ma lampe, dont le jour est trop fort; je mets du bois dans la cheminée, je m'assieds dans une causeuse que j'ai avancée pour y faire reposer Clémence, et je me mets à souffler mon feu, en jetant de temps à autre les yeux sur ma pendule: voilà ma position; vous pouvez facilement vous en faire une idée; car il y a peu d'hommes qui ne se soient trouvés dans une situation semblable: si vous désirez cependant avoir une description plus exacte, des détails plus précis, je vous dirai encore que j'ai vingt-huit ans et une robe de chambre en molleton; que je suis brun et que j'ai des pantoufles vertes; que ma figure plaît aux uns et déplaît aux autres, et qu'alors j'engage les autres à ne pas me regarder; que je suis grand, mais que je me tiens mal; que je suis gai et que j'ai l'air sérieux; que je suis homme de lettres et ne suis point envieux, enfin que l'on me nomme Arthur tout simplement.

Il y a encore beaucoup de choses que je pourrais vous dire; mais à quoi bon? cela vous ennuierait peut-être, et d'ailleurs il est présumable que la suite vous les apprendra.

C'est un beau titre que celui d'homme de lettres, ou, du moins, c'est bien agréable d'être libre et d'écrire, de publier ses pensées; quant aux titres, ils ne sont rien pour moi, j'ai renoncé à ceux que je tenais de ma naissance, pour me livrer à mon goût pour les arts; on dit qu'il faut une vocation décidée pour avoir du talent... Ah! ce n'est pas la vocation qui me manque. Mon père ne pense pas comme moi: il appelle les vaudevillistes, écrivassiers, les auteurs de mélo-drames, thaumaturges; les auteurs d'opéras-comiques... Ah! pour ceux-là je n'ose vraiment pas dire comment il les appelle, d'autant plus que j'ai fait aussi quelques opéras-comiques.

Mon père n'a jamais lu de romans, moi je les dévore; il n'aime pas le spectacle, j'en suis fou; enfin il n'a jamais chanté de sa vie... et je ne fais que cela. Vous concevez que mon père et moi nous ne pouvions guère nous entendre; et j'ai perdu la seule personne qui pouvait nous rapprocher, celle dont l'indulgence excusait mes défauts, écoutait les rêves de mon imagination, et ne haussait point les épaules à mes premiers essais. Ma mère est morte lorsque j'atteignais ma quinzième année. Ma mère... que je vis toujours triste auprès de mon époux... Pourquoi cela? elle ne faisait point de vers pourtant. Je n'ai jamais su le motif de sa langueur ni du peu d'empressement que mon père lui témoignait; j'ai pensé que, comme beaucoup de gens, ils s'étaient mariés sans amour et s'en étaient repentis ensuite.

Mon père voulait me faire suivre la carrière des armes, que lui-même a parcourue avec gloire. Il prétendait qu'un homme titré ne pouvait point embrasser d'autre profession. Je n'ai tenu compte ni de ses leçons ni de ses ordres. Pendant qu'il me croyait à étudier le génie, les mathématiques, je faisais un couplet, ou je traçais un plan... non d'attaque, mais de vaudeville. Mon père s'est fâché bien sérieusement, il m'a dit: « Je ne veux point que mon nom soit prononcé dans un théâtre, ni imprimé sur une affiche, et placardé à tous les coins de rue. »

J'ai répondu: « S'il en est ainsi, je changerai de nom et, puisque vous pensez que je n'ai point assez de talent pour honorer le vôtre, je tâcherai de m'en faire un dont je n'aie pas à rougir. » C'est depuis ce moment que je me suis fait appeler Arthur, et rien qu'Arthur.

Ensuite j'ai quitté mon père; ne portant plus son nom, je ne devais plus habiter avec lui. Ma mère m'a laissé près de quatre mille francs de rente; c'est assez pour un poète.

Mon père m'a dit: « Je mangerai toute ma fortune; je ne vous laisserai rien. » Je lui ai répondu bien tranquillement: « Vous êtes libre; votre fortune est à vous, et je vous en voudrai pas de disposer de ce qui vous appartient. » Nous nous sommes quittés, non pas les meilleurs amis du monde, mais, le cœur serré, la poitrine oppressée; car cela fait toujours mal de se fâcher avec son père. Lui, pour dernier adieu, m'a crié: « Vous ne ferez jamais rien de bien, vous êtes trop libertin pour cela! » J'ai quelquefois pensé que mon père avait raison. Il y a sept ans de cela, et depuis cette époque je n'ai aperçu mon père que rarement. Depuis longtemps nos connaissances n'étaient plus les miennes; car je préférais les coulisses d'un théâtre ou la représentation d'une pièce nouvelle à ces réunions dans lesquelles on tournait en ridicule ce que je déifiais. Maintenant j'ai entièrement cessé d'aller chez les comtes et les marquis qui forment la société de mon père. D'ailleurs je ne m'appelle plus qu'Arthur; on ne voudrait peut-être pas m'y admettre. Je me suis présenté plusieurs fois chez mon père; il n'a pas voulu me recevoir... il ne me pardonne pas d'être auteur!... et cependant j'ai obtenu assez de succès pour me faire pardonner. En ce moment je voyage, à ce que je crois... j'aime mieux cela que de le savoir à Paris et de ne pouvoir être reçu chez lui. Cela fait mal de ne pas être admis chez son père... Combien de fois, en m'éloignant de sa demeure le cœur gonflé, les larmes dans les yeux, n'ai-je pas maudit la passion qui me privait de ses embrassements! mais c'était plus fort que moi... je ne pouvais y résister! Je

paye bien cher quelques succès éphémères!... Mais on dit qu'il n'est point ici-bas de parfait bonheur.. Si j'ai jamais des enfants, je les laisserai suivre à leur gré leur vocation... Eh! que me ferait l'état de mon fils pourvu qu'il fût honnête homme? qu'il se fasse tonnelier, peintre, musicien ou maçon, que m'importe!... ce serait toujours mon fils que j'embrasserais.

Il y a longtemps que j'ai fait toutes ces réflexions. En ce moment une seule pensée m'occupe. Va-t-elle venir? L'heure s'écoule... la pluie ne cesse pas... Elle aura pris une voiture et se fera descendre un peu plus loin. Il faut tant de précautions!... Pauvre femme!... elle risque tout... sa réputation, son avenir, sa position dans le monde, sa vie peut être!... et moi, que risqué-je?... un coup d'épée ou une balle d'un mari... En vérité! la partie n'est pas égale. Nous devrions adorer ces pauvres femmes, qui osent tant pour nous!... nous les adorons bien aussi, mais nous ne leur sommes pas fidèles.

Huit heures et demie! je commence à croire qu'elle ne viendra pas. Peut-être quelque obstacle imprévu... ou bien elle se lasse de cette liaison qui lui a causé tant de peines. Toujours craindre!... trembler!... pour un moment de bonheur, elle aura pensé que c'était l'acheter trop cher... mais alors c'est qu'elle ne m'aime pas beaucoup. Ah!... on a sonné... je cours... c'est elle... oh! oui, c'est elle. Je l'avais reconnue avant que de l'ouvrir. La sympathie n'est point une illusion, notre cœur bat plus vite à l'approche de ceux que nous aimons.

— Ah! vous voilà enfin!... Je commençais à désespérer!... — Mon Dieu!... il n'est pas ma faute!...

Je la conduis dans ma chambre, devant le feu. Pauvre Clémence! elle est toute mouillée! ses gants, son manteau, son chapeau sont trempés... et je la grondais!

— Sèche tes pieds... réchauffe-toi... voilà un bon feu.

— Oh! je n'ai pas froid!... Embrasse-moi d'abord.

Je l'embrasse, puis je la regarde, et je l'embrasse encore. On est si content de posséder ce qu'on a craint de ne revoir! Je la débarrasse de son chapeau, de son manteau; je la débarrasserais volontiers de tous les autres choses, mais elle m'arrête en souriant et me fait asseoir à son côté.

— Comment se fait-il que tu aies si chaud par le temps qu'il fait?

— C'est que j'ai couru... j'ai eu peur; j'ai cru qu'on me suivait.

— Est-ce que tu n'as pas pris une voiture? — Si, je suis fait descendre rue de l'Echiquier; ensuite, j'ai pris par la rue Hauteville... j'ai toujours si peur!... Il m'a semblé qu'un homme me suivait... je me suis trompée, peut-être... mais j'ai été si vite... Enfin, me voici près de toi!... ils ne peuvent plus m'en empêcher! encore un moment de bonheur à ajouter aux autres, et qu'on ne pourra m'ôter!...

Je serre ses mains dans les miennes, je baise ses yeux bruns que j'aime tant, qui sont pour moi si tendres et si doux; je caresse ses cheveux châtains qui ne sont jamais arrangés avec prétention, mais qui ont toujours de la grâce; je repose ma tête sur son épaule. On est si bien la tête appuyée sur l'épaule d'une femme que l'on aime! il semble qu'on la respire, qu'on fasse partie de sa personne.

Clémence me conte ses ennuis: on la surveille plus que jamais; on ne veut pas qu'elle sorte. Son mari est vieux et jaloux, il n'a point d'amour pour sa femme, il n'en a jamais eu. Après avoir été fort libertin, il s'est marié lorsqu'il a senti qu'il fallait renoncer à courir les femmes, c'est-à-dire que, devenant matingre, cacochyme, il a pris une épouse pour avoir une garde-malade. Mais, au lieu de se choisir une compagne de son âge, qui ne lui aurait pas demandé d'amour en échange de ses soins, il a encore voulu se donner une femme jeune et jolie, sans s'inquiéter du triste sort qu'il réservait à son printemps. Cette conduite n'est-elle point celle d'un égoïste? et si une femme est excusable de son cœur, je veux la défendre d'aller désormais nulle part sans lui. A vingt-cinq ans, il lui faut rester près d'un homme qui gronde du matin au soir; ajoutez à cela des parents curieux, bavards, épiant sans cesse ce qu'elle fait, rapportant au mari ce que l'on dit de sa femme, et vous aurez une idée du bonheur de celle que l'on a mariée à vingt ans avec un homme de cinquante-quatre, qui n'a jamais que le regret de ne plus pouvoir être libertin.

Mais une femme revient toujours à bout de faire ce qui lui plaît: ceci n'est pas rassurant pour vous, messieurs les jaloux. Tâchez donc qu'il ne plaise à vos femmes que de vous voir et d'être près de vous, car, il hasard en revient toujours les endroits où elle allait, ne lui en n'a pas manqué de redire tout cela à M. Moncarville, qui a grondé sa femme sur la légèreté, et lui a défendu d'aller désormais nulle part sans lui. A vingt-cinq ans, il lui faut rester près d'un homme qui gronde du matin au soir; ajoutez à cela des parents curieux, bavards, épiant sans cesse ce qu'elle fait, rapportant au mari ce que l'on dit de sa femme, et vous aurez une idée du bonheur de celle que l'on a mariée à vingt ans avec un homme de cinquante-quatre, qui n'a jamais que le regret de ne plus pouvoir être libertin.

Mais une femme revient toujours à bout de faire ce qui lui plaît: ceci n'est pas rassurant pour vous, messieurs les jaloux. Tâchez donc qu'il ne plaise à vos femmes que de vous voir et d'être près de vous, car, d'honneur, quand il leur vient à l'idée le contraire, toutes vos précautions sont inutiles. Lisez La Fontaine; le bonhomme est très-profond sur cette matière.

— Chère Clémence! sais-tu qu'il y a dix jours que je ne t'ai vue? — Oh! oui, je le sais... Je me suis bien ennuyée depuis ce temps! Et vous... avez-vous pensé un peu à moi?... avez-vous été sage? —

Parfaitement sage! — Ce n'est pas ce qu'on me dit! Toutes les personnes qui parlent de vous assurent que vous êtes un coureur, un mauvais sujet!... que vous n'aimez aucune femme, ou plutôt que vous les aimez toutes, ce qui revient au même. — Ces gens-là disent cela devant vous avec intention, c'est pour vous faire de la peine, pour nous brouiller. Si on disait devant moi du mal de vous, je saurais bien prendre votre défense. — Mais moi, je n'ose pas... je crains de me trahir. Oh! ils ont beau dire tout ce qu'ils voudront, cela ne m'empêchera pas de vous aimer. — A la bonne heure!... c'est moi qu'il faut croire, et non pas eux. Qu'importe que j'aie aimé d'autres femmes, pourvu que je n'aime plus que toi, et que je t'aime toujours!...

Clémence me regarde tristement, et soupire en disant : — Toujours!... Hélas! je sais bien que cela n'est pas possible!

— Et pourquoi donc n'est-ce pas possible?... Pourquoi êtes-vous certaine que je changerai? Vous changerez donc, vous? — Oh non! mais moi, c'est toujours différent... Mon amour est toute ma vie, toutes mes espérances; quand je ne te vois pas, je ne suis pas une minute sans penser à toi... je ne sors pas, je ne vois presque personne, je refuse toutes les parties de plaisir qu'on me propose, je sais que je ne t'y verrais pas, et je m'y ennuierais. On me reproche maintenant d'avoir continuellement l'air triste, maussade!... Mais on me refuse la seule chose que je désire... un peu de liberté. Que m'importent ces bijoux, ces robes, ces châles dont on me pare?... je ne veux plaire à personne quand je ne puis pas te voir... et on trouve mauvais que je ne sois pas gaie avec des gens qui m'obsèdent, et qui ont l'air de chercher à lire dans le fond de mon âme... Ah! mon ami, je passe une vie bien triste!... je sais que je suis coupable de vous aimer!... Mais puisqu'on m'a fait un cœur qui sait si bien sentir les douceurs de l'amour, pourquoi m'a-t-on mariée à quelqu'un qui ne savait pas m'en inspirer? — Tu vois bien que ce n'est pas toi qui as tort, ce sont les autres! — Le monde ne juge pas ainsi; il faut qu'une femme soit fidèle quand même! — Ah! c'est donc cela que je n'ai jamais bien compris ce quand même. — Prends garde... Tu vas chiffonner ma collerette. — Il faut l'ôter, c'est bien plus simple... Pourquoi regardes-tu si souvent à la pendule? — C'est que je n'ai qu'une heure à être avec toi!... — Une heure!... — Oui, et encore il m'a fallu arranger bien des histoires pour trouver cette heure-là... J'ai voulu chez mon cordonnier me faire prendre mesure; on m'a répondu que le cordonnier pouvait fort bien venir chez moi. J'ai parlé de faire des changements à une robe que l'on me fait pour la noce de ma belle-sœur, et annoncé que j'irais chez ma couturière; on m'a dit que le temps était trop mauvais, que l'on irait demain prévenir la couturière de passer chez moi. Enfin j'ai trouvé un mal de dents, un mal insupportable; je ne cessais de me lamenter, de me plaindre, on a bien voulu me permettre d'aller me faire arracher une dent! — Pauvre femme! et si on avait voulu t'accompagner?... — Ma foi, je crois que je me serais laissé arracher une dent; tout cela m'ennuyait tant que je pleurais de colère et de chagrin.

Je la presse dans mes bras pour lui faire oublier ses ennuis, et puis je songe que nous n'avons qu'une heure à être ensemble. Voilà déjà beaucoup de temps de donné à la conversation.

L'heure s'est écoulée bien vite. Clémence a déjà dit plusieurs fois : « Il faut que je m'en aille, » et elle n'est point partie. Quand on est si longtemps sans se revoir, il est cruel de se quitter si vite. Nous avons toujours mille choses à nous dire, et nous les oublions ou n'y pensons qu'au moment où il faut se séparer.

Clémence connaît mon véritable nom, car elle point une de ces femmes inconséquentes, capables de trahir un secret. Pour elle j'ai non-seulement une robe encore que l'amitié. Je lui confie tout ce qui m'intéresse, je sais qu'elle y prend autant de part que si cela la regardait personnellement. Il est doux d'avoir une amie qui partage nos peines; on trouve tant de femmes qui ne veulent partager que nos plaisirs!

— Quand tu n'auras plus d'amour pour moi, me dit Clémence, je veux être toujours ton amie.... Comme cela au moins je ne te serai pas entièrement indifférente. — Mais, songe je veux t'adorer toujours... — Ah!... ce serait trop beau... On a joué ta pièce?... elle a réussi? — Oui! — On me l'avait dit... J'ai été bien contente en apprenant ton succès... et dire que je ne sais quand il me sera permis d'aller la voir! Enfin, tu me la donneras lorsqu'elle sera imprimée : c'est bien le moins que je la lise. Et ton père? — Je crois qu'il n'est pas à Paris; et d'ailleurs, j'aime même qu'il y serait, tu sais bien que je ne le vois plus. Quand je vais chez lui, on me dit toujours qu'il est sorti. Ma foi, je n'irai plus, cela m'évitera la peine de me défendre sa porte. — Je ne conçois pas qu'il te tienne ainsi rigueur! — Je crois qu'il ne m'a jamais beaucoup aimé. Il est bien sensible, mais très-despote. Il faut pas se permettre d'avoir une autre volonté que la sienne, sous peine de perdre ses bonnes grâces; il a surtout une aversion pour les poètes qu'il ne me semble pas naturelle; je crois qu'il y a en beaucoup à se plaindre de l'un d'eux; mais comme mon père n'est nullement communicatif je n'en sais pas davantage. Maintenant, quand par hasard nous nous rencontrons dans le monde, ce qui n'est arrivé que deux fois depuis que je l'ai quitté, je le salue, et il ne me parle que comme un étranger. Mais tu as dû le rencontrer quelquefois avec mon père aux soirées de M. de Reveillère,... je sais qu'il

y allait jadis : M. de Reveillère est un de ses anciens amis. — Je ne me suis jamais trouvée avec ton père; il est vrai que ce n'est guère que depuis un an que mon mari me force d'aller à ces grandes soirées... Et M. de Reveillère sait alors ton nom de famille? — Non, c'est fort singulier, ayant perdu de vue mon père pendant une quinzaine d'années, il sait bien que son ami a eu un fils, mais il ne le connaissait pas. Depuis, il a invité le poëte Arthur à venir à ses reunions, sans se douter qu'il engageait le fils de son ancien ami. Quant à moi, ayant su que mon père allait dans cette maison, j'ai cessé de m'y rendre, et c'est maintenant une privation, puisque je pourrais me trouver avec toi! — Ton père n'avait pas le droit de te retirer son nom. — Il ne m'a pas non plus o donné de le quitter; mais en me disant qu'il rougirait si on prononçait son nom sur un théâtre, n'était-ce point m'obliger à en prendre un autre?... Au reste, ce n'est que cela qui me chagrine,... tu m'as bien aimé quoique je ne m'appelasse qu'Arthur... — Oh! tu sais bien que c'est toi seulement que j'aime... Ne me confonds pas avec ces femmes qui te recherchent à cause de tes succès, et qui peut-être t'oublieraient demain, si demain ton nom n'était plus cité avec éloges. Tes succès me font plaisir, parce que je sais qu'ils te rendent heureux, mais tu cesserais de les avoir que tu ne m'en serais pas moins cher... — Je me flattais que mon père cesserait de m'en vouloir... et serait même en secret flatté d'entendre louer son fils... mais non, il voulait que je devinsse colonel.... que j'épousasse une marquise... une duchesse peut-être... — Ah! oui... vous vous mariiez quelque jour! — Non, non, je ne pense pas à cela... Eh bien! tu pleures à présent... Pourquoi donc pleures-tu?... — Je songe que tu te marieras! c'est tout naturel... il faut bien que tu te maries... et pourtant je ne puis pas songer à cela sans être si malheureuse!... j'ai tort, ne parlons plus de mariage... Qu'avez-vous fait depuis dix jours? vous avez été en soirée, au spectacle?... Pour vous la vie est une suite continuelle de plaisirs; vous voyez bien que j'ai raison de craindre que vous fassiez d'autres connaissances... vous voyez de jolies femmes... plus aimables, plus spirituelles que moi... Elles vous plaisent... vous leur faites la cour... — Puisque je vous aime, je n'en trouve pas de plus jolie, de plus aimable que vous... — Oui... dites-moi cela!... c'est toujours un bonheur de le croire... Mais renvoyez-moi donc... je vais être grondée. Que vais-je dire pour avoir été si longtemps?... — Que le dentiste avait du monde, qu'il a fallu attendre. — On ne me croira pas.... — Et quand te reverrai-je? — Je ne sais... je tâcherai de t'écrire. C'est donc bien difficile de m'écrire? Eh! mon Dieu! si je n'étais pas sans cesse surveillée, je ne ferais que cela... Mais ils auront beau m'espionner, je trouverai bien un moment. Adieu, Arthur... Quand vous ne m'aimerez plus... vous me direz, n'est-ce pas? — Tout à l'heure tu trouvais que c'était encore un bonheur d'être trompée... — Oh! non, décidément, j'aime mieux que vous me parliez franchement que de me voir par complaisance : cela me ferait trop de mal de vous ennuyer... — En vérité, Clémence, vous êtes terrible, ce soir... — Allons, ne te fâche pas. Voyons, il faut pourtant s'en aller... Et ce portier, qu'est-ce qu'il doit penser en me voyant monter ici? — Oh! sois tranquille, mon portier ne pense qu'à sa perruche, à laquelle il apprend depuis six mois : *D'un bouquet de romarin.* — Comment! ton portier a une perruche? — Oui, madame. Autrefois ces braves savetiers n'avaient que des pies; mais le siècle marche, comme disent nos grands hommes, qui se figurent peut-être que sous nos bons aïeux le Temps avait coupé ses ailes. Les portiers ont suivi le mouvement : ils ont remplacé la margot par le perroquet ou la perruche; quelques-uns même ont des singes. On m'a conté qu'un portier, fatigué de tirer sans cesse le cordon, avait acheté un singe, auquel il avait appris à le remplacer. Le portier pouvait aller bavarder ou s'endormir dans sa loge; le singe tirait ponctuellement le cordon à chaque coup de marteau. Mais, un soir, le propriétaire de la maison, homme respectable, coiffé en oreilles de pigeon, parlait à son concierge, lorsqu'on frappa à la porte. Le portier voulut faire lui-même son service; alors le singe, voulant absolument tirer quelque chose, se pendit à la queue du propriétaire, dont il arracha la perruque; et le portier et son singe furent mis à la porte. — Que tu es heureux de pouvoir toujours rire! — Adieu, Arthur... embrassez-moi... Adieu... oh! cette fois, c'est pour tout de bon!

Elle s'est dégagée de mes bras, et s'avance vers la pièce d'entrée, lorsque nous entendons sonner avec force à ma porte.

Clémence s'arrête et devient tremblante.

— Du monde!... Qui donc peut venir le soir chez toi? — Je ne sais... je n'attends personne... le portier ne sait même pas si j'y suis... T'a-t-il demandé où tu allais?... — Non... il ne me le demande jamais. — On va s'en aller peut-être.

En ce moment on sonne de nouveau, et comme si on voulait arracher le cordon de la sonnette. Clémence pâlit et me dit en balbutiant : Si on m'avait suivi, si c'était... — Eh non! tu t'effraies mal à propos... Mais il faut ouvrir... cela vaut mieux... on saura à quoi s'en tenir. Reste là, dans cette pièce, et je te promets qu'on n'y pénétrera pas.

Je la fais entrer dans une petite chambre où il n'y a point de lumière, je tire la porte après elle, et je cours ouvrir.

1.

Un petit homme âgé, ayant des lunettes vertes et un parapluie sous le bras, se décrotte sur mon paillasson et se dispose à entrer chez moi en criant comme un sourd :

— Bonsoir, monsieur Grognard, j'avais peur que vous n'y fussiez pas... mais le portier m'avait dit : Il est chez lui... Voilà un temps bien déplorable !...

J'arrête le vieux monsieur, qui veut toujours entrer, en lui disant avec humeur : — Eh, monsieur !... ce n'est pas ici chez M. Grognard... c'est en face !... est-ce que vous ne pouviez pas demander au portier ?... — Comment ! je me suis trompé... tiens ! c'est vrai... je croyais avoir sonné à gauche... Ah ! mon Dieu !... moi qui viens si souvent chez lui...

Je referme la porte sur le nez du petit homme, sans en entendre davantage, puis je vais trouver Clémence et je ne puis m'empêcher de rire en la regardant.

— As-tu entendu ? Oui. — Comme c'est agréable les personnes qui se trompent, et qui casseraient votre sonnette jusqu'à ce que vous leur ayez ouvert... Ah ! ah ! — Tu ris... moi, j'ai eu bien peur. — Le plus court est d'en rire... allons, embrasse-moi... remets-toi... tu vois qu'on se fait souvent des terreurs pour bien peu de chose. — Que veux-tu ? c'est plus fort que moi... Adieu... je t'écrirai... pense à moi, n'en aime pas d'autres. — Mais au fait je vais te reconduire jusqu'à un cabriolet... il est tard ; je ne veux pas que tu ailles seule dans les rues à présent. — Si on nous rencontre... — On ne nous rencontrera pas.

Je prends mon chapeau, mon manteau, je laisse ma lampe allumée, et nous descendons mes trois étages. Elle passe lestement devant la loge du portier, précaution assez inutile, mon concierge ne regarde jamais qui entre ou qui sort, et si les locataires se sont fait voler, il n'y a nullement de sa faute.

Je prends le bras de Clémence, que j'entortille dans mon manteau, nous marchons très vite et serrés l'un contre l'autre. La pluie a cessé, mais le vent souffle avec violence. Clémence baisse la tête dès que quelqu'un passe près de nous. Nous apercevons bientôt la place où sont les cabriolets.

— C'est ici qu'il faut nous quitter, me dit Clémence en dégageant son bras du mien, moi je vais rentrer... être grondée et gardée à vue plus que jamais ; mais toi... que vas-tu faire ? aller t'amuser... faire l'aimable... m'oublier. — Que c'est vilain de me dire toujours cela... Si par ma position j'ai une existence plus gaie que la tienne, ce n'est pas une raison pour que je t'aime moins. — Mais c'est que tu as mille occasions de m'être infidèle. — Je n'en ai que plus de mérite à ne l'être pas... Toi, c'est tout le contraire ; on ne te laisse pas approcher... sans cela ; qui sait, peut-être un autre m'aurait déjà chassé de votre cœur. — Ah ! c'est affreux de dire cela... j'espère que vous ne le pensez pas.

Malgré le vent qui soufflait, et l'heure qui la pressait, je crois que nous serions encore à causer dans la rue, si un homme ne s'était avancé de notre côté. Clémence, qui craint toujours que ce soit quelqu'un qui la connaisse, me quitte cette fois pour tout de bon. Elle court, ou plutôt elle vole jusqu'à un cabriolet, monte dedans et disparaît bientôt à mes yeux, qui suivent la voiture jusqu'au bout de la rue.

CHAPITRE II. — Adolphe.

J'étais encore dans la rue, indécis sur ce que je ferais, encore sous l'influence de l'amour et des regrets, encore attristé de voir s'éloigner celle que j'aime ; mais cependant ne voulant pas à cause de cela aller me coucher à neuf heures et demie, je me dirige vers un des théâtres du boulevard.

On jouait ce même soir une pièce de moi. J'aime assez à juger de la salle ; quelques auteurs n'ont pas ce courage et ne vont jamais se mêler au public pendant qu'on représente de leurs ouvrages. Il est certain que l'on s'expose à s'entendre adresser de fort mauvais compliments ; mais il faut entendre tout cela, comme si cela ne nous regardait pas. Ne travaillez point pour le théâtre, ne vous faites pas imprimer, si vous ne pouvez supporter ni les critiques, ni les sifflets, ni les articles des journaux. Mais si au contraire vous appréciez tout à sa juste valeur, si vous êtes le premier à rire d'un article méchant, mais bien fait ; si vous vous moquez des coups de pied de l'âne et des injures du regard, faites comme moi, allez votre train, rapportez-vous-en à la masse toujours juste, au temps toujours impartial, et à vos envieux eux-mêmes, qui vous servent en croyant vous nuire.

Je me place dans le fond d'une baignoire découverte ; il y a deux dames sur le devant. Je me tiens bien tranquillement au fond de la loge, et ne dis rien. Je ne porte pas, comme Piron, le stoïcisme jusqu'à cabaler et siffler mes pièces ; j'écoute : dans la salle on riait ; les dames placées devant moi levaient les épaules.

— C'est bien mauvais ! dit l'une. — C'est pitoyable ! répond l'autre, et on se retourne un peu de mon côté, comme pour voir si j'approuve ; je suis impassible ; mais j'ai regardé ces dames, et je vois avec plaisir qu'elles sont laides toutes deux. Il y a une certaine jouissance à voir que la nature nous venge des gens qui disent du mal de nous.

— Je suis bien fâchée d'être venue ici, reprend une de ces dames

en se penchant un peu en arrière. Nous aurions bien mieux fait d'aller au Gymnase... Ah ! Dieu ! à la bonne heure ! voilà un théâtre qui est si bon ton !... — Nous n'aurions pas eu de places, il était trop tard... — Comment peut-on rire de toutes ces bêtises-là !... — C'est ce que je me demande... Voyons de qui est cette pièce ? Ah ! Arthur... celui qui a fait des romans qu'on n'ose pas lire !... Je le connais. — Moi, aussi, je le connais : je me suis trouvée avec lui en soirée. C'est un petit bossu... — Oui, un vieux maigre.

Je ne savais pas être vieux, maigre et bossu. Quant à moi, je ne reconnais aucunement ces dames qui prétendent me connaître si bien. Mais, d'après les cris de prudes qu'elles viennent d'affecter, je gagerais que ce sont tout au plus des demi-vertus. Les femmes honnêtes n'ont pas pour habitude d'être bégueules ; elles craindraient de se faire remarquer.

Il ne s'est pas écoulé un quart d'heure avant que je n'aie la preuve que je ne m'étais pas trompé. On se fait ouvrir la loge où nous sommes. C'est un grand monsieur à moustaches noires, à gros favoris, avec un collier de cheveux qui encadre son menton, et des yeux qui semblent vous demander la bourse ou la vie. Une odeur de pipe et d'eau-de-vie pénètre dans la loge avec ce monsieur, qui, sans entrer, se penche sur les bancs en criant à ces dames :

— Comment ! vous êtes aux baignoires, et voilà deux heures que je vous cherche aux premières... aux avant-scènes... Eh bien ! c'est gentil !... En voilà de l'agrément !...

Mon Dieu ! Théodore, ce n'est pas la peine de se mettre en vue ici !... à un si mauvais théâtre !... et puis Estelle n'était pas au toilette... Venez donc près de nous.

— Ah, oui ! prenez garde de le perdre !... je vais m'enfermer dans vos cages à poulets ! c'est bien gentil !... Ah ! dites donc, joue-t-on mal ici ! c'est une horreur ; c'est se moquer du monde !... On devrait pendre tout ça, auteur et acteurs.

— Est-il méchant !... Venez donc là... — Bien sensible. — Et Follard est-il avec vous ? — Non, il est en grande soirée chez des comtes, des marquis... Oh ! lancé tout à fait !... C'est fini ; depuis son retour d'Angleterre, on ne peut plus l'avoir.... — Mais il m'avait promis de venir dîner demain chez moi. — Oh ! alors il viendra ; c'est un garçon exact... comme moi. — Ce n'est pas trop dire... — Est-ce que je vous ai jamais manqué, mesdames ?... Répondez, vous ai-je manqué ?... — Venez donc près de nous... nous nous ennuyons à mourir ; vous nous égaierez... — Jamais... j'aurais des crampes dans une loge comme cela... Je vais voltiger... Bien du plaisir.

M. Théodore a refermé la porte de la loge comme s'il devait la casser, et moi je souris de pitié en regardant ces deux dames qui se pincent la bouche d'un air de dédain lorsqu'on dit dans la pièce un mot un peu leste, et qui ont pour cavalier un croupier de roulette ; car je viens de reconnaître dans l'homme à moustaches un de ces messieurs qui sont assis et font tourner la boule à l'une des tapis verts du Palais-Royal.

Vous allez donc dans des maisons de jeu ? me direz-vous. Quand on écrit, et qu'on veut être vrai, il faut aller partout ; il faut pouvoir non pas inventer, mais se rappeler. J'ai parfaitement reconnu M. Théodore, parce que sa figure, sa voix, ses manières sont fort reconnaissables. J'ai très-mauvaise opinion de lui, non pas parce qu'il est croupier ; on peut accepter un emploi peu honorable pour soutenir sa famille, cela s'est vu ; mais M. Théodore ne soutient personne, et je le crois plutôt à la charge de tous ceux qui ont le malheur de le connaître : c'est un pilier d'estaminet ; c'est un tapageur ; un homme que l'on rencontre partout où il doit y avoir du monde : aux fêtes, aux pièces nouvelles ; toujours mis avec recherche, avec affectation, ayant l'air de dire : — Regardez-moi, voyez-je suis beau !... et croyant cacher ses manières canailles sous un air impertinent.

J'ai bien assez des connaissances de M. de Théodore ; je laisse ces dames se désoler, se lamenter d'être venues à un spectacle si indigne d'elles, et je sors de la loge ; non sans m'être permis de repousser un peu leurs chapeaux pour pouvoir lever la banquette, ce qui leur a fait froncer le sourcil, et me regarder d'un air qui semblait dire : — Vous êtes bien hardi de toucher à nos chapeaux !... et j'ai envie de leur répondre :— Je ne le serai jamais assez pour toucher à vos personnes.

Je suis dans le couloir qui longe l'entrée de l'orchestre ; tout à coup je me sens frappé à l'épaule. C'est un monsieur que je connais fort peu, mais qui me parle toujours ; il se met à crier :

— Bonsoir, monsieur Arthur. Vous venez voir votre pièce ?... et moi aussi, je viens la voir... J'arrive... un peu tard... mais c'est égal... je comprendrai, j'ai lu le journal... Ah ! ah ! je vais vous claquer ! On dit que c'est bien gentil !... Ah ! dites donc, cette pièce. Est-ce de vous seul ?... En avez-vous d'autres sur le chantier ?...

Je ne connais rien de plus détestable que d'être ainsi nommé et donné en spectacle à toutes les personnes qui vous entourent, et qui croient que vous venez vous placer là pour tâcher d'être reconnu. Je tourne le dos à mon bavard, et m'éloigne en murmurant je ne sais quoi. Je vais quitter le théâtre, lorsque, dans un corridor, je m'entends appeler, mais tout bas cette fois.

Il faut d'abord que je vous apprenne que j'ai un ami. C'est bien peu, me direz-vous. Moi je trouve que c'est beaucoup. Et encore lorsque je dis que j'ai un ami, j'entends par là que j'ai de l'amitié pour quelqu'un; mais je ne voudrais pas mettre la sienne à de trop rudes épreuves. Celui dont je veux vous parler se nomme Adolphe Designy, il est d'une ancienne famille de Bretagne, dont mon père lui-même n'aurait pas dédaigné la connaissance. Adolphe a vingt-deux ans, et il en paraît à peine dix-neuf; il est joli garçon, ses joues rosées ont encore la fraîcheur du premier âge; ses grands yeux bleus ont une expression de franchise qui prévient en sa faveur; enfin il a toute la candeur que son physique annonce; il se jette corps et âme dans toutes les séductions qui s'offrent à lui; il se laisse tromper de la meilleure foi du monde; et jusqu'à présent cela ne l'a pas rendu plus défiant. Est-ce amour-propre? est-ce bonhomie? Il ne veut jamais croire qu'on ait l'intention de le duper...

Il y a deux ans qu'il est à Paris. Ses parents ont de la fortune, et ne lui font qu'une très-modeste pension, pour l'empêcher de faire des folies, ce qui n'est pas toujours le bon moyen. Ce n'est pas en nous privant d'un plaisir qu'on nous ôte l'envie de le goûter; il serait plus rationnel de nous laisser en prendre trop.

Le jeune Designy doit apprendre le droit, quoiqu'on n'ait pas l'intention d'en faire un avocat; mais avec une âme facile à enflammer, un caractère liant et peu de perspicacité, il était difficile qu'à Paris il ne s'écartât pas de la route que ses parents lui avaient tracée. C'est un jeune homme qui se livre trop, et qui, s'il s'aperçoit qu'il a fait une sottise, y persévérera par amour-propre et pour ne pas convenir qu'il s'est trompé. J'ai eu occasion de faire sa connaissance peu de temps après son arrivée à Paris; il y a en lui un fonds de candeur qui m'a plu; et j'ai répondu aux avances qu'il m'a faites, en désirant *lui être utile* et *lui apprendre à connaître* *mieux son monde*, non pas que je me flatte d'être moi-même bien fin et de ne jamais me laisser tromper; mais on voit souvent mieux dans les affaires des autres que dans les siennes, par la raison que nous envisageons de sang-froid et sans passion celles qui n'intéressent pas nos amis.

Adolphe a été enchanté de faire ma connaissance, parce que je suis auteur, que je vais sur les théâtres, que je suis souvent en rapport avec des acteurs et des actrices. Pour les jeunes gens qui arrivent à Paris avec une âme presque vierge de passions, le théâtre est un lieu de délices, les actrices sont des déesses, les acteurs des demi-dieux, et les auteurs des mortels favorisés du ciel. Pauvre Adolphe !... j'ai déjà cherché à lui prouver que toutes ces divinités n'avaient rien que d'humain. Je lui ai donné quelques leçons un peu sévères, peut-être, mais j'aime ce jeune homme, et c'est pour cela que je voudrais l'éclairer. J'ai six ans de plus que lui et une grande expérience. Je me permets de faire le mentor, et je ne prêche pas d'exemple, je prêche beaucoup en paroles. Quelquefois mes avis, mes conseils ennuient Adolphe; je m'en aperçois parce que je suis alors plusieurs jours sans le revoir. Mais lorsque les événements lui prouvent que j'avais raison, que je lui avais prédit juste, il revient me trouver; il n'ouvre pas la bouche sur ce qui lui est arrivé. Je ne lui fais aucune question sur le passé, et nous sommes très-bons amis jusqu'à ce qu'il ait fait une nouvelle folie pour laquelle je le gronde, et qu'il recommence à me bouder.

C'est Adolphe que je viens de rencontrer au spectacle, se promenant dans un couloir avec une femme jeune et assez gentille, mais dont la tournure me semble un peu équivoque. Cette dame ou cette demoiselle, je crois que ces deux titres lui conviennent également, se penche après le bras de son cavalier qui tenait à prouver en public la grande intimité qui les unit. Adolphe, tout fier du laisser-aller de sa dame, a sur ses lèvres un sourire de satisfaction, et dans les yeux quelque chose qui semble dire : j'espère que vous voyez que c'est ma maîtresse.

— Bonsoir, monsieur Arthur, me dit Adolphe en s'arrêtant devant moi avec sa dame. — Ah! bonsoir, Adolphe !...

Et nous restons quelques instants à nous regarder. Il veut voir si j'admire sa nouvelle conquête, et il y a sans doute dans mes yeux quelque chose de moqueur qui le contrarie, car il reprend d'un air plus sérieux : — Madame avait envie de venir au spectacle... je l'ai menée voir votre pièce. — C'est fort aimable à vous. Je désire que cela plaise à madame. — Oh! monsieur, on est toujours sûre de s'amuser à vos ouvrages... ils sont si gais !...

C'est la jeune dame qui vient de me répondre elle-même, en souriant d'une façon fort agréable et qui me fait voir des dents très-blanches et très-bien rangées. On n'est jamais insensible à un mot flatteur, surtout quand il est mis d'une jolie bouche. La jeune dame me paraît infiniment mieux !... Voyez comme sont les hommes !... Je la remercie en fixant ses yeux, qui sont très-expressifs. Adolphe a l'air enchanté; il reprend :

— Madame avait bien envie de vous voir..... elle connaît tous vos ouvrages; je lui ai dit que j'avais le plaisir d'être fort lié avec vous... Vous voyez, Juliette, que je ne vous avais pas trompée.

— Je n'ai jamais pensé que vous étiez un trompeur! répond Juliette en souriant avec malice, et en me regardant comme pour voir si je la comprends, et j'ai dans l'idée que je l'ai comprise.

— On va commencer... Venez donc avec nous si vous êtes seul... — Volontiers.

Je les suis dans une loge des secondes. Je me place derrière eux. La maîtresse d'Adolphe a la bonté de s'occuper beaucoup plus de moi que de lui; elle paraît être fort gaie, elle rit facilement, elle a des

mots heureux; je ne sais si elle a de l'esprit. Avec les femmes on s'y trompe souvent : du jargon, du babil, de la méchanceté, ont souvent plus de brillant que l'esprit même; mais c'est un feu d'artifice qui ne dure pas, et au bout de quelque temps on est tout étonné de ne plus rien trouver, ou d'entendre constamment la même chose...

Dans un moment où cette dame est bien occupée de ce qu'on joue, Adolphe se penche vers moi et me dit à l'oreille :

— Comment la trouvez-vous? — Très-bien. — Elle m'adore. — C'est possible. — Oh! elle me l'a prouvé... C'est une femme... très-distinguée... qui a eu des aventures... — Pour ça, je le crois! — Oh! mais pas des aventures comme vous pourriez le supposer!... elle est fort honnête... Venez donc un peu ce soir au café en bas, après le spectacle j'irai la reconduire; elle demeure dans ma maison, et j'irai vous retrouver, je vous conterai comment j'ai fait la connaissance de Juliette. — C'est bien... je vous attendrai au café.

Le spectacle se termine. Adolphe examine sa petite conquête en me disant : — Au revoir; et madame Juliette me fait des yeux qui semblent me dire au revoir aussi.

Je vais entrer au café; au moment d'y pénétrer, un confrère qui en sortait me prend par le bras en me disant : — Vous allez me reconduire, nous causerons de notre affaire.

Je me laisse emmener; le temps est remis à la gelée; mais nous nous promenons comme si nous étions en été : le génie et l'amour n'ont jamais froid, et il paraît que nous avions beaucoup de génie ce soir-là, mon collègue et moi, car nous causions depuis longtemps sur les boulevards, et nous établissions le plan d'une pièce qui devait avoir un succès *foudroyant*, pour me servir des termes à la mode, lorsque je me rappelle qu'Adolphe doit m'attendre au café. Je quitte vivement le confrère, et reviens au lieu de notre rendez-vous.

Il est près de minuit; on commençait à fermer le café, dans lequel il ne reste plus que quelques flâneurs, ou de ces amateurs obstinés qui n'iraient point se coucher sans avoir lu le journal du soir. Je ne vois pas Adolphe, il est peut-être au billard.

Je monte au billard. Il y a beaucoup de monde; on joue, on boit du punch, la partie semble animée. Adolphe est un des joueurs, et dans son adversaire je reconnais avec surprise M. Théodore.

Adolphe connaîtrait-il ce monsieur de la roulette, ou doit-ce par occasion qu'il fait une partie avec lui ? Je saurai cela bientôt.

Le beau monsieur à moustaches semble être de fort belle humeur; il joue avec grâce, il s'étendant nonchalamment sur le billard, et fait bille presque à chaque coup, tandis qu'Adolphe, dont le teint est animé et le visage légèrement contracté, joue fort mal et manque presque tous les coups.

Il me paraît que ces messieurs jouent du punch pour une partie de la galerie, car il y a une douzaine de verres autour d'un second bol, et, tout en se dessinant, M. Théodore crie : — Allons, verse, Salomon; verse, c'est M. Adolphe qui veut régaler.

L'individu qu'on appelle Salomon, non pas, je pense, à cause de sa sagesse, est un habitué d'estaminet, de ces hommes toujours sales, boutonnés jusqu'au menton, l'air continuellement de mauvaise humeur, et les deux mains dans leurs poches. À l'appel de son ami Théodore, il se dirige en se dandinant vers la table au punch : mais il s'arrête en chemin pour frapper du pied en s'écriant : — Il n'y a rien qui me mette de mauvaise humeur comme ça !... — Qu'est-ce qu'on t'a donc fait, Salomon? — C'est Alexandre qui a laissé prendre ma pipe... une pipe de bois culottée! j'y avais mis tant de soins! — On t'en donnera une autre... — C'est pas la même chose! je tiens à ma pipe, moi... que voulez-vous, je suis ridicule, c'est possible... mais je suis comme ça... — Allons, verse donc... Ah! monsieur Adolphe... vous n'y êtes plus!... vous manquez la bille la plus belle !...

En effet, Adolphe ne sait plus ce qu'il fait. La partie l'occupe tant qu'il ne voit pas que je suis là. Je vais à lui.

— Vous jouez en m'attendant ?.... — Ah! vous voilà... Oui... Je fais une partie... Prenez donc un verre... buvez donc du punch... Vous connaissez ce monsieur avec lequel vous jouez ?... — Je le connais un peu... Il est très-aimable... il est lié avec tout ce qu'il y a de mieux à Paris.

Je suis tenté de lui dire : — Vous êtes bien niais, mon cher ami! mais ce n'est pas le moment. Je vais prendre un verre de punch, et j'examine la scène. M. Salomon a versé, mais il ne veut pas boire; il va s'étendre sur une banquette en répétant : — Je suis ridicule... eh ben! oui, oui, je suis ridicule... mais enfin je suis comme ça !... je n'aime pas qu'on touche à ma pipe.

M. Théodore fait des points en se donnant des grâces; en passant près de son ami Salomon, il lui frappe sur le ventre et lui dit : — Pourquoi ne veux-tu pas accepter un verre de ce punch que monsieur perd avec tant de générosité ? — Non... je n'aime pas qu'on touche à ma pipe... Je suis très-ridicule, moi !...

L'état dans lequel je vois Adolphe ne me semble pas naturel! de grosses gouttes de sueur coulent de son front, ses veines sont gonflées, il ne sait plus ce qu'il fait, car il manque des billes où il n'y a qu'à pousser. Je crois deviner la cause de son trouble!... il n'a pas assez d'argent sur lui pour payer tout ce qu'il va perdre, et il ne sait pas comment il fera, et il jouerait toute la nuit pour que ça ne finit pas.

Pauvre garçon ! je comprends à présent pourquoi il joue si mal. Il faut que je le tire de là. Je me suis trouvé à dix-neuf ans dans une situation semblable, et je me rappelle que j'étais bien mal à mon aise.

M. Théodore, tout en retournant au punch, dit à son jeune ami :

— Je crois, monsieur Adolphe, que vous voulez régaler ce soir.... Vous n'êtes pas en train... Vous savez que nous jouons aussi tous les frais... Vous en avez cinq... moi dix-huit, et c'est la belle... à vous à jouer... vous êtes collé, jeune homme !...

— Ah ! oui... ah !... c'est la belle,.. murmure Adolphe en s'essuyant le front, et se dispose à jouer. Il l'arrête...

— Si vous voulez, et si monsieur y consent, je prends votre partie.

Adolphe me regarde comme s'il doutait de ce qu'il vient d'entendre; il balbutie : — Ma partie... comment !... vous prendriez ma partie ?... mais je veux devoir tout... — Je vous dis que je prends votre partie... Vous n'êtes pas en train ce soir...

Le grand Théodore me regarde en caressant ses moustaches, et s'écrie : — C'est une plaisanterie que fait monsieur !... — Non... je vous répète que je me mets à la place de monsieur !... si vous ne me craignez pas trop. — Vous craindre ! Mais songez donc que mon adversaire n'en a que cinq, que j'en ai dix-huit, que nous jouons en vingt-quatre, et qu'il s'agit de deux bols de punch ornés de macarons et tous les frais !... — Je sais tout cela... et je prends toujours la partie, voulez-vous, Adolphe ? — Oh ! de grand cœur... et vous, monsieur Théodore ?.. je vous préviens que monsieur est plus fort que moi... Monsieur serait-il fort... comme quarante mille hommes... une partie de cinq à dix-huit, il serait plaisant de me voir reculer.

Adolphe me présente sa queue comme quelqu'un qui se voit hors d'un précipice. Je sais bien que je perdrai, mais je veux tâcher de m'amuser pour mon argent. Tout le monde s'est approché, on est curieux de voir comment je tirerai de la partie dans laquelle je me suis engagé. M. Salomon seul est resté étendu sur son banc, où il crie encore au garçon : — Je vous avais pourtant bien défendu de laisser jamais toucher à ma pipe !... Ça m'est égal qu'on me trouve ridicule, je suis comme ça.

Je joue très-hardiment, car je suis persuadé que je perdrai ; mais le hasard me sert, je fais neuf points de suite, ce qui rétablit presque l'équilibre entre ma position et celle de mon adversaire. M. Théodore ne se donne plus de grâces, il ne fredonne plus; sa figure a pris de l'expression de celle de son ami Salomon ! Il joue serré, il fait relever les quinquets, il ne veut pas que personne remue, parce que cela lui donne des distractions. Enfin, après m'avoir vu avec effroi arriver à vingt-deux points, il parvient à gagner la partie. Il jette alors sa queue sur le billard en s'écriant comme un général qui viendrait de gagner une bataille :

— Monsieur est de la première force !... je ne me doutais pas à qui j'avais affaire !... mais il est de la première force !...

Je reçois avec beaucoup d'indifférence les compliments de M. Théodore, je paye tout ce qui est dû, je fais signe à Adolphe, et nous partons.

— Je suis bien fâché que vous ayez perdu, me dit mon jeune ami lorsque nous sommes sur le boulevard. J'ai bien cru un moment que vous gagneriez. — Et moi, je n'en ai jamais eu l'idée. — Pourquoi donc alors avez-vous pris ma partie ? — Parce que je voulais vous tirer d'une position désagréable ; soyez franc, Adolphe... c'est d'ailleurs votre habitude : vous n'aviez pas assez d'argent sur vous pour payer ce que vous pouviez perdre ? — C'est vrai... Oui cela me tourmentait horriblement... Mais comment avez-vous deviné cela ? — C'était bien facile à voir... d'après la manière dont vous jouiez et la figure que vous faisiez. Mon cher Adolphe, rappelez-vous qu'il ne faut jamais se mettre à aucun jeu si l'on n'a pas en poche beaucoup plus qu'on ne jouera, car alors la peur de perdre vous fera faire mille bévues, et vous serez toujours vaincu. — Je croyais jouer qu'une partie... on en a proposé d'autres.... je n'ai pas osé refuser. D'ailleurs je suis aussi fort que ce monsieur, et en effet, si j'avais eu plus d'argent sur moi, il ne m'aurait pas gagné. — Ce n'est pas encore certain ; ce monsieur est de ceux qui font presque métier du jeu, et ces gens-là jouent bien. D'où connaissez-vous et M. Théodore ? — De l'avoir rencontré... au café... au spectacle. — Mon cher Adolphe, c'est une fort mauvaise connaissance que vous avez faite! Croyez-moi, n'allez plus avec cet homme-là. — Vous croyez toujours que l'on veut me perdre !... me tromper !... — Je ne vous dis pas qu'on veuille vous perdre... Je vous crois un assez bon naturel pour résister à ce qu'on ferait pour cela. Mais je dis que l'on abuse de votre candeur, et que nous vivons dans un monde avec lequel cette vertu-là est presque un défaut, du moins ennuie en vous disant cela ; je le veux bien, que voulez-vous ?... c'est, par amitié que je vous parle ainsi ; j'ai de l'expérience, moi... ça peut-elle beaucoup ? — Elle pourrait me servir très-peu et être fort utile à mes amis. Mais parlons de votre nouvelle conquête. — Ah ! n'est-ce pas qu'elle est charmante ? — Oui, sa figure est très-agréable. Il n'y a pas longtemps que vous connaissez cette femme-là ? — Il n'y a que six semaines ; elle a loué dans ma maison... sur mon carré même, de sorte que le soir en rentrant... je n'avais pas de lumière, mais elle en avait, et sa porte était toujours ouverte....— C'était bien prévoyant de sa part. — Je demande la permission d'allumer ma chandelle... et puis... petit à petit... — Je devine le reste ; mais qu'est-ce que c'est que cette femme-là?... est-ce une dame d'a-

bord ? — Oui... c'est-à-dire c'est une veuve. — Elle est bien jeune pour être déjà veuve. — Elle a vingt-quatre ans. On l'a mariée à dix-huit ; son mari s'est pendu après quinze jours de mariage. — Diable ! Il paraît que ce n'était pas sa vocation. — C'était un joueur ; il avait mangé, perdu toute la dot de Juliette; ils avaient un superbe magasin de nouveautés qu'elle a été obligée de vendre ; enfin il ne lui est resté de tout cela qu'un petit garçon. — C'est toujours ce qui reste des grandes infortunes ! — Il est en pension... c'est-à-dire en demi-pension derrière chez moi... vous savez, dans ma rue? — Enfin que fait cette dame maintenant ? — Rien... mais elle a l'intention de rentrer dans le commerce. — On ne vit pas avec des intentions. — Je pense qu'elle a encore quelque chose... et puis de grandes espérances... Ma foi... si je n'étais pas si jeune... elle m'aime tant !... je ne trouverai jamais une femme qui m'aime autant... je crois que je ferais bien de l'épouser.

Je m'arrête devant Adolphe, et je le regarde fixement en lui disant : — Vous êtes fou, mon cher ami ! — Parce que j'adore Juliette?... — Adorez-la, bon; mais ne parlez pas d'épouser une femme que vous connaissez à peine !... qui vous a fait des histoires qui sont probablement de son invention... qui a peut-être eu déjà douze amants avant vous, et qui certainement en aura après... ou avec vous.

Adolphe pince ses lèvres; il est fâché, et me répond d'un ton aigre : — Monsieur, je ne suis pas pourquoi vous me dites du mal de madame Juliette... — Eh! mon Dieu! mon cher Adolphe! si vous m'appelez monsieur, je vois que vous ne m'écoutez plus... Aimez madame Ulysse, mon ami, soyez heureux avec elle, mais par grâce ne pensez pas à l'épouser... Tenez, je gage bien qu'avant trois mois vous me direz que j'avais raison. — Je gage bien que non. — En attendant, allons nous coucher. Adieu, Adolphe. — Bonsoir, monsieur Arthur.

Il me quitte encore fâché.

CHAPITRE III. — La petite Pension.

Plusieurs jours se sont passés, et je n'ai pas revu Adolphe : sans doute, tout à ses nouvelles amours, il n'a plus un moment à donner à l'amitié; je trouve cela tout naturel, et je l'excuserais volontiers; mais je crains qu'il ne commette quelque forte sottise. Madame Ulysse a tout ce qu'il faut pour le subjuguer : elle est jolie, coquette, je ne la crois pas sotte; et le cher Adolphe n'est pas un aigle, quoiqu'il ait la prétention de ne pas se laisser tromper. Je serais fâché que ce jeune homme fît de ces actions qu'il est difficile de réparer. J'ai de l'amitié pour lui ; je ne sais s'il me l'a payé de retour ; je lui ai déjà été utile dans plus d'une occasion, et en amitié comme en amour, je crois qu'on s'attache par le bien qu'on fait.

Je me rappelle ce qu'Adolphe m'a conté de sa Juliette; de toute cette histoire, de ce mari pendu, il ne m'est resté un petit garçon de cinq ou six ans, qui est dans une petite pension qu'à la rigueur on pourrait appeler une école. Je me souviens de cette pension qui est dans la rue où demeure Adolphe; j'y allais voir autrefois le fils d'une dame que j'aimais beaucoup. Le maître de l'établissement me connaît. Il me prend envie d'aller lui rendre visite ; je verrai en même temps le rejeton de madame Ulysse, et j'aurai peut-être quelques renseignements sur sa mère. D'ailleurs il y a longtemps que je désire être encore témoin de l'heure de la récréation dans une pension d'enfants.

L'heure de la récréation !... Vous en souvient-il ? Lorsque vous alliez au collège ou en externat, et n'était-ce pas le plus doux moment de votre jeunesse ? Mais vous l'avez oublié peut-être; en avançant dans la vie on voit tant de choses! on oublie si vite ! on est si empressé de secouer la poussière des écoles ; on en perd trop tôt le souvenir de ces plaisirs, de ces amitiés, de ces jeux de l'enfance, et souvent aussi de son grec et de son latin.

D'ailleurs, on ne voit pas une action dans laquelle on est acteur ; de sept à quinze ans, il est rare que l'on soit observateur : c'est un savoir qui s'acquiert au détriment de nos premières illusions, et il serait bien malheureux que des écoliers n'en eussent plus. Cela viendra peut-être!... Nous devenons si profonds, si positifs depuis quelque temps! Nous voyons des jeunes gens de dix-huit ans être dégoûtés de la vie, et se suicider en disant qu'ils ont tout approfondi, tout connu, et qu'il ne leur reste plus de jouissance nouvelle à éprouver!... Malheureux! qui ne savent pas ce que c'est que d'être père, et qui osent dire qu'ils n'ont plus de jouissance à connaître! ils réussissent à ne plus même faire pitié !... Je désespère pas d'entendre quelque jour un bambin de cinq ans refuser de jouer à la toupie en disant : Qu'est-ce que cela prouve ? Pauvre clarté ! triste lumière que celle qui s'acquiert aux dépens du bonheur !

Me voilà parti pour l'école. Que ne suis-je encore au temps où l'on me mettait sous le bras mon panier bien garni de pain, de fruits, de confitures, ce qui ne m'empêchait pas, d'une fenêtre de la classe qui donnait sur la rue, de descendre à des lanières une tasse suspendue à une ficelle, avec un sou au fond de la tasse pour prix du lait que je remontais en tirant la ficelle. Elles sont loin, ces heures de gourmandise et d'insouciance!...

> Le temps qui fuit sur nos plaisirs
> Semble s'arrêter sur nos peines ;

La pension à laquelle je me rends est une de celles qui tiennent le milieu entre l'école et le collège; mais où les élèves sont souvent surveillés avec plus de soins, plus de zèle que dans de grands établissements. Je traverse une cour étroite et mal entretenue, j'entre dans un petit jardin, si toutefois on peut appeler jardin un endroit où il n'y a que deux arbres; mais enfin le terrain n'est point pavé; on peut y tomber sur la tête sans craindre de se la fendre, donc c'est un jardin. Un petit escalier de bois, ressemblant beaucoup à celui d'un colombier, conduit à la pension, qui se tient au premier. Tout cela n'est pas fait pour jeter de la poudre aux yeux, mais n'en tirez pas un mauvais augure; la modestie vaut mieux que la vanité.

Lorsque j'arrive, les écoliers travaillent; le maître est à son bureau, placé sur une estrade, d'où il domine sur toute la grande classe. La seconde reste confiée aux soins d'un sous-maître. Le silence était fréquemment rompu par des bruits sourds, des éclats de rire, aussitôt réprimés par le: *Silence, messieurs!* prononcé par le maître avec tout la gravité d'un huissier de la chambre. Mais les écoliers n'en tiennent point compte; bientôt ce sont de nouveaux cris, des plaintes, des ricanements, et le maître de redire avec un flegme et une patience que j'admire:

— Messieurs, un peu de silence, s'il vous plaît... Monsieur Charles, on n'entend que vous. — Monsieur c'est Paul qui me pince pour m'empêcher d'écrire. — Monsieur c'est lui qui me fait des grimaces pour me faire rire... — Monsieur Paul ira encore sur le petit banc, et sera en retenue pendant la récréation. — Mais, monsieur, c'est faux, je n'ai pas fait de grimaces. C'est que j'ai eu envie d'éternuer et je n'ai pas pu... — En voilà assez, silence!

Comme on ne semble pas vouloir se rendre à ce rappel à l'ordre, le maître s'écrie: — Si on ne se tait pas, je vais donner dix mauvais points à toute la classe!

Cette menace produit un grand effet: ces messieurs de six et huit ans se remettent à leur ouvrage sans murmurer: il me paraît qu'on a grand'peur des mauvais points.

Je m'approche du maître, avec lequel je désire causer un instant, et qui ne doit pas être trop fâché qu'on vienne l'arracher un moment à ses devoirs scolastiques. Il faut être doué d'une grande patience pour diriger une pension; moi, qui aime beaucoup les enfants, je n'aurais pas le courage de tenir pendant une journée la place de leur maître; et je remarque que presque tous ces gamins se moquent de leur instituteur dès qu'il a le dos tourné; j'entends des bambins de neuf ans appeler *méchant cuistre* celui qui cherche à les instruire. Si c'est ainsi que la jeunesse marche, j'aimerais mieux qu'elle fût stationnaire.

— Vous avez un petit garçon de six ans environ, fils d'une dame Ulysse? dis-je au maître pendant qu'il agite sa sonnette pour obtenir du silence.

— Madame Ulysse?... ah! oui... j'ai son fils depuis six mois; mais je n'ai pas encore vu de son argent; on ne sais pas trop ce que c'est que cette dame-là... hum!... Tournure bien dégagée... elle parle de tout!... elle a quelque instruction... *muliebris animus*. Mais je ne lui crois point une grande rectitude dans le jugement... Silence donc, messieurs! Ne m'a-t-elle point proposé de me faire des exemples pour mes élèves!... Elle a donc une belle écriture? — Ce n'est point cela; elle entendait par *exemples* de petites histoires très-morales, très-édifiantes, qui devaient les détourner de tous les penchants vicieux. Moi j'avais envie de lui répondre : Madame, avant de me faire des contes moraux, vous devriez bien raccommoder le pantalon de votre fils!... Pauvre petit! c'est le plus sale de ma classe; on voit sa chemise... on voit... une infinité de choses!... Mais je n'ai point osé faire cette réflexion à la mère : *non erat hic locus!* je me suis contenté de signifier au petit Oscar... — Il se nomme Oscar? — Oui, il est dans la petite classe; je lui ai signifié qu'il eût à faire raccommoder sa culotte, sans quoi je ne l'admettrais plus dans mon pensionnat... Silence donc, messieurs! D'un autre côté, c'est fort embarrassant, car je ne veux pas renvoyer l'enfant sans être payé des six mois qui me sont dus. Ah! les petits drôles, quel train ils font aujourd'hui! je vais leur sonner la récréation afin d'être plus libre.

Le maître annonce la récréation. Aussitôt tous ces petits garçons se lèvent, se poussent, se pressent et partent à la fois.

C'est un bruit auquel il faut être fait pour que les oreilles n'en saignent pas. Le chef de l'établissement me propose de descendre au jardin pour y causer plus à notre aise; car je ne sais par quel motif le jardin était ce jour-là défendu aux élèves; mais je commence à m'accoutumer au bruit, et depuis longtemps je ne le suis plus au tableau d'une joie franche et pure, je témoigne au maître le désir de rester spectateur de la récréation : il y consent volontiers en me demandant la permission de s'absenter, car ce qui est pour moi un plaisir n'est plus pour lui qu'une sujétion.

Me voilà donc au milieu d'une soixantaine d'élèves, dont le plus jeune peut avoir trois ans et l'aîné tout au plus treize ans, car pendant la récréation ce que l'on appelle la grande classe est réuni à la petite. J'examine ces petites têtes blondes, brunes, roses, pâles, jolies, laides, mais presque toutes expressives en ce moment où le plaisir anime leur physionomie.

Des groupes se forment, des parties s'engagent : d'abord chaque élève a été visiter son panier, car l'heure de la récréation est aussi celle du déjeuner. Je vois un grand dadais tirer avec orgueil de son panier une cuisse de volaille et deux poires, tandis qu'un pauvre petit garçon n'a trouvé dans le sien que du pain sec. Ici, ce sont des tartines couvertes de beurre, de confitures; là, ce sont des pommes, du jambon; mais pour tous c'est le même appétit. Cependant je remarque que quelques-uns rôdent autour de celui dont le déjeuner est le plus succulent; alors on se propose des échanges.

— Francis, donne-moi de ce que t'as, je te donnerai de ce que j'ai... — Qu'est-ce que t'as, toi? — Des pommes cuites joliment sucrées, va! — Ah! ben, c'est ça, je vais lui donner de mes confitures pour ses pommes... pas si bête! — Et les fois que j'avais de la bonne graisse dans une tasse, je t'en ai bien donné, moi! — Tiens! C'était pas le Pérou, ta graisse... — Voyons, veux-tu mêler? — Non. — Une fois, deux fois?... — Je te dis non! — C'est bon, ne viens plus m'emprunter mon bilboquet alors, je ne te prêterai plus rien!

Pendant ce colloque, plusieurs élèves ont donné chacun un sou à l'un des grands qui part, et revient bientôt avec une feuille de papier couverte de pommes de terre frites : c'est un mets en grande faveur dans les pensions : celui qui s'est chargé de la commission fait aussi la répartition, mais bientôt des plaintes s'élèvent.

— Fissart en a plus que moi... j'ai pas ma part... — Si, t'as ta part. — Non... il en a plus, lui... d'ailleurs comptons; je veux compter, moi... vois-tu, j'en ai que dix-neuf et il en a vingt-trois... — Mais les tiennes sont bien plus grosses. — C'est pas vrai! — Tu nous ennuis! fait-il du train pour quatre méchantes pommes de terre! tiens, il va pleurer. — C'est que c'est pas juste, on me fait toujours des *traîtrises*... Comme l'autre jour pour la mêlasse... C'est toujours les autres qui lèchent le papier et jamais moi... hi! hi! hi!

Pendant que l'écolier lésé va pleurer dans un coin, des cris partent d'une autre partie de la classe : c'est un élève qui n'a rien trouvé dans son panier, et il bouscule tous les autres en s'écriant :

— J'avais du fromage à la crème étalé sur mon pain... On m'a pris mes tartines, on m'a volé mon déjeuner; je vais le dire à monsieur. — Il dit toujours qu'on lui prend quelque chose, celui-là.

Pendant quelques moments, ce ne sont que réclamations et menaces; mais le premier appétit satisfait, on ne songe plus qu'à jouer. Il n'y a pas moyen de s'exercer aux barres, ni au chat, puisqu'on est restreint à la classe, on s'en dédommage par le cheval fondu, la main chaude, cache-tampon. J'aperçois beaucoup d'élèves rassemblés autour d'un petit garçon d'une douzaine d'années, à la figure fine et spirituelle, qui semble pérorer et dominer sur ses camarades. Dans toutes les réunions, il y a un homme au-dessus des autres; qui, dès qu'il le voudra, saura par son esprit et son éloquence se mettre à la place que la nature lui a destinée, et diriger les volontés des autres de manière qu'on fasse toujours la sienne. Il en est de même chez les enfants. Celui que l'on entourait était le grand génie de la classe; on l'écoutait avec respect, on riait de ses moindres plaisanteries, on le pressait de raconter des histoires. Ce monsieur se faisait prier quelquefois, mais quand il daignait se rendre aux désirs de ses camarades, il ne fallait pas qu'on eût l'air de douter de ce qu'il disait.

Au moment où je m'approche, tous les petits garçons faisaient des yeux étonnés et avaient la bouche béante, car le jeune narrateur, qui avait été au spectacle la veille, leur conte les merveilles du *Festin de Balthazar*.

— Figurez-vous... non; c'est pas ça, figurez-vous un roi qui a les cheveux très-noirs, une grande barbe, enfin l'air méchant... vous savez, comme monsieur quand il vous donne de la férule : c'est le roi Balthazar; il n'aime pas les Juifs, je n'ai pas trop compris pourquoi... mais enfin il ne peut pas les sentir, ces pauvres Juifs. Voilà donc d'abord un beau palais qu'on voit au premier acte, et le roi dort. — Est-ce pour de vrai, Paul? — Quoi, de vrai? — Si le roi dort tout de bon? — Mais oui, puisque je te dis que j'ai vu ça hier à l'Ambigu-Comique... Est-il bête de m'interrompre pour me dire ça!... Quinze-Onces, tu as t'es encore quelque chose, nous allons te rosser.

Le petit bonhomme que l'on appelle Quinze-Onces, parce qu'il a douze ans et qu'il n'en paraît pas sept, tire la langue à ses camarades et va se rouler à terre, en disant :

— Tiens, ça m'ennuie, moi, son roi qui a de la barbe !... j'aime mieux faire la culbute.

Le jeune Paul reprend son récit :

— Je vous disais donc le roi dort; il lui descend des nuages sur le nez... plein la chambre, ça veut dire que c'est un rêve; le roi fait un vilain rêve, car il se tortille sur son lit comme s'il avait la colique. C'est le premier acte. — Et le festin? — Attends donc! on voit ensuite une campagne... oh! la belle campagne !... Les Juifs viennent, ils ont l'air d'être en chemise. C'est un pays chaud apparemment. Le roi Balthazar arrive... en chemise aussi et avec un gros bâton; on se bat.... — Pour de vrai? — Veux-tu me laisser parler? ... Si vous m'interrompez encore, je ne conterai plus rien. On se bat, les Juifs sont rossés, ils chantent, et on s'en va... — Et le festin? — Attendez donc!... on voit le roi dans un palais encore plus beau. Balthazar arrive sur un char d'or massif... — De l'or vrai?... — Oui, de l'or vrai, j'en suis bien sûr, puisqu'on disait auprès de moi que ce char-là avait coûté plus de cent écus! Ensuite ça change, et on voit la salle des bains avec un grand réservoir et un jet d'eau dans le milieu... et ce n'est pas de l'eau pour semblant; le petit Gérard, qui connaît le fils du souffleur, a monté sur le théâtre et en a bu!... — Est-elle bonne?... — Délicieuse!... il dit que c'est comme du coco. — Tiens! j'aurais bien voulu me baigner dans le coco, moi! — Veux-tu te taire, Jules! Alors il y a un petit garçon qui fait peur au roi et qui se cache... — Le roi? — Non, le petit garçon. Enfin on voit le festin... une grande table en fer-à-cheval comme à la noce de ma cousine au Cadran-Bleu. Ils ont tous des cruches d'or devant eux; on chante, on boit, il fait de l'orage; le tonnerre en tombant écrit quelque chose sur une porte. Le roi, qui ne sait pas lire apparemment, fait venir un jeune homme, qui est au moins en troisième et qui traduit couramment. Puis il tombe un pétard sur le roi, il meurt, on voit le palais tout en feu violet... C'est magnifique!... et voilà tout!

Un murmure d'approbation accueille ce récit, le jeune Paul promène sur ses camarades des regards qui semblent dire : Vous êtes bien heureux que je vous aie conté ça! Puis il rit d'un air moqueur, tire la langue à l'un, fait la grimace à l'autre, va donner un coup de poing à un troisième, celui-ci riposte, les deux écoliers luttent à qui se jettera par terre, mais sans animosité et toujours en riant; enfin l'un d'eux glisse, tombe, se fait une grosse bosse au front et se relève aussitôt en s'écriant : — Je ne me suis pas fait mal !

M. Théodore est toujours précédé d'une forte odeur de tabac et d'eau-de-vie.

Je laisse ces messieurs se rouler dans la grande classe; je me rappelle que je suis venu principalement pour voir le fils de madame Ulysse. Je l'avais oublié !..... Le tableau que j'avais sous les yeux me reportait au temps où j'étais écolier moi-même ! Le présent avait fui, le passé seul m'occupait.

J'entre dans la seconde classe, qui n'est séparée de la première que par un vitrage. J'aperçois dans un coin un tout petit garçon qui ne joue pas avec les autres, et tient à sa main une tartine bien légèrement couverte de beurre, à laquelle il n'a pas touché; je m'approche de cet enfant, dont la figure a déjà quelque chose de mélancolique. J'éprouve de la peine à voir de la tristesse sur ses traits si jeunes, qui ne devraient respirer que le plaisir; car j'aime beaucoup les enfants : j'avoue que je les préfère aux hommes; il y a des personnes qui aiment mieux les chiens.

En considérant ce petit garçon, je pense que ce pourrait bien être celui que je désirais voir. Le maître n'a pas chargé le portrait en disant que c'était l'élève le plus sale de sa classe. Le pauvre enfant a un pantalon déchiré à plusieurs endroits, une veste trouée aux coudes, et à laquelle il n'y a plus de boutons pour se fermer, et tout cela plein de taches, en loques... Ah! madame Ulysse!... en regardant les vêtements qui couvrent à peine votre fils, je ne vous trouve plus si jolie!... et vous voulez faire des contes pour l'éducation des enfants !..... Je commence à croire que votre mari a bien pu se pendre... si toutefois vous avez eu un mari.

honteuse, et balbutie en me montrant ses camarades : — Ils ne veulent pas jouer avec moi... ils disent que je suis trop sale... Ils m'appellent dégueuillé...

Pauvre enfant ! déjà essuyer le mépris de ceux qui l'entourent, déjà éprouver des humiliations !... et ces autres petits hommes de cinq et six ans qui ont de l'orgueil, de la fierté; qui attachent déjà de l'importance à une veste, à un pantalon !.... Je le répète, nous naissons avec nos défauts; je commence à croire au système des bosses.

— Vous vous nommez Oscar, n'est-ce pas, mon petit ami? — Oui, monsieur. — Et votre maman s'appelle madame Ulysse? — Oui, monsieur. — Et... vous aime-t-elle bien, votre maman? — Oh!... oui.... quand je suis bien sage. — Est-ce que vous n'êtes pas toujours sage? — Dame, c'est qu'à la maison maman ne veut jamais que je remue, et puis elle me dit : Oh! que tu es vilain ! tu ressembleras à ton papa! Je te prendrai en grippe !....

Il me paraît que le souvenir du pendu n'est pas agréable à sa veuve! Voilà un enfant qui est bien heureux !.... chez lui il ne peut pas remuer, jouer, sous peine d'être tapé, et ici ses camarades le repoussent et ne veulent pas l'admettre à leurs jeux.

Comment faire pour forcer ces petits drôles à regarder le petit Oscar comme leur égal?

Je me grattai l'oreille.... je me sentais aussi embarrassé que pour trouver un joli dénoûment de comédie, et cependant j'étais bien résolu à ne point m'en aller sans avoir mis le pauvre enfant dans une autre position vis à vis de ses camarades.

Tout à coup, en me regardant, je m'aperçois que j'ai pour boutons de chemise deux petits ronds d'or émaillé de peu de valeur, mais assez jolis; je les détache d'après moi et je les mets au gilet du petit Oscar que je boutonne avec cela, en ayant soin de lui dire bien haut :

— Tenez, mon ami, votre mère n'a pas encore eu le temps de vous faire faire une autre veste et un pantalon; mais voici des boutons d'or qu'elle vous envoie pour fermer votre gilet.

Le petit garçon se laisse faire sans rien dire. Déjà les élèves s'étaient arrêtés autour de nous; ils regardaient d'un air surpris, et je les entendais murmurer entre eux : — Oh! les beaux boutons !... c'est plus fin que de l'or!...

J'embrasse l'enfant et je m'éloigne; mais avant de descendre je me retourne pour regarder dans la petite classe... J'ai réussi; les boutons ont fait leur effet : le petit Oscar joue avec ses camarades; il prend sa part de la récréation.

CHAPITRE IV. — Un Conte moral.

Il y a quinze jours au moins que je n'ai vu Clémence, et cela me donne de l'humeur. Dans cet intervalle elle m'a écrit une seule fois... On l'observe sans cesse, me dit-elle; est-ce vrai?..... Je doute toujours... je doute trop peut-être !

Je suis allé deux fois chez Adolphe depuis ma visite à la pension. Il est toujours sorti. La portière a soin d'ajouter en souriant : — Il est en course avec la dame de son carré.

Il me paraît qu'on n'emmène pas l'enfant, car j'aperçois le petit Oscar jouant dans la cour et toujours dans le même négligé; mais il n'a plus les boutons que je lui avais donnés, on les lui a ôtés; il est certain que cela jurait avec son costume.

Ma foi, que M. Adolphe promène madame Ulysse, qu'il mange avec elle à la pension qui lui font ses parents, cela m'est libre..... Après tout, je ne suis pas son tuteur. Mais je sais qu'on ne lui accorde que cent cinquante francs par mois, et il me semble qu'avec cela il ne peut pas mener tous les jours sa belle au spectacle ou chez le restaurateur; il fait des dettes; c'est probable ! Patience ! lorsqu'il sera dans l'embarras, il viendra me trouver.

Cela ne tarde pas. Un matin je vois arriver Adolphe, l'air contraint, gauche, et m'abordant comme s'il craignait que je fusse fâché. Je le reçois aussi amicalement que de coutume, seulement je lui dis en souriant :

— Et les amours vont toujours bien ?... — Très-bien... Vous avez encore l'air de rire; je ne sais pas pourquoi vous ne voulez pas que l'on m'aime. — Mon cher ami, je le désire beaucoup, au contraire; vous avez tout ce qu'il faut pour plaire, assurément !.... mais je voudrais que madame Ulysse, tout en vous adorant, fît faire une veste et un pantalon à son fils. L'amour que vous lui inspirez ne devrait pas lui tourner la tête au point de laisser ce pauvre enfant si mal vêtu. — Vous avez donc vu son fils ? — J'ai eu ce plaisir-là... il n'est pas mal ce petit bonhomme, pour le fils d'un pendu !... ah! ah!...

Adolphe se lève avec humeur, je l'arrête. — Allons, ne vous fâchez pas... vous savez bien que j'aime à plaisanter; mais au fond, je suis votre ami..... beaucoup plus peut-être que vous ne le pensez. — Oh! oui, je vous crois. — Voyons... qu'avez-vous à me demander ce matin?... Je gage que vous êtes venu pour quelque chose..... vous allez, vous tournez... Allons, mon ami, venez au but : vous avez besoin d'argent ! — C'est vrai... j'ai dépensé un peu vite ma pension... j'ai voulu l'agrément. Enfin? — Enfin,... j'ai écrit à mon oncle.... il est moins sévère que mon père; je lui ai dit que j'avais été forcé à des dépenses extraordinaires... Il m'enverra de l'argent; mais, en attendant sa réponse, si vous pouviez me prêter trois ou quatre cents francs..... ça m'obligerait infiniment. — Je vous les prêterai, je suis heureux de le pouvoir, mais je gage qu'avant de venir me trouver vous avez emprunté à d'autres... hein... répondez donc... — Ah ! le correspondant de mon père m'a avancé cent écus.... puis.... un ami de ce monsieur.... avec qui je jouais au billard..... — De M. Théodore? — Oui... un nommé Salomon m'a fait prêter cinq cents francs, c'est-à-dire, je n'en ai touché que trois cents... et j'ai eu pour cent vingt francs de kirsch-wasser... et puis les intérêts..... — Ah ! mon cher Adolphe, où vous êtes-vous fourré!.... n'empruntez jamais à des juifs qui vous grugeront !..... Je vous répète que ce M. Théodore est un fort mauvais sujet; il n'a pas même pu rester à la roulette; il s'est fait renvoyer, à ce qu'on m'a

Adolphe Designy se promène avec une femme jeune et assez gentille, mais dont la tournure me semble un peu équivoque.

appris dernièrement. — Ce n'est pas cela, c'est lui qui a voulu quitter, parce que cela lui répugnait d'être employé dans les jeux, et que d'ailleurs il va faire de très-bonnes entreprises. — Et que diable avez-vous pu faire de cent vingt francs de kirsch-wasser? — Dame... nous en avons bu un petit peu avec Juliette... elle s'en sert pour accommoder bien des choses; elle m'a fait manger des omelettes au kirch ! c'est délicieux !... Et puis elle en verse cinq à six gouttes sur le pain de son fils avant de l'envoyer à l'école, et elle dit que c'est étonnant comme ça le fortifie.

— Ah ! mon Dieu !..., qu'il se passe de drôles de choses à Paris !... une mère qui n'habille pas son fils et qui le met au kirsch-wasser parce que son amant n'a plus que cela à lui donner !... Mais ce n'est pas le moment de vous faire de la morale. Tenez, mon cher Adolphe, voilà quatre cents francs; vous me les rendrez quand votre famille vous enverra de l'argent; que ceci ne vous inquiète nullement. Si j'osais vous donner un avis, je vous dirais : Cessez pendant quelques jours de procurer de l'agrément à madame Ulysse, et vous verrez si elle vous témoigne toujours autant d'attachement. — Je vous assure que je vais garder cet argent pour moi..... pour mes dépenses courantes, en attendant la réponse de mon oncle. Juliette ne me demande jamais rien; d'ailleurs, elle va avoir aussi des fonds à toucher... Vous saurez qu'elle écrit... elle m'avait défendu de vous le dire... mais c'est entre nous; oui, elle est auteur... oh! elle est pétrie d'esprit; elle fait des contes moraux pour l'éducation de la jeunesse. — Ah ! elle fait des contes moraux?. — Oui, et on doit les lui acheter très-cher..... Elle m'en a lu un dernièrement : oh ! c'est bien joli... bien touchant !.... dans le genre d'Auguste La Fontaine : deux frères, l'un pasteur, l'autre militaire, une jeune fille bien sage qui fait un enfant, et un vaurien de garçon qui se trouve être un très-bon sujet. Mais je vous les donnerai dès qu'ils seront imprimés. Une femme auteur ! je raffole des femmes

Voulez-vous que je vous envoie quelques bouteilles de kirsch?— Merci, mon ami, je ne l'aime pas. Adolphe, je ne vous demande qu'une chose: ne fréquentez pas M. Théodore, n'empruntez plus à son ami Salomon, et payez-le dès que votre oncle vous enverra des fonds. — C'est bien ce que je compte faire. Au revoir, mon cher Arthur.

Il est parti, heureux comme on l'est à vingt-deux ans, lorsqu'on a toutes les illusions du cœur et de l'argent en poche; je me reproche quelquefois de chercher à le rendre plus clairvoyant, mais il n'est pas millionnaire, et il arrive un temps où l'on revient au positif.

Il n'y a pas un quart d'heure qu'Adolphe est parti lorsqu'on sonne chez moi. Je cours ouvrir (car je n'ai pour domestique que ma portière : ne tenant point de ménage chez moi, cela me suffit). J'espérais que c'était Clémence; lorsque j'ai été longtemps sans la voir, je l'attends toujours, et chaque fois que l'on sonne, j'éprouve un mouvement de joie.

Je suis encore trompé dans mon attente. C'est un monsieur que je ne connais pas, assez bien couvert, déjà sur le retour, l'air grave, le teint bilieux, la parole lente; il tient sous son bras un énorme rouleau de papier.

Je crois deviner ce qui m'arrive : de ces visites dont les auteurs un peu connus sont accablés, des gens qui viennent vous offrir de travailler avec vous; qui ont la tête remplie de sujets dramatiques, et auxquels il n'a manqué que le temps pour faire des chefs-d'œuvre. Quelques-uns même n'ont pas eu celui d'apprendre à parler français; on s'en aperçoit en les écoutant.

J'ai deviné juste; le monsieur qui a sonné, après m'avoir demandé s'il a l'avantage de parler à M. Arthur, me pousse presque vers mon cabinet en ne répondant que, par des saluts aux questions que je lui adresse; je vois que l'on veut me tenir quelque temps, et je n'ai jamais été plus mal disposé pour écouter quelqu'un que je ne connais pas:

Nous sommes arrivés dans mon cabinet, moi en marchant à reculons, ce monsieur en avançant à pas comptés, et me gratifiant d'une inclination de tête à chaque pas:

— Monsieur Arthur ne me reconnaît peut-être pas?
— Pardon, madame, c'est vous que j'ai vue au spectacle avec Adolphe.

— Monsieur, puis-je savoir ce que vous désirez de moi ?... — Monsieur, je suis homme de lettres. — Donnez-vous la peine de vous asseoir. — Volontiers. Monsieur, il y a longtemps que j'ai envie de faire votre connaissance; mais il ne suffisait pas que je le voulusse, il fallait que je le pusse, et comme vous savez, dans le monde on n'est pas toujours maître de son temps... — C'est très-vrai, monsieur ; j'ai moi-même un rendez-vous pour ce matin..... et je serai obligé..... — Cela m'arrange, car je suis aussi très-pressé. Monsieur, il faut que je vous dise que j'ai fait plus de soixante pièces de théâtre. — Ont-elles été jouées ?... — Non, monsieur, pas encore... Ce n'est pas que je ne désirasse qu'elles le fussent... mais, pour cela... vous savez... un débutant a besoin d'aide..... de conseils , quoique mes ouvrages soient fort bien... Enfin, monsieur, comme votre genre de travail me va beaucoup, je me suis dit : Il faudrait que je visse M. Arthur , et lui proposasse d'être mon collaborateur. — Monsieur, je vous remercie de votre confiance, mais il m'est impossible d'y répondre. J'ai trop d'occupation en ce moment pour en accepter de nouvelles... — Ah! vous ne voulez pas... après tout, cela m'arrange mieux ; je crois, au fait, qu'il faut travailler seul : on met son cachet sur ce qu'on fait. Malgré cela, il faudrait que je vous lusse un petit drame en dix tableaux , sur lequel je vous demanderais vos avis. — Je ne puis vous écouter aujourd'hui, monsieur, on m'attend , et je devrais déjà être parti. — Eh bien! cela m'arrangerait moi-même davantage de vous laisser mon manuscrit pour que je le lussiez à votre aise et que vous écrivissiez, s'il vous plaît, vos remarques à la marge... — Non, monsieur, veuillez remporter votre manuscrit. je me suis fait une loi de n'en plus recevoir; on peut avoir une idée qui se trouve dans le manuscrit qu'on nous a laissé, et alors la personne à laquelle il appartient pense que nous avons fait notre profit de son ouvrage : c'est ce qu'on évite en n'acceptant aucun manuscrit. — Ce que vous dites est parfaitement juste, cela m'arrange autant ; je vais aller sur-le-champ demander lecture à un grand théâtre ; mais j'ai aussi un vaudeville fort intéressant... Il n'y manque que des couplets et le dénoûment. Avant que je le terminasse, si vous vouliez en faire un roman... je vous en ferais cadeau, pourvu que vous me donnassiez seulement une douzaine d'exemplaires. — Monsieur, votre proposition ne m'arrange point du tout, Je n'ai pas pour habitude de me servir de l'esprit des autres : la société me fournit assez de ridicule; assez d'originaux ; c'est là que je veux prendre toujours mes sujets. Je ne sais si ma méthode est bonne ; je pense que je puis vous assurer que je n'en changerai pas.

— Oui... au fait... je comprends... chacun son genre... moi... j'ai le mien aussi ; et je suis sûr que j'ai le mien !... mais il faudrait que je le trouvasse. Ah! j'ai aussi un mélodrame fort curieux, qui est presque fini... le sujet est superbe !... c'est le chaos !... Le chaos?... vous jugez tout ce qu'on peut faire avec cela... Il n'y a qu'à prendre... — Pardon , monsieur, mais on m'attend, et je ne puis... — Ah! vous avez affaire... cela m'arrange... à une autre aussi, je reviendrai une autre fois vous apporter mon chaos... — Oui, monsieur, une autre fois. — Dans quel quartier allâtes-vous?... que nous puissions jaser en chemin.

Pour le coup, je n'y tiens plus ; je n'ai jamais rencontré d'homme aussi tenace ; je lui réponds fort sèchement que je ne vais pas de son côté, et le poussant à mon tour vers la porte, je feins de la suivre, et la lui referme sur le dos pendant qu'il murmure que cela l'arrange mieux d'aller seul.

Voilà un homme qui va m'en vouloir, me trouver impoli, parce que je n'ai pas consenti à passer une demi-journée à l'écouter ; et ces gens-là ne veulent pas comprendre qu'en les écoutant tous nous ne ferions jamais rien!

Ma portière me remet une lettre... J'ai cru encore que c'était d'elle... non... ce n'est pas son écriture... je ne connais pas celle de ce billet. Voyons.

« Une dame qui ne vous est pas entièrement inconnue demande à M. Arthur un moment d'audience demain matin; on espère qu'il sera seul. J'ai l'honneur de vous saluer. »

Drôle de style!... mais c'est une femme!... il y en a qui écrivent fort mal et qui s'expriment très-bien, d'autres qui font tout le contraire. On espère que je serai seul... voilà qui semble annoncer une aventure piquante... on a donc des confidences à me faire... C'est peut-être aussi quelque manuscrit qu'on désire me lire... mais une femme... je l'écouterai toujours. Voilà de la partialité, me direz-vous ; je l'ai bien naturel et me voir avec plaisir venir me trouver seul. Elle sera peut-être jolie, et, ma foi, alors!... Mais, vous verrez qu'elle sera vieille et laide ; je suis en malheur depuis quelque temps.

Le lendemain est venu, dix heures ont sonné, et personne ne s'est présenté que ma respectable portière, à laquelle je demande comment était la personne qui lui a apporté la lettre qu'elle m'a remise la veille ; mais c'est un petit commissionnaire qui en était chargé ; cela ne peut me mettre sur la voie. A onze heures je suis tenté de ne plus attendre, lorsqu'on sonne bien doucement. A coup sûr, c'est ma dame au billet.

Je vais ouvrir... c'est une jeune femme... mise assez élégamment... d'une figure agréable... elle me sourit en disant :
— Monsieur Arthur ne me reconnaît peut-être pas ? — Ah! je cherchais... pardon, madame... C'est vous que j'ai vue au spectacle avec Adolphe Désigny... Juliette... je veux dire madame Ulysse... — Oui, monsieur, c'est moi-même... C'est bien hardi à moi de me présenter chez vous... et surtout d'avoir demandé... à vous trouver seul... — Pourquoi donc?... mais entrez, je vous en prie...

Je la fais entrer, asseoir... elle affecte beaucoup de timidité, mais cela ne va pas à sa physionomie, et je remarque que ses yeux ont surle-champ parcouru toute ma chambre à coucher.

— Monsieur... je dois d'abord commencer par vous dire que je viens à l'insu d'Adolphe : c'est pour cela que je voulais vous trouver seul. Adolphe aurait pu juger ma démarche inconvenante... j'ai mieux aimé qu'il ne la connût pas... d'ailleurs, vous savez... que les femmes aiment assez à ne pas dire tout ce qu'elles font... lors même qu'elles ne font aucun mal... — Avec moi, madame, les femmes ont toujours raison... — Ensuite Adolphe est un peu... je ne veux pas dire bête; mais un peu neuf pour certaines choses... c'est-à-dire... mon Dieu, je ne sais pas comment m'exprimer... je suis tout embarrassée pour parler devant vous. — Ah! madame, est-ce que je vous ferais peur? — Ce n'est pas cela...

Elle baisse les yeux et sourit; je me rapproche d'elle et lui prends la main, que je serre assez tendrement, mais seulement pour la rassurer.

— Vous ne direz pas à Adolphe que je suis venue, n'est-ce pas, monsieur? — Je n'en dirai rien, puisque vous le désirez... — Maintenant je vais vous apprendre pourquoi je voulais vous voir. Mais... vous allez vous moquer de moi, je gage!... — Je ne me moque jamais des dames. — Oh! vous n'osez pas !... — Ce sont elles qui se moquent de moi. — Vous ne le croyez pas! — Oui, je m'y attends toujours. — Enfin, monsieur... car il faut bien que j'avoue ma folie... j'ai osé... écrire des contes... Cela vous étonne, n'est-ce pas, monsieur?... J'avoue qu'en me rappelant le style de son billet, je me demande pour qui elle peut écrire des contes ; mais j'aime à croire qu'elle se sauve par l'imagination et je lui réponds. Les femmes font fort bien des contes quand elles veulent s'en donner la peine! toutes ne les font pas imprimer, à la vérité ; mais lorsqu'ils sont intéressants, je ne vois pas ce qui peut les en empêcher. — Oh! monsieur... vous m'encouragez... j'avais si peur que vous ne me trouvassiez ridicule... pourtant il y a tant de femmes qui écrivent à présent !... — Oui, cela finira par faire partie de l'éducation, comme le piano. Et de quel genre sont vos contes? — Oh! du genre moral... très-moral même... Cela vous fait sourire? — C'est qu'il me semble toujours drôle d'entendre écrire ce qu'on n'inspire pas. — Comment! monsieur... est-ce que vous ne me croyez pas susceptible d'avoir de bonnes pensées? — Au contraire... — Monsieur... ce n'est pas tout, et c'est maintenant que je vais abuser de votre complaisance.

Madame Ulysse tire de son sac un rouleau de papier bien joliment noué avec un ruban rose; je pense qu'elle va me lire ses contes, et je suis résigné ; j'ai vu avec plaisir que le rouleau est très-mince, mais elle se contente de me le présenter.

— Monsieur... voici mon manuscrit... — C'est un de vos contes? — Tous, monsieur, il y en a cinq là dedans. — Cinq! ils sont donc bien courts? — Oh! je vous assure qu'ils sont assez longs ; mais je pense qu'il en faudrait encore un pour finir le volume. Je cherche le sujet... j'ai bien une idée... oh! une idée sublime sur l'amour maternel... — Vous êtes mère, je crois, madame? — Oui, monsieur ; j'ai un fils que j'adore et qui fait mon bonheur, je lui consacre tous les moments que j'ai de libres.

Je me pince les lèvres; madame Ulysse continue : — J'ai eu bien des malheurs, monsieur; ma vie est presque un roman : mariée de bonne heure à un homme que j'adorais, j'eus le désespoir de le perdre; il se brûla la cervelle à la suite d'une banqueroute, qui nous ruinait... Il me paraît que son mari s'est tué de plusieurs façons... j'aime mieux croire qu'il s'est tué du tout. Madame Ulysse, après avoir porté son mouchoir sur ses yeux et l'avoir tenu obstinément ainsi pendant deux minutes, reprend son récit, ou plutôt son conte :

— Mon époux me laissa une monde, avec un fils pour lequel je m'impose tous les sacrifices!... »

Je suis tenté de dire : Mais raccommodez-lui donc son pantalon! Je n'en fais rien pourtant, et madame Ulysse, qui n'est plus du tout embarrassée pour parler, ne m'en laisse pas le temps.

— Savez-vous, monsieur, qu'une femme jeune et qu'on veut bien ne pas trouver... affreuse, est exposée dans Paris... à toute d'aventures... on a si mauvaise opinion de nous! — Oh! on a tort.

Tout en disant cela, madame Ulysse me regarde d'une certaine façon qui pourrait m'engager à risquer quelques tentatives pour m'assurer de sa vertu. J'aime mieux la croire sur parole. Elle soupire et continue :

— J'aurais pu entrer dans un magasin de modes, de nouveautés; mais je sais ce qu'on pense des femmes qui courent les magasins... et puis j'avais l'idée d'écrire... c'était plus fort que moi!... je me suis dit : Pourquoi ne ferais-je pas un nom comme tant de dames qui écrivent dans les journaux, dans les revues? il paraît tant de choses maintenant!... J'avais aussi l'idée de faire paraître un journal qui ne serait rédigé que par des femmes... oh! j'ai une foule de projets : en attendant que je les exécute moi, voulez-vous avoir la bonté de lire mes contes? — Je lirai tout ce que vous voudrez. — Vous auriez la complaisance de feuilleter les phrases qui ne vous sembleraient pas bien tournées... n'est-ce pas? Ceci me fait faire une légère grimace ; je pense que j'aurais trop à retoucher.

— Je ne vous promets pas cela... mais je soulignerai ce qui me paraîtra hasardé. — Ah! que vous êtes aimable, monsieur; on m'avait bien dit que vous étiez très-complaisant pour les dames, et c'est ce qui m'a donné le courage de venir vous importuner.

— Une jolie femme n'importe jamais. — J'en encore quelque chose à vous demander. Ce serait de m'aider à trouver le dénoûment de mon sixième conte. — Il faudrait d'abord que j'en connusse le commencement. — Ah! c'est vrai; je ne vous l'ai pas conté... que je suis étourdie!... je pense à tant de choses... Monsieur, voici mon plan... que vous rectifirez, je vous en prie : C'est une jeune mère... qui a un fils... ou deux jumeaux, çe serait mieux peut-être... — Si on en mettait trois, cela ferait encore plus d'effet... — Ah! si vous riez, cela me fera perdre mes idées... nous dirons donc une mère et deux jumeaux; le séducteur a abandonné la jeune femme... il lui a tout emport... vous allez voir comme ça devient moral... La jeune mère...

Juliette en était là de son conte, lorsqu'on sonne chez moi; elle s'arrête et me regarde.

— C'est chez vous qu'on sonne?... — Oui. — Ah, mon Dieu! si c'était Adolphe... — Ce serait bien possible. — Je ne veux pas qu'il me trouve ici... nous lui dirons que nous cherchions un conte moral, et je suis bien certain qu'il ne trouvera pas cela mauvais. — Non, je ne veux pas qu'il me voie chez vous... j'ai mes raisons; n'ouvrez pas, c'est bien plus court. — Oh! il faut que j'ouvre... ce pourrait être quelqu'un que j'ai besoin de voir... — Alors je vais me cacher dans le cabinet... si c'est Adolphe, je vous en prie, renvoyez le bien vite...

Sans attendre ma réponse, madame Ulysse entre dans mon cabinet qui fait suite à ma chambre à coucher, et en tire la porte sur elle... Singulière petite femme! elle agit chez moi comme si nous étions fort liés ensemble, et je n'ai pas la force de l'en empêcher.

Je vais ouvrir, c'est Clémence qui entre chez moi; sa vue me fait grand plaisir, et pourtant je me sens embarrassé comme si j'avais une sottise à me reprocher.

— C'est toi? — Oui... me voilà enfin!... ah! j'avais bien peur que tu ne fusses sorti... tu as été bien longtemps à m'ouvrir, mon ami? — Ah! oui... je ne sais pas ce que je faisais...

Tout en parlant, Clémence est entrée dans ma chambre à coucher; je la suis, indécis sur ce que je dois faire. Je ne voudrais pas que Juliette vit madame Moncarville; mais cependant je ne puis ni ne veux renvoyer Clémence, et je ne peux pas non plus faire sortir Juliette, mon cabinet n'a pas d'autre porte que celle qui donne dans ma chambre à coucher.

Pendant que je parle à tout cela, Clémence a ôté ses gants, jeté sur un fauteuil son chapeau, son châle, et elle s'assied sur ma causense en s'écriant : « Que je suis donc contente de te trouver... et seul... il y a un siècle que je ne t'ai vu... ah! je te jure que ce n'est pas ma faute... je n'ai pas cessé de penser à toi... Eh bien!... vous ne venez pas seulement m'embrasser?... Est-ce que ma visite vous contrarie?... vous en attendiez une autre peut-être?... — Oh! par exemple... — Mais si!... vous avez quelque chose bien certainement... Arthur, vous ne m'aimez plus!

Je suis sur les épines, je voudrais serrer Clémence dans mes bras, la couvrir de baisers... mais cette autre qui est là... qui peut entendre! Je veux la ménager Juliette; malgré cela, il y a de ces choses dont on ne veut donner le spectacle à personne.

Clémence me regarde, elle pâlit, ses yeux suivent tous mes mouvements, son sein se soulève avec agitation... je me décide à lui dire la vérité, il me semble que c'est ce que j'ai de mieux à faire.

Je vais m'asseoir près de Clémence. je l'entoure de mes bras, elle me fixe avec une attention inquiète. J'ai soin de parler très-bas.

— Écoute, ma chère amie, je vais te dire la vérité... — Ah! il y a donc quelque chose... j'en étais sûre... — Avant que tu ne vinsses, il m'est arrivé une personne... pour me consulter sur un ouvrage... tiens, le voilà même l'ouvrage, tu vois que je ne mens pas... ce sont des contes moraux... — Et cette personne... c'est une femme?... — répondez donc, c'est une femme?... — Eh bien, oui, c'est une femme, il n'y a rien d'extraordinaire à cela!... tu sais que les femmes écrivent beaucoup à présent... — Enfin cette femme... vous l'avez renvoyée, j'espère... — Elle allait partir quand tu as sonné... et ma foi... alors... craignant d'être vue... — Elle est ici... elle est cachée ici!... dans votre cabinet, je parie... — Clémence, ne parle donc pas si haut... — Ah! elle est là... ah! c'est une femme qui vient vous consulter pour ses ouvrages, et vous la cachez chez vous, quand on sonne... et vous pensez, vous, que je croirai de tels mensonges?... — Je te jure que c'est la vérité. — Si cette femme n'était pas votre maîtresse, quelle raison auriez-vous pour la faire cacher?... — Ne parle donc pas si haut... il est inutile qu'on t'entende. — Je veux parler haut... je veux crier... Ah! vous craignez que cette dame ne m'entende... vous avez peur de la fâcher... quelle horreur!... moi, qui vous ai tout sacrifié... mon repos... ma réputation... je croirai de tels mensonges?... — Je te jure que c'est la vérité. — Si cette femme n'était pas votre maîtresse, quelle raison auriez-vous pour la faire cacher?... — Clémence, je te répète que dans tout ceci je suis très-innocent... si tu voulais m'entendre... te calmer... — Mais vous me supposez donc bien sotte... Comment, cette femme ne vous est de rien... elle vient simplement pour vous consulter, et vous la cachez quand il vous vient du monde!... mais, Arthur, vous voyez bien que cela n'a pas le sens commun. — Eh bien!... puisqu'il faut tout te dire... apprends que cette femme est la maîtresse d'Adolphe... tu sais bien, Adolphe Designy, un de mes amis dont je t'ai parlé quelquefois; elle est venue ici à son insu, et, quand tu as sonné, craignant

que ce ne fût lui, elle s'est sauvée dans mon cabinet... comme une folle, sans même réfléchir à ce qu'elle faisait.

Clémence me regarde en souriant avec ironie :

— Vraiment! monsieur, vous n'êtes pas heureux dans vos histoires!... à présent, cette femme est la maîtresse de votre ami, et elle vient vous voir en cachette de lui!... S'il n'y avait aucun mal dans votre liaison, pourquoi ce mystère... ces cachotteries!... Non, vous me trompez, celle qui est là-dedans est votre maît esse... vous la preniez dans vos bras quand je suis venue vous troubler... ah! vous ne m'attendiez pas... si vous aviez su que ce fût moi, vous ne m'auriez pas ouvert peut-être.

Je ne réponds plus, car rien ne me blesse comme de n'être pas cru lorsque je dis vrai, et, ne pouvant donner d'autres preuves à Clémence, je m'assieds et prends le parti de me taire.

Mon silence augmente l'irritation de Clémence, elle marche à grands pas dans ma chambre, puis s'arrête devant la porte de mon cabinet en s'écriant : — Cette dame croit sans doute que vous allez me renvoyer bien vite. Si je m'en allais, cela vous ferait grand plaisir, je le conçois... mais je ne m'en irai pas pourtant, je suis désolée de vous contrarier... je veux voir cette dame... je veux connaître celle qui vous consulte pour ses contes moraux... Ah! ah! ah! C'est tout à fait moral de venir consulter un jeune homme chez lui... de se cacher dans sa chambre... Il y a là le sujet d'un joli conte!...

Clémence porte la main sur la clef qui est à la porte du cabinet... Je cours à elle et je l'arrête. je m'efforce encore de la calmer.

— Clémence, que vas-tu faire?... Songe donc à quoi tu t'exposes en te montrant à cette dame... Ce n'est pas pour moi que je te prie! que m'importe que tu voies ou non la personne qui est là!... Mais toi... qui as tant à ménager!... Réfléchis donc... n'ouvre pas cette porte.

Mes instances, loin de la calmer, semblent redoubler son agitation! cette femme, toujours si douce, si timide, si craintive, n'entend plus rien que la passion qui la tourmente.

Ah! elles sont toutes de même, incapables d'écouter la raison quand la jalousie les domine.

— Vous avez donc bien peur que je la voie?... reprend-elle en jetant sur moi des regards courroucés. Ah!... je devine... cette dame... n'est sans doute pas en état de se montrer... et sa toilette... Eh bien! je lui servirai de femme de chambre!

Cette dernière supposition me met à mon tour en colère, et, cessant de retenir le bras de Clémence, je vais me jeter dans un fauteuil en m'écriant : — Je vous en ai dit assez, faites ce que vous voudrez!

Je n'ai pas achevé ces mots que la porte est ouverte, et Clémence s'écrie d'un ton ironique :

— Venez donc, madame, il ne faut pas vous cacher pour moi! Juliette paraît, l'air aussi tranquille que si elle sortait de sa chambre, elle sourit même et fait une belle révérence à Clémence. Mais à mesure qu'elle la regarde, je lis dans sa physionomie une expression de surprise et de contentement dont je suis loin de me rendre compte.

En voyant Juliette dont la toilette n'a rien de chiffonné, Clémence est restée un moment interdite; cependant l'expression malicieuse avec laquelle madame Ulysse la salue lui rend bientôt toute sa colère, et puis Juliette est jolie, et cela doit nécessairement augmenter son courroux; aussi ne répond-elle à son salut que par un regard méprisant.

Pendant que ces dames se toisent, se considèrent, je reste tranquillement assis dans mon fauteuil, déterminé à ne plus être que spectateur de ce qui se passera.

C'est Clémence qui rompt le silence la première; elle voudrait paraître calme, mais sa voix trahit son agitation, et elle peut à peine balbutier : — Vous deviez vous ennuyer là-dedans, madame?... je ne veux pas vous retenir plus longtemps prisonnière. — Je ne m'étais pas cachée à cause de vous, madame, répond Juliette avec un grand sang-froid, monsieur vous avait dit vrai... vous avez eu tort de ne pas le croire. — Ah! madame était venue... pour lire des contes moraux... et c'est un sujet que vous cherchiez là-dedans?... — Je l'ai trouvé, madame, c'est une jeune fille qui n'avait rien; un homme riche l'a épousée, lui a fait un sort brillant... il a comble de cadeaux, de parures; dans le monde on la croit sage, honnête!... et elle a un amant chez lequel elle vient en secret... voilà mon sujet, je crois qu'il aura beaucoup de succès. Sans adieu, monsieur Arthur, j'aurai le plaisir de vous revoir.

Juliette est partie en nous laissant atterrés de ce qu'elle vient de dire. Clémence, pâle comme la mort, s'est laissée tomber sur une chaise en murmurant : — Je suis perdue!... cette femme me connaît!... — Voilà ce que je craignais... voilà pourquoi je vous suppliais de ne pas vous montrer... vous auriez pu vous tenir un instant à l'écart pendant que j'aurais fait sortir cette femme... mais vous ne l'avez pas voulu... — Comme elle me regardait avec méchanceté!... — Songez que c'est vous qui l'avez raillée la première... peut-être ne vous connaît-elle pas et n'a-t-elle parlé ainsi que par supposition... — Oh! tout se rapporte trop bien... une fille qui n'avait rien... un mari qui la comble de présents!... Oui, c'est bien moi!... ah! cette femme croit sans doute que je devrais me trouver bien heureuse pour que je puis avoir une toilette élégante, mais cette fortune... ces parures... ai-je demandé cela?... le ciel m'est témoin que ce n'est pas là ce que je désirais. Je ne voulais point épouser M. Moncarville, mes parents m'y ont forcée en me disant : — Il est riche, tu seras heureuse !... Ah ! que ne donnerais-je pas pour habiter un grenier et y être libre ! je travaillerais pour vivre, je ne porterais ni cachemires, ni diamants, mais je pourrais dire partout que je vous aime, et m'en faire gloire, au lieu d'être forcée à le cacher.

Je me rapproche de Clémence, je veux la prendre dans mes bras, elle me repousse doucement en me disant :

— Vous ne m'aimez plus, vous !... vous avez une maîtresse... elle est jolie cette femme... plus jolie que moi... elle n'a pas l'air distingué, par exemple... mais enfin elle vous plaît !... ah ! que m'importe ce qu'elle dira... ce qui m'arrivera ! je suis résignée à tout !...

— Clémence, ne dis pas que je ne t'aime plus !... mon Dieu ! si cela était, pourquoi te tromperais-je ?... qui m'y obligerait ? Je te répète que cette femme est la maîtresse d'Adolphe, que je ne lui ai jamais fait la cour...

— Oui, mais elle veut que vous la lui fassiez !... C'est la première fois qu'elle venait chez moi... — Elle reviendra. Elle vous a dit au revoir. — Je lui rendrai ses contes ; je ne la reverrai plus, je te le promets !

Une femme qui nous aime est facile à persuader. Clémence finit par se jeter dans mes bras en s'écriant :

— Ah ! j'aime mieux te croire... et dussé-je partager ton cœur avec une autre... je sens que j'y consentirais encore plutôt que de n'être plus rien pour toi.

Nous passons une heure ensemble, Clémence a oublié ses craintes, j'ai dissipé sa jalousie ; elle me quitte heureuse et en me répétant : — Je te crois, désormais je te croirai toujours...

CHAPITRE V. — Une Séductrice.

J'ai dû tâcher de rassurer Clémence, mais je ne suis pas tranquille sur les suites de cette aventure. Si en effet Juliette sait quelle est la personne qui est venue chez moi, ne peut-elle pas la dire... perdre Clémence de réputation ?... cela serait affreux !... Quel intérêt aurait madame Ulysse pour se conduire si méchamment? je ne sais, mais il y avait dans ses yeux une expression bien perfide... Cependant je ne suis pas son amant... elle ne peut en vouloir à Clémence que pour quelques mots piquants... Ah !... je donnerais tout au monde pour que cette rencontre n'eût pas eu lieu.

Il faut à présent que je tâche d'être agréable à Juliette, il faut que je la ménage dans le cas où elle saurait le nom de dame de Clémence. Que je la ménage! qui sait où cela m'entraînera? elle est jolie et... En vérité Clémence a eu grand tort d'ouvrir cette porte.

Lisons le manuscrit qu'elle m'a laissé... Si cela pouvait ne pas être trop mauvais, j'en serais enchanté. Avec quelques corrections cela pourrait s'imprimer peut-être, en flattant l'amour-propre de l'auteur, en lui étant utile, j'empêcherais la femme d'être indiscrète. Je m'enfonce dans un fauteuil et j'ouvre le manuscrit... Ah ! mon Dieu ! quelle écriture! Ça monte, ça descend... Allons, du courage... premier coup d'œil : Le vieux polisson! Singulier titre pour un conte moral !... Voyons toujours, ne nous montrons pas sévère pour un titre.

Je commence... je n'ai pas lu une demi-page, et voilà déjà trois fautes de français... C'est absolument le style de la lettre que j'ai reçue... Comment se fait-il qu'une femme qui parle assez bien, qui ne manque pas d'esprit, qui a même du trait dans la conversation, ne puisse pas quelquefois écrire deux phrases qui aient le sens commun? J'aime à croire que c'est fort rare. Le sujet du conte est tout simplement un vieillard libertin qui séduit plusieurs filles, les abandonne, et finit par mourir d'un accès de goutte, il est tout cela dicté comme un mémoire de cuisinière. J'achève, non sans soupirer, la lecture du vieux polisson. Je veux lire le conte suivant... il n'y a pas moyen; on ne s'y reconnaît plus. Je jette avec colère le manuscrit dans la chambre; madame Ulysse fera ce qu'elle voudra ; je ne lirai plus ses ouvrages... mais si je blesse son amour-propre et qu'elle parle pour se venger... il faudra trouver un autre moyen de la bien disposer... ce moyen, je n'en vois qu'un... et le pauvre Adolphe, je ne voudrais pourtant pas lui jouer un tour pareil... Il est vrai si ce n'est pas moi ce sera un autre.

Je suis sorti pour me distraire de toutes ces idées, je n'ai pas fait vingt pas sur le boulevard, que j'aperçois Adolphe se promenant, bras dessus, bras dessous, avec M. Théodore qui a entièrement coupé ses moustaches et même ses favoris, ce qui lui fait une tout autre figure, mais ne m'empêche pas de le reconnaître.

Adolphe s'aperçoit qu'elle m'a fixe, il me salue, je fais autant et je passe sans m'arrêter. Mais bientôt je sens quelqu'un qui me prend le bras, c'est lui :

— Comme vous allez vite !... on ne peut pas vous parler !... — D'abord je ne voulais pas m'arrêter... je ne me souciais pas de me promener en société de M. Théodore... quoiqu'il ait tâché de changer sa physionomie, il est trop reconnaissable. — Vous en voulez bien à ce jeune homme... je vous assure que c'est un très-bon garçon... tenez, il vient de me faire faire une spéculation très-avantageuse... il m'a fait prendre des actions dans une entreprise infaillible... ces actions vont bientôt doubler, tripler de prix, et j'aurai un bénéfice très-clair... Comme vous me regardez !... — Comment ! Adolphe, c'est bien sé-

rieusement que vous me parlez... vous êtes actionnaire dans une entreprise que fait M. Théodore ?... — Mais oui... — Vous n'aviez pas d'argent... puisque vous m'en avez emprunté... — Je viens de recevoir quinze cents francs de mon oncle à l'instant même... Je le disais à Théodore, qui m'a tout de suite offert de prendre quinze actions dans son entreprise. Voilà ce que c'est : Des rivières portatives; vous savez que tout le monde à Paris ne peut pas demeurer auprès de la rivière : c'est très-incommode pour les personnes qui aiment à nager; on est obligé d'aller aux bains, et encore on ne peut pas nager dans une baignoire. Eh bien ! Théodore a inventé un bassin, grand comme deux omnibus et pour cela beaucoup le projet de Théodore, car on se dispute ses actions. Il m'a donné les quinze qui lui restaient... Tenez, voilà...

Adolphe me montre de petits coupons jaunes, signés Théodore, sur lesquels on a lithographié le bassin voyageur. Je hausse les épaules.

— Voulez-vous une ou deux actions? — Je ne donnerais pas un sou de vos quinze coupons. — Vous êtes peut-être mécontent que j'aie pris ces actions avant de vous avoir remboursé; mais avec le bénéfice j'espère bientôt... — Adolphe, quand je vous ai prêté, je vous ai dit de ne point vous inquiéter de cette dette : ce dont je suis fâché, c'est de voir que vous êtes la dupe d'un escroc !... — D'un escroc !... — Oui, c'est ainsi maintenant que je juge ce Théodore ! — Oh ! vous voilà encore persuadé qu'on veut m'attraper... quand ce n'est pas ma maîtresse, ce sont mes amis... — En ce moment ce pourrait bien être l'un et l'autre... — Il semble que je sois un enfant qui ne sache pas se conduire?... — Faites ce que vous voudrez, mais alors ne venez plus me conter vos folies. — Je ne vous dirai plus rien... J'aime mieux cela.

Nous nous quittons froidement, j'ai de l'humeur de voir ce jeune homme dupe d'un fripon, et je crois que sa Juliette le mènerait aussi grand train ; mais il me tarde de revoir madame Ulysse, je suis persuadé qu'elle viendra demain matin.

En effet, le lendemain, neuf heures viennent de sonner, je suis encore en robe de chambre, travaillant devant mon feu, lorsque ma portière m'avertit qu'une dame demande à me parler, je lui dis de la faire entrer, et je vois paraître madame Ulysse.

Elle est mise avec encore plus de soin que la veille, un joli chapeau de velours noir posé fort coquettement donne beaucoup de piquant à sa physionomie; son mouchoir ou ses vêtements répandent un doux parfum d'eau de Portugal, de vanille; enfin il y a dans toute sa personne quelque chose qui annonce la femme qui veut plaire. Je me sens déjà ému, troublé, car Juliette est une jolie blonde aux yeux noirs; ses sourcils bruns et très-prononcés donnent, il est vrai, quelque chose de dur à sa physionomie, mais lorsqu'elle sourit, cette expression est remplacée par une autre fort engageante.

Elle s'excuse de me déranger si matin, et moi de la recevoir en robe de chambre ; je la fais asseoir devant le feu, et je renvoie ma portière.

Je suis un peu embarrassé pour entamer la conversation, et je me tire en lui demandant si elle a déjeuné? — Oui, monsieur, oh ! j'ai pris mon café... je n'ai besoin de rien, je vous remercie... je viens savoir si vous avez eu la bonté de lire... mon manuscrit... — Votre manuscrit... ah... oui, madame... je m'aperçois-vous donc du feu... il fait très-froid ce matin... — Je suis fort bien... je craignais que vous n'eussiez pas eu le temps de tout lire, et... — Oh ! pardonnez-moi... madame, je dois d'abord m'excuser sur la scène d'hier... j'ai été désolé de ce qui est arrivé... mais les femmes sont indulgentes, et j'espère... — Mon Dieu, monsieur, je vous assure que je ne pense plus à cela... c'est moi qui me trouvais là fort mal à propos... cette dame avait bien tort d'être jalouse de moi ! convenez que je ne le méritais pas...

Voilà une question insidieuse. Je lui réponds bêtement : — Vous êtes bien faite pour inspirer de la jalousie. Et puis nous sommes quelque temps sans parler. Juliette reprend enfin.

— J'ai été très-contrariée de tout cela... et en répondant à cette dame je me suis peut-être trop laissée aller à ma vivacité... j'en ai été désolée après... — C'est elle qui avait le premier tort... Est-ce que... vous connaissez cette dame ?... — Pas du tout !... — C'est singulier... je croyais... d'après ce que vous avez dit... — J'ai dit tout ce qui m'est venu à la tête... Je ne m'en souviens plus... mais c'était la première fois que je voyais cette dame, et si je la rencontrais je ne la reconnaîtrais pas.

Cette assurance m'ôte un poids qui pesait sur ma poitrine, je me sens plus à mon aise, je me rapproche de Juliette, qui sourit avec malice en me disant :

— Êtes-vous parvenu à faire votre paix ?... — Tenez, ne parlons plus de tout cela... — Elle vous aime à la fureur, cette dame !...

C'est de vous que je veux m'occuper... — De moi!... ah! je n'aurais pas le pouvoir de vous le faire oublier!...

Il me semble pourtant qu'elle fait tout ce qu'il faut pour cela; afin de se chauffer les pieds, elle a légèrement relevé sa robe; je vois une jambe bien prise et le commencement d'un mollet qui me paraît parfaitement dessiné... ah! que c'est dangereux d'être assis devant le feu auprès d'une dame!

— Enfin, monsieur, puisque vous ne voulez plus que je vous parle de vos amours... revenons à mes contes... — Il me serait cependant bien doux de parler d'amour avec vous... — Mais moi j'aime peu le rôle de confidente, c'est un emploi que je ne veux pas encore tenir...

— Qui vous parle de confidente?... — Il fait bien chaud chez vous... je vais ôter mon manteau.

Je la débarrasse de son manteau; elle feint de s'apercevoir alors que sa robe de dessous est à peine attachée.

— Mon Dieu! comme je suis faite!... je n'ai pas pris le temps de mettre un corset... cette robe agrafe si mal... — Je voudrais qu'elle agrafât plus mal encore!... — Les femmes sont bien malheureuses quand elles n'ont personne pour les habiller... — Est-ce que votre voisin Adolphe n'est pas toujours là?... — Fameux habilleur!... il ne sait pas mettre une épingle!... il est bien gauche, le pauvre garçon. Eh bien! monsieur, ce manuscrit?... — Ah! oui, madame... — Dites-moi ce que vous en pensez... — C'est que... dans ce moment ce n'est pas à cela que je pense, l'auteur me fait oublier l'ouvrage... — Ah! monsieur plaisante... Mon chapeau me gêne... je puis bien l'ôter, n'est-ce pas?... Ôtez tout ce que vous voudrez... — Et si la dame d'hier arrivait... elle m'arracherait les yeux!... — Elle ne viendra pas... — Ah!... vous êtes donc bien heureux pour moi...

Elle ôte son chapeau, ses cheveux retombent sur son cou, sur son front, elle les repousse en riant; il y a dans toute sa personne un désordre voluptueux qui enivre; on ne sait plus ce qu'on fait, mais on sait bien ce qu'on voudrait faire: les regards, le sourire de Juliette semblent provoquer un aveu. Je la serre dans mes bras, elle rit; je l'embrasse... elle rit encore; qui diable alors pourrait rester sage?... je succombe à la tentation, et cela, sans lui avoir fait de déclaration, sans lui avoir même dit que je l'aimais: c'est singulier qu'il y ait des femmes qui nous accordent tout sans nous avoir demandé cela!... probablement pour ces dames-là les paroles sont peu de chose!

Lorsque je retrouve ma raison, ce qui, grâce à Juliette, a lieu le plus tard possible, je suis étonné de ce que j'ai fait, je crois même que j'en suis fâché... cependant Juliette est bien jolie... mais il faut maintenant lui dire que je l'aime, et je sens que cela me coûtera.

Juliette n'a pas du tout l'air de se repentir de ce qui s'est passé, bien au contraire: elle rit, elle m'agace, elle rit encore; il me semble que ce n'est déjà plus la même femme que lorsqu'elle est arrivée. Elle s'assied sur mes genoux et me dit en disant: — Ah! c'est maintenant que je voudrais que cette dame d'hier arrivât!... elle voudrait me chasser de la place que j'occupe, mais je lui dirais: J'en suis bien fâchée, madame, j'ai tout autant que vous le droit de m'asseoir sur ses genoux!...

Ces paroles me font mal. Pauvre Clémence!... si elle savait... ah! si elle arrivait. Juliette aurait beau faire, je la repousserais bien vite pour retourner près de mon ancienne amie.

Les hommes sont bien ingrats, direz-vous; voilà une femme qui vient de vous rendre heureux, et vous croyez déjà que vous la repousseriez pour une autre. Que voulez-vous? c'est que le plaisir sans amour est peu de chose, tandis que l'amour sans plaisir est encore beaucoup.

Je suis parvenu à replacer Juliette sur sa chaise; elle s'écrie alors: — Dis donc, tu m'as offert tout à l'heure à déjeuner, j'ai refusé... parce que c'était plus comme il faut; mais à présent je déjeunerais volontiers... mon café est bien loin, on gagne de l'appétit chez vous, monsieur. — Je vais faire apporter à déjeuner... que désirez-vous? — On! n'importe, pourvu que ce soit très-bon.

Je donne mes ordres, et bientôt on nous apporte un déjeuner choisi: j'ai voulu faire les choses, car si on n'a pas d'amour pour une femme, il faut remplacer cela par les procédés. Je suis bien certain que Clémence ne viendra pas aujourd'hui, je puis donc sans crainte traiter Juliette.

Ma nouvelle conquête a beaucoup d'esprit qu'on ne le penserait en lisant son malheureux manuscrit: elle fait honneur au déjeuner et l'égaie par ses saillies. J'ai demandé du champagne; c'est le vin des dames... ils le fait causer plus facilement: Juliette n'avait pas besoin pour bavarder, mais il achève de la mettre à son aise, et il règne, je crois, plus de franchise dans ses discours.

— Eh bien! et ces contes moraux?... me dit-elle quand son appétit est un peu calmé.

— Ma chère amie, voulez-vous que je vous parle sans détour?... — Oui, certes... je vais; je veux d'abord que tu me tutoies et que tu me dises pas de ces vous qui m'ennuient... — Mais... c'est que... si j'en prenais l'habitude... et que devant... Adolphe... — Oh! que non!... On sait avec qui on est... Eh bien! mes contes... tu n'oses pas répondre?... — tiens, je gage qu'ils sont mauvais... — Ma foi... j'avoue... ils ne sont pas positivement mauvais... mais pour être imprimés il faudrait tant refaire... ensuite dans le manuscrit que vous... que tu m'as donné, il

n'y aurait pas de quoi fournir un quart de volume... — C'est fini monsieur, n'en parlons plus!... c'était une folie qui m'était passée par la tête... Et Dieu sait le mal que j'ai eu pour écrire cela... Moi qui parle si facilement... je ne pouvais pas tracer deux lignes de suite qui eussent le sens commun. Mais aussi, me vois-tu, moi, faire des contes moraux!... Ah! ah!... où avais-je la tête?... est-ce là mon manuscrit? — Oui... — Tu vas voir un beau trait de courage...

Elle prend le rouleau, le jette dans le feu et le regarde brûler en s'écriant d'un ton tragi-comique: — Voilà le cas que je fais de mes œuvres... Qu'en dis-tu?

— Je dis que bien peu d'hommes ont autant de courage, et que cela seul suffirait pour me prouver que vous avez de l'esprit, si je ne m'en étais pas déjà aperçu.

— Ah! monsieur me trouve de l'esprit... monsieur est trop bon! Eh bien! je vais te parler à cœur ouvert... donne-moi encore un peu de champagne... ça ne me grise jamais!... Écoute, mon petit. Ah! laisse-moi d'abord me mettre sur tes genoux... tu veux bien, n'est-ce pas?

Le moyen de dire qu'on ne voudrait pas? Juliette n'a pas attendu ma réponse, elle est déjà assise, et elle continue tout en mangeant des macarons et des biscuits.

— Je ne suis pas née pour griffonner du papier... ça casse la tête! mais je suis née pour m'amuser... je veux mener une vie de bayadère!... Avant tout il me faut de la fortune... tu ne m'en donneras pas, toi... les poëtes n'ont pas l'habitude de se ruiner pour les femmes; tu ne m'épouseras pas non plus... tu as trop d'esprit pour ça. Mais tu m'aideras à devenir la femme de ce benêt d'Adolphe, qui sera fort riche un jour et qui alors ne me mettra pas continuellement au kirsch-wasser. Oh! quand je serai sa femme, comme je fricasserai l'argent de sa famille!... comme nous nous en donnerons!... Je t'aimerai toujours, tu es l'ami du cœur, tu seras mon Benjamin, mon fidèle... et surtout que je ne voie plus ta mélancolique d'hier matin, car c'est moi qui la mettrais à la porte maintenant... Eh bien! pourquoi donc que tu m'ôtes de là?... — C'est que j'ai la crampe... il faut que je marche un peu !...

Je me suis levé, car je n'y tenais plus; cette femme me faisait mal!... Ses projets sont affreux!... et elle croit que je les seconderai!... que pour elle je quitterai Clémence! Chère Clémence! je sens que je l'aime dix fois plus encore lorsque je vois la différence qui existe entre elle et Juliette.

— Eh bien, mon ami, ta crampe se passe-t-elle? — Pas tout à fait encore... — Comme tu as l'air sérieux!... Ce n'est pas pour dire, mais vous ne vous égayez guère avec moi... il faut que je fasse tout! Voyons, Arthur, réponds-moi: Que penses-tu de mon projet? est-ce qu'il n'est pas charmant?

— Non... d'abord je ne vois pas pourquoi vous désirez épouser Adolphe. — Ah! mon Dieu, est-ce que tu es jaloux, bibi?... Mais, encore une fois, c'est pour devenir riche... Je tiens essentiellement aux espèces, moi... Ah! je devrais avoir un beau sort... si ce vieux gredin... ce singe qui m'a séduite et abandonnée... Ça lui a bien réussi, c'est pas l'embarras! — De qui donc parlez-vous?... de votre mari qui s'est pendu?... — Ah! ah! est-il bête... est-ce que j'ai jamais eu un mari, moi?... c'est des contes qu'on fait aux badauds, ça!... — Et le petit garçon... — Eh ben! après? qu'est-ce que ça prouve?... c'est un petit garçon... voilà tout... fallait-il pas que je le misse dans un bocal d'esprit-de-vin? — Il est gentil, cet enfant... — Je le trouve affreux, moi... est-ce que tu l'as vu?... — Oui, un jour je me trouvais à sa pension... et même je me suis amusé à fermer sa veste avec mes boutons de chemise... — Comment! cela venait de toi?... moi qui croyais que c'était une galanterie de son père. — De son père?... il n'est donc pas mort? — Je te dirai ça un jour, quand tu seras bien sage. Ainsi, c'est entendu, tu parleras en ma faveur à Adolphe, et je serai madame Designy!... — Non... je ne parlerai pas du tout en votre faveur pour qu'Adolphe vous épouse; ce mariage-là n'aurait pas le sens commun!... — Savez-vous que vous êtes bien malhonnête!... Ah! vous ne voulez-pas qu'il m'épouse... eh bien, je puis vous certifier qu'il m'épousera... je me passerai de votre assistance... je fais ce que je veux d'Adolphe: c'est une pâte si molle... je lui donnerais la forme d'une brioche si je voulais; il m'adore, il ne voit que par mes yeux, et il sera mon mari... oui, monsieur, c'est comme j'ai l'honneur de vous le dire... Mais, Arthur, il ne faut pas que cela te fâche... est-ce que tu crois que je puis aimer ce nigaud de Designy?... c'est toi seul que j'aime... oui... c'est de la passion que j'ai pour toi... il y a longtemps que cela me tient; c'est depuis le jour où je t'ai vu au spectacle... oui, monsieur, depuis ce jour-là je me suis dit: Ce sera mon amant; et quand je me promets une chose, il faut que je l'aie. Oh! j'ai du caractère... mais je te préviens que si tu es jamais jalouse... horriblement jalouse... tu te guetter!... et si tu revoyais ma petite cornette, il arriverait de grands malheurs... mais tu ne les reverras pas... hein?... voyons, embrasse-moi donc... mon Dieu, quel homme!... il ne se remue pas du tout!...

Je me laisse embrasser, je suis étourdi, abasourdi de ce que j'entends; je songe qu'un moment de faiblesse peut nous causer bien des soucis!... C'est dommage que ces réflexions-là ne viennent pas avant de succomber.

CHAPITRE VI. — Qui prouve comme quoi les gens d'esprit sont bêtes.

Juliette m'embrassait, m'arrangeait les cheveux : pendant ce temps je pensais à Clémence, à tout ce qu'elle m'avait dit la veille.

On sonne doucement à ma porte. Je frémis. — Ça m'est égal, dit Juliette, cette fois je ne me cache plus !...

Et elle se rassied devant la table en se versant du champagne. Je ne crois pas que ce soit Clémence, elle ne pourrait sortir seule deux jours de suite; cependant je regarde Juliette, qui rit pendant que je la fixe.

— Comment! vous voulez rester là?... — Oui, mon bon ami, je me suis cachée une fois... passe!... d'ailleurs j'étais curieuse d'entendre; mais aujourd'hui je suis la sultane favorite... je ne bouge plus. — Et si c'était Adolphe? — Ça ne me ferait rien... je trouverais une histoire... mais ce n'est pas Adolphe, il est allé à Montmorency... Allez donc ouvrir... on s'impatiente...

Je sors de ma chambre en me disant : Où me suis-je fourré!... et je vais ouvrir, décidé, si c'est Clémence, à me jeter à ses genoux et à lui demander pardon de ce que j'ai fait.

J'ouvre... c'est mon homme de lettres de l'avant-veille, avec deux rouleaux de papier sous le bras. Jamais la vue de quelqu'un ne causa autant de plaisir. Je pense que l'arrivée de ce monsieur m'aidera à me débarrasser de Juliette. Je lui fais un salut gracieux et mets tant d'empressement à le faire entrer, que le pauvre homme se retourne, croyant qu'il y a quelqu'un derrière lui.

— Monsieur, je vous demande pardon si je vous dérange derechef... mais... — Vous ne me dérangez nullement, monsieur... au contraire... entrez donc, je vous en prie... — Monsieur, il fallait pour cela que je me rappelasse un oubli... — Mais entrez donc, monsieur, ne restez pas là...

Je pousse mon homme dans ma chambre à coucher. A sa vue, Juliette fait une grimace horrible : le monsieur aux rouleaux se confond en salutations.

— Asseyez-vous donc, monsieur... — Ma foi, monsieur, cela m'arrange, car je suis un peu fatigué... non que je vinsse de bien loin... — Vous accepterez bien un verre de champagne et un macaron?... — Pour que je le refusasse il faudrait que je fusse malade...

Je verse du vin, je présente des biscuits à ce monsieur je le vois pour la seconde fois et dont je ne sais pas même le nom ; il est tellement confus de mes politesses que ses deux rouleaux s'échappent de dessous ses bras et vont se promener dans la chambre... Je vois que Juliette s'impatiente, elle me fait des yeux, des mines, pour que je renvoie ce monsieur; je feins de ne point m'en apercevoir.

— Monsieur, j'ai l'honneur de boire à votre santé... ainsi qu'à celle de madame...

Juliette ne répond rien et lui tourne le dos ; moi, je remplis de nouveau son verre.

— Monsieur, lors du dernier entretien que nous eûmes ensemble, vous rappelâtes-vous que j'oubliai de vous dire mon nom?... — En effet, monsieur, je le cherchais alors en vain... — Il eût été étonnant que vous le sussiez sans que je vous l'apprisse. Monsieur, je me nomme Lubin... je descends, par les femmes, de la belle Ferronnière; j'ai fait lithographier mon arbre généalogique, j'aurai l'honneur de vous en apporter un exemplaire. — Ça me fera bien plaisir... buvez donc... prenez quelque chose... — Ça m'arrange, car mon estomac devient très-impérieux !...

Juliette fait tomber avec son pied la pelle et les pincettes; je les ramasse, et elle me dit à l'oreille : — Est-ce que vous n'allez pas bien vite renvoyer ce grand spectre? — Mais je ne peux pas, ce serait incivil...

Pendant que nous parlons, M. Lubin a ramassé ses rouleaux; il en ouvre un et le place sur la table devant lui en me disant : — Vous devinez ce que c'est?... — Ma foi, non... — Ce fameux mélodrame, que vous n'eûtes pas le temps d'entendre l'autre jour... le Chaos... — Ah ! c'est le Chaos que vous avez là dans ces rouleaux? — Oui, ça ne pouvait pas tenir sur un seul... Permettriez-vous que je le lusse? — Très-volontiers...

Juliette fait des mouvements d'impatience et s'agite sur sa chaise. M. Lubin tient un des formidables manuscrits, il lit en appuyant sur chaque syllabe : — Le Chaos, mélodrame en cinq actes, par Lubin, homme de lettres.

Il s'arrête, tourne la page et lit de nouveau : Le Chaos, mélodrame en cinq actes, par Lubin, homme de lettres. Personnages : Le Néant, les Nuages, le Tonnerre, une Trombe, des Comètes, des Vents. Juliette tousse, éternue, se mouche, frappe du pied sur les chenets; M. Lubin ne lit pas avec moins de gravité. Après la nomenclature de ses personnages, il boit son champagne et reprend : Le Chaos, mélodrame en cinq actes, par Lubin, homme de lettres. Acte premier : Le théâtre représente un ciel couvert ; on voit des nuées qui passent et des étoiles qui filent...

Juliette se lève brusquement en murmurant : — J'en ai assez !... je m'en vais!

Voilà ce que j'espérais. Je lui aide à remettre son manteau, son chapeau, et je la reconduis. Quand nous sommes dans l'antichambre,

elle s'écrie : — Est-ce que tu vas écouter cet homme-là?... — Il le faut bien... j'ai des ménagements à garder avec lui. — Mais sais-tu bien qu'avec son Chaos il mériterait les étrivières?... il m'a presque fait regretter d'avoir brûlé mes contes... Je m'en vais, car je n'y tiendrais plus. Arthur, je viendrai te revoir après-demain... — Après-demain?... mais c'est... que... — Oh ! il n'y a pas de mais !... je viendrai de grand matin, entends-tu?... ne te lève pas; tu m'attendras dans ton lit... Adieu... songe à m'être fidèle surtout... car je suis méchante quand je m'y mets... adieu !... tu es un amour...

Elle m'embrasse encore, me serre la main et s'éloigne. La voilà partie enfin !... quelle femme !... ah ! j'ai fait une grande sottise en me laissant aller à ses séductions, car je ne l'aime pas, je ne l'ai jamais aimée; et elle prétend me faire rompre avec Clémence... Oh ! non, madame, il n'en sera pas ainsi, c'est avec vous que je veux rompre... et très-vite même... Et ce pauvre Adolphe... il laissera-je faire un tel mariage?... une femme qui se fait une fête de le ruiner, de le tromper... Non, quoiqu'il soit bien entêté et bien sot parfois, je veux lui ouvrir les yeux encore une fois.

Mais cet auteur est là-dedans... et je n'y pensais plus !...

Je rentre dans ma chambre : M. Lubin n'avait pas changé de position, il tenait son manuscrit à la hauteur de son nez, sa bouche était entr'ouverte; dès qu'il m'aperçoit, il s'écrie : — Le Chaos, mélodrame en cinq actes, par Lubin, homme de lettres. Scène première, Chœur de Vents qui soufflent de tous les côtés.

Et M. Lubin, voulant imiter les vents, se met à me chanter :
— Brrrr... ou... Brrrrrr oum Ploouuuuu ... plou ... iooooo...

Je l'arrête au moment où il cherche à imiter un troisième vent.

— Monsieur Lubin, je suis fort contrarié de ne pas pouvoir vous écouter plus longtemps aujourd'hui, mais cette dame... vient de se trouver indisposée, elle est rentrée chez elle, et il faut que j'aille chercher son médecin... — Ah ! cette dame est souffrante... alors je conçois... ma foi... ça m'arrange autant de ne pas lire aujourd'hui... votre champagne m'a un peu brouillé les vents... quand on n'en a plus l'habitude, quoique j'en busse beaucoup jadis... — A une autre fois, monsieur Lubin... — Vais-je vous laisser mon Chaos?... — Oh ! c'est inutile : il faut qu'un ouvrage de ce genre soit lu par vous, sans cela il perdrait trop... — C'est vrai... c'est un genre tout d'imitation... ah ! si vous aviez entendu l'entrée de la Trombe... — Pardon... si je vous renvoie... Je vous apporterai mon arbre généalogique lithographié... — Tout ce que vous voudrez...

Et je le pousse dehors aussi vite que je l'ai fait entrer. J'aurai soin de donner des ordres à mon portier et à sa femme pour qu'on ne laisse plus monter M. Lubin ; car on ne se trouve pas souvent dans la position où j'étais, et il faut passer à entendre deux fois le Chaos.

J'ai mon projet; il est un peu méchant peut-être ; mais je n'en trouve pas d'autre, et avec Juliette je crois qu'il ne faut pas employer de demi-moyens ; d'ailleurs, quand je songe qu'elle m'a défendu de revoir Clémence, cela bannit tous mes scrupules. Je croyais, en cédant à ses charmes, que ce serait une de ces liaisons éphémères que l'on oublie aussi vite qu'on les a formées; mais on veut m'enchaîner, me traiter en esclave!... cela ne me convient pas du tout.

J'écris un petit billet que je vais moi-même mettre à la poste. Puis j'attends les événements, impatient d'être au surlendemain. Il arrive enfin, ce moment de notre rendez-vous! Il n'est pas encore sept heures, je suis couché ; on sonne... c'est Juliette enveloppée dans son manteau sous lequel elle a mis à la hâte une robe qu'un seul cordon retient. En quelques secondes elle est auprès de moi ; en la revoyant si jolie, si passionnée, j'ai presque des remords de ce que j'ai fait... mais le moment serait mal choisi pour y céder, et, puisque cet instant est le dernier que je dois passer avec Juliette, finissons aussi bien que nous avons commencé.

Il y a peut-être une heure qu'elle est avec moi lorsque nous entendons ouvrir la porte de mon carré ; je sens mon cœur se serrer... c'est l'instant de la crise.

— Qui donc entre ainsi chez toi? dit Juliette. — C'est ma portière; elle a eu clef pour que je ne sois pas obligé de me déranger le matin pour lui ouvrir... — Comme elle vient de bonne heure!... j'espère qu'elle ne va pas entrer ici?... — Oh! non... — Ce n'est pas que je me moque de la portière; mais il me semble qu'on peut bien nous laisser tranquilles... Écoute donc... on dirait qu'on parle... qu'on approche...

En effet on approchait : bientôt on ouvre la porte de ma chambre à coucher, et Adolphe entre, en s'écriant :

— Me voici!... la portière m'a dit : Oh ! oui, monsieur, vous pouvez le voir, monsieur m'a ordonné de vous laisser entrer... J'ai reçu votre billet; et je viens savoir...

Il n'en dit pas plus : il vient d'apercevoir Juliette couchée à côté de moi.

En voyant entrer Adolphe, Juliette a fait un mouvement comme pour se cacher sous la couverture; mais bientôt, renonçant à ce projet, elle laisse retomber sa tête sur l'oreiller après m'avoir lancé un regard dont je ne puis rendre l'expression.

— Juliette!... Juliette... avec vous!... murmure Adolphe en laissant aller sa tête sur sa poitrine. Ah ! mon Dieu... si on me l'avait dit... je ne l'aurais pas cru!... — Et c'est pour cela que j'ai voulu vous le faire voir, dis-je en me levant aussitôt et me hâtant de passer ma robe de chambre et un pantalon. — Monsieur... savez-vous que c'est indigne le tour que vous me jouez là !... dit Juliette en se soulevant à demi et me regardant fixement, mais sans trop de colère. — Madame, vous m'y avez forcé, vous vouliez épouser monsieur... je n'ai pas voulu lui laisser commettre une sottise dont il se serait repenti toute sa vie... — En vérité, vous avez eu bien de la bonté !... Que monsieur soit trompé par moi ou par une autre, qu'importe?... il le sera toujours!... — Par exemple! c'est un peu fort cela, dit Adolphe qui commence à se mettre en colère. — Arthur, dis-moi que tu m'aimes, que tu m'aimeras toujours; dis-moi que c'est pour cela que tu ne voulais pas me voir épouser monsieur... et je te pardonnerai ce que tu viens de faire. — Non, madame, je ne puis vous dire cela, car je mentirais : tel n'a point été mon motif... je dois même vous avouer que je n'ai pas cessé d'aimer... celle que je connaissais avant vous; aussi notre liaison doit être rompue. Je ne sais point feindre un sentiment que je n'éprouve pas : vous êtes jolie... très jolie... mais ce n'est pas de l'amour que j'ai pour vous. Je préfère vous parler avec franchise, je pense d'ailleurs que vous m'aurez bien vite oubliée.

Pendant que je parlais, Juliette est devenue pâle, verte, tremblante; ses traits se contractent, ses sourcils se rapprochent, elle me regarde plus; bientôt elle jette de côté la couverture, elle se lève, s'inquiétant peu de se montrer demi-nue. elle s'habille sans prononcer un mot. Son état me fait mal, mais je n'ose essayer de la calmer; que lui dirais-je d'ailleurs?... des consolations ressembleraient à de l'ironie. Je me tais, et je reste assis dans un coin.

Pendant ce temps, Adolphe, qui se promène à grands pas dans la chambre, est parvenu à se mettre en colère; il s'approche de Juliette, en s'écriant à tue-tête :

— Savez vous bien, madame, que vous n'êtes qu'une catin !... Elle ne lui répond pas et continue de s'habiller sans même le regarder. Je m'empresse d'aller vers Adolphe. — De grâce, point d'injures !... Madame est assez unie... tro   eut-être. — Monsieur 'ai i roit de traiter madame comme je viens de le faire... M'avoir trompé ainsi !... oui, je le répète, c'est une... — Encore une fois, Adolphe, taisez-vous... ou sortez. — Et quant à vous, monsieur, qui vous disiez tant mon ami et qui couchez avec ma maîtresse... je ne vois pas déjà que ce soit un si beau trait!... — Ah ! il eût mieux valu ne pas vous le dire; c'eût été plus convenable, n'est-ce pas?... — Il eût mieux valu ne pas le faire... et certainement... ça ne se passera pas ainsi !...

—Ah ! vous voulez vous battre avec moi parce que je vous ai empêché de faire une sottise ! — Parce que vous m'avez soufflé, madame!... — Je ne vous ai rien soufflé!... au reste, si vous trouvez que je vous ai offensé, je vous rendrai raison. Mais je vous demande quinze jours de délai : si après ce temps vous m'en voulez encore, venez me trouver, je serai à vos ordres.

Je ne sais ce qu'Adolphe murmure entre ses dents; mais, après avoir fait encore deux ou trois tours dans la chambre, il sort brusquement en s'écriant : — Je m'en vais! ça vaudra mieux ! Je le laisse partir, je regarde Juliette; elle vient de terminer sa toilette et se tient debout devant la cheminée; j'espère qu'elle va s'en aller aussi. Mais elle vient vers moi, me fixe en souriant avec amertume. Ses yeux lancent des flammes : ce n'est plus l'amour, c'est le dépit, la fureur, qu'ils expriment.

— Monsieur, vous allez m'entendre à votre tour !... me dit-elle d'une voix qu'elle s'efforce de rendre calme. Je ne puis pas vous quitter ainsi... il faut que vous sachiez quel sera le résultat de votre belle conduite ! Vous m'avez fait l'injure la plus grave, vous vous êtes conduit avec moi comme n'aurait pas osé le faire un goujat!... un marchand de contre-marques! Ah ! vous ne m'aimez pas, 'ah ! vous aimez toujours votre autre maîtresse!... vous seriez désolé de me la sacrifier ! Vous avez passé avec moi un caprice !... c'est par bonté peut-être que vous avez daigné me recevoir dans vos bras!... mais c'est l'autre qui seule fait battre votre cœur !... Homme infâme ! me dire cela !... et croire que je ne me vengerai pas !... Ah ! malgré toute votre finesse, dont vous avez donné ce matin une si belle preuve, je suis encore plus fine que vous, monsieur; je ne vous avais pas répondu vrai quand vous m'interrogiez sur cette femme. Oui, sans doute, je la connais, et je sais qui elle est; je sais qu'elle se nomme Clémence et que c'est la femme de M. Moncarville... cela vous fait-il de la peine que je sache cela !... Vous êtes peut-être fâché maintenant de tout ce que vous avez fait!... Ce n'est pas tout, monsieur : vous voulez savoir quel est le père de mon fils? eh bien ! son père, c'est M. Moncarville!... il me débaucha, me rendit mère et m'abandonna ensuite, selon l'habitude de ces messieurs! Cependant alors il n'était pas encore marié; ne devait-il pas m'épouser, lui plutôt que cette Clémence qui le trompe et ne lui donne pas d'enfant ? Moi, dont il avait un fils, moi qu'il avait séduite, je ne fus pas sa femme !... parce que je n'étais qu'une petite ouvrière !... Il fallut épouser une demoiselle de bonne maison... et on se contenta de faire douze cents livres de rente à mon fils... Belle chose ! avoir pour sa femme a des cachemires et des diamants pour la faire cocu! Mais nous verrons maintenant; notre sort changera peut-être. Si vous n'aviez quittée pour moi, je l'aurais laissée en paix avec son vieil époux... Vous me repoussez. pour elle ; je me vengerai ! Ah ! vous voulez continuer de la voir,

cette femme que je déteste ! Prenez garde... Juliette veillera sur toutes vos actions ! je vous brouillerai avec elle, je le jure ; enfin je ne serai contente que lorsque j'aurai fait son malheur !

Elle s'éloigne en achevant ces mots, et moi je suis anéanti, désolé de ce que j'ai fait, effrayé des menaces de Juliette. Ce n'est pas pour moi que je tremble : mais elle peut perdre Clémence ... Oh !... il faut des preuves... elle n'en a pas... mais un mari, déjà jaloux, au moindre avis va surveiller sa femme plus que jamais!... Il faut, pendant quelque temps, pendant longtemps même, que je me prive de voir Clémence, cela m'est indispensable, il y va de son repos, de sa réputation. Mais comment la prévenir pour qu'elle ne vienne pas chez moi ?... Je ne puis lui écrire... elle va croire que je me sers d'un prétexte pour moins la voir, que j'ai cessé de l'aimer... mon Dieu ! comment donc faire ?... Ah ! pourquoi ai-je cédé aux charmes de cette femme !... On a bien raison de dire : Un tendre engagement mène plus loin qu'on ne pense!... Cependant j'en ai eu beaucoup, de tendres engagements, et ils ne me menaient pas bien loin. Mais aussi qui se serait douté que ce petit Oscar était le fils de M. Moncarville?... Pauvre enfant !... il fait vivre sa mère avec les douze cents francs qu'elle reçoit pour lui, et elle ne lui achète pas une malheureuse culotte!...

Je passe ma journée inquiet, tourmenté, ne sachant comment prévenir Clémence, et décidé pourtant à me priver de la voir plutôt que de l'exposer à la vengeance de Juliette. Enfin un souvenir frappe ma pensée : c'est demain soirée chez M. de Reveillère : c'est un ancien noble qui a bien voulu accepter des emplois sous Napoléon, et qui a eu le talent. en se faisant ami de tous les gouvernements, d'amasser une fortune colossale : ses réunions sont brillantes, mais quelquefois trop nombreuses. M. de Reveillère, qui a voulu être bien avec tout le monde, reçoit indistinctement chez lui des gens titrés et des parvenus, des artistes et des capitalistes; avec un peu de persévérance et un costume à la mode, il est très facile d'être admis à ses soirées.

Depuis longtemps j'avais cessé d'y aller, parce que mon père ayant quelquefois à ses soirées, et j'évite, aut.nt que possible, de me trouver avec lui. Mais je ne crois pas mon père à Paris, et je sais que M. Moncarville et sa femme vont souvent à ces réunions : c'est le seul endroit où je puisse espérer de la rencontrer. J'irai, je la préviendrai des dangers qui nous menacent; à tout hasard, j'aurai une lettre dans ma poche, et je trouverai bien l'occasion de la glisser.

Voilà qui est arrangé : j'irai demain dans cette nombreuse réunion où je n'ai pas paru depuis un an. D'ici là j'espère que Clémence ne viendra pas chez moi... Être réduit à désirer qu'elle ne vienne pas !... Ah ! Juliette, vous êtes déjà vengée !

Chapitre VII. — Une partie de Bouillotte.

Pourquoi donc à tout âge ne nous suffit-il pas d'un bonheur tranquille, d'une position paisible, pour être heureux ? Pourquoi cette soif d'amour, d'ambition. de désirs de changement ? La vie serait-elle trop uniforme, trop froide, si les passions ne venaient pas à la traverse? Ah ! si chacun restait tranquille à la place que le destin lui a marquée, nul ne chercherait à s'élever au-dessus de son état ; les maris seraient fidèles à leurs femmes, les femmes n'aimeraient que leurs maris ; on cultiverait paisiblement l'héritage de ses pères; et comme les Guèbres prétendent que labourer un champ, planter un arbre et faire un enfant sont les trois actions de l'homme qui plaisent le plus à l'humanité, cette vie pastorale nous laissant tout le temps de faire ces trois choses, nous irions tous en paradis.

Mais en ce moment, tourmenté, agité par ce qui m'est arrivé avec Juliette, je ne suis guère en train de planter un arbre ni de labourer un champ, alors même que j'en aurais un, et je crois que je ferais mal aussi la troisième action. Un esprit trop préoccupé ne vaut rien pour l'amour : c'est sans doute pour cela que beaucoup de dames aiment les militaires, parce qu'une fois leur service fait, ils sont rarement préoccupés.

J'écris à Clémence, je lui dis qu'en effet Juliette la connaît ainsi que son mari; que cette femme étant méchante et fâchée contre moi, parce que je lui ai rendu ses contes, il faut se méfier d'elle et pendant quelque temps renoncer à nous voir, à moins d'être entièrement sûr qu'on ne pourra être observé.

Je termine ma lettre en assurant à Clémence que s'il faut que nous soyons quelque temps sans nous voir, ma tendresse n'en sera pas moins vive.

Mais je suis certain qu'elle ne me croira pas ; quand on parle raison aux femmes, elles s'imaginent qu'on ne les aime plus.

Je vais donc retourner dans ce monde que je n'aime peu, y voir des gens que je n'aime pas, et peut-être y chercher en vain celle pour qui j'y vais. M. de Reveillère sera tout surpris de me revoir : mais il est encore possible qu'il n'ait pas remarqué que depuis un an je n'ai pas été chez lui : quand on reçoit tant de monde, on ne s'occupe que des célébrités de l'époque, dont la prétention d'en être une.

J'ai fait toilette et mis de l'argent dans mes poches; car il faut pouvoir jouer pour tuer le temps : et je n'oublie pas le billet pour Clémence, et je me rends chez M. de Reveillère.

Me voici dans les vastes salons du riche à la mode ; la foule s'y porte, c'est encore plus nombreux qu'autrefois. Le maître de céans a l'esprit de n'être d'aucune opinion, et par ce moyen il réunit chez lui tous les partis; mais on y parle fort peu politique, et c'est, je crois aussi, ce qui maintient la vogue de ses soirées. Je me faufile à travers de beaux messieurs qui ont un faux air de Henri IV ou de François Ier, et semblent regarder avec dédain les mentons qui ne veulent pas se vieillir de trois siècles. Dans un autre salon je me trouve au milieu des moustaches; plus loin ce sont les cheveux lisses et longs qui dominent; je vois avec plaisir que les hommes finiront par s'occuper de leur coiffure tout autant que les dames : c'est une révolution dans les mœurs ; les révolutions deviennent comme la *muscade; on en a fait partout*. Les dames me semblent moins coquettes, moins ingénieuses dans leur arure; peut-être, en s'apercevant que les hommes

Il lit, en appuyant sur chaque syllabe, le *Chaos*, mélodrame en cinq actes, par Lubin, homme de lettres.

sont plus occupés d'eux que d'elles, ne veulent-elles plus faire autant de frais pour leur plaire. Les laides sont celles qui ont le plus de recherche, d'élégance : cela fut toujours ainsi. Quand une femme ne peut pas être citée pour sa beauté, elle veut l'être pour sa mise : c'est donc bien doux de faire parler de soi !

Je parviens jusqu'à M. de Reveillère, je le salue, il me serre la main : — Eh! bonjour, mon cher Arthur, enchanté de vous voir! puis il passe à un autre.

Je gage qu'il croit m'avoir vu jeudi dernier : ce qui me surprend, c'est qu'il se rappelle toujours le nom de cette quantité prodigieuse de personnes qu'il reçoit.

En entrant dans une pièce où l'on fait de la musique, je viens d'apercevoir celle pour qui je suis venu; elle est assise derrière d'autres dames; jamais elle ne cherche à se mettre en vue, sa modestie lui fait préférer les petits coins. Mais une femme jolie se cache en vain, on la découvre, on la remarque, et plusieurs jeunes gens que je vois rôder autour de Clémence pensent probablement comme moi. Elle cause avec une dame âgée; elle ne m'a pas vu et ne se doute pas que je suis ici. Avant de m'approcher d'elle, je cherche des yeux son mari, je ne le trouve que trop vite! M. Moncarville est un homme qui a dû être fort bien, mais il a beaucoup usé de la vie, et sa figure est considérablement chiffonnée. Ses cheveux sont gris, mais ses sourcils sont d'un noir d'ébène; quant à ses favoris, ils sont très-bruns aux extrémités et blancs à la racine; on voit dans tout cela les débris d'un bel homme qui a de l'humeur de vieillir, et qui ne sait pas remplacer la jeunesse par l'amabilité.

Ce monsieur ne me connaît que de nom ; je ne crois pas qu'il m'ait jamais vu ; malgré cela, je me gage parler à sa femme en sa présence; car alors il s'informera de moi, et d'après les propos qui ont été faits, je crains que cela n'attire à sa femme quelque désagrément. Cependant n'est-il pas naturel d'aller saluer une dame avec laquelle on s'est trouvé à la campagne? et faut-il que j'aie l'air d'un homme qui ne sait

Tout en me disant cela, je tourne auprès de la chaise de Clémence, et je n'ose lui parler... Si elle me voyait du moins !... oh ! alors nos yeux se rencontreraient souvent : il y a tant de plaisir à s'entendre d'un regard au milieu de la foule, à se dédommager par un sourire de la contrainte que l'on éprouve, à pouvoir, parmi tant de gens qui nous sont indifférents, apercevoir celui qui possède tout notre amour! Ah! c'est une grande jouissance que l'on goûte souvent dans le monde sans que les plus fins le devinent, et pour laquelle on brave l'ennui d'une soirée d'étiquette, d'une lecture prétentieuse et de la sonate obligée.

Un jeune compositeur me rend le service de me nommer en me disant bonsoir très-haut. Au nom d'Arthur, elle s'est retournée, elle m'a vu, elle a rougi ; une expression de plaisir, de bonheur, éclaire sa physionomie jusqu'alors assez froide. Je ne sais plus ce que je réponds à mon compositeur, sans doute tout de travers, car il me quitte en souriant et en me disant : — Je vous retrouverai, mon ami; en ce moment, je vois que vous êtes très-préoccupé.

Sans doute Clémence en faisait autant avec sa vieille dame, car celle-ci a tourné la tête pour voir ce qui distrait madame Moncarville. On a beau se promettre d'être prudent, on se trahit quelquefois !... Clémence sait mal dissimuler, elle n'a pas l'habitude des intrigues. Heureusement son mari est allé dans un autre salon. Je m'approche, et je vais respectueusement saluer sa femme. En m'appuyant un peu sur le dos de sa chaise, je tâche de lui tenir une autre conversation que celle voulue par les convenances.

C'est un bonheur de vous voir ici, monsieur! me dit Clémence en fixant ses yeux sur les miens.

— Oui, madame, en effet... Je me penche du côté opposé à la vieille dame, et j'ajoute à voix basse : — C'est pour vous voir, vous parler, que je suis venu... Si vous saviez...

— Cette demoiselle touche fort bien du piano, n'est-ce pas, monsieur?...

Le baron de Harleville était lié avec le brillant Follard.

C'est à moi que la dame voisine adresse cette question... et il faut que je réponde d'un air indifférent : — Oui, madame, elle a beaucoup de talent !...

— Qu'est-il donc arrivé? me dit Clémence à demi-voix. — Il faut cesser de nous voir pendant quelque temps... votre repos en dépend...

— Cesser de nous voir !... et c'est vous qui me dire cela plus tôt que vous êtes venu ici!... Je vous remercie de cet empressement... — Ah ! Clémence, si vous pouviez m'entendre... C'est pour vous, c'est par prudence que je...

— Monsieur, on dit que cette demoiselle est élève de *Pradher*...— De Pradher?... Oui, madame... c'est un excellent professeur.

— De grâce, Clémence, écoutez-moi. J'ai là un billet qui vous instruira de tout. — C'est inutile, je ne veux pas le lire... Vous ne cachée chez vous... Vous l'avez revue, cette femme... n'est-ce pas ?... Ah ! vous n'osez pas me répondre le contraire !

— Qui est-ce qui va chanter maintenant ?... le savez-vous, madame Moncarville ?

— Chanter ?... non, madame... Je ne sais plus... Je me sens mal à mon aise... — Mon Dieu ! est-ce que vous vous trouvez indisposée ?... — Non... mais il fait bien chaud ici... Ah ! voilà mon mari.

M. Moncarville était près de nous en effet ; il a dû me voir parler à sa femme... mais cela ne lui fera pas deviner qui je suis ! Dans un salon, ne peut-on pas causer avec quelqu'un sans le connaître ? Clémence se lève vivement, va lui prendre le bras et passe dans un autre salon. Je suis resté là sans avoir pu me justifier, et elle n'a pas voulu prendre mon billet, et il me faut répondre à cette vieille dame qui me questionne encore sur ceux qui ont chanté. Je lui dis tout ce qui me vient à la tête, et je quitte la place. Serait-elle partie !... Je cherche de tous côtés... Ah ! je vois son mari à une table de bouillotte ; elle est assise à peu de distance. Je vais aussi regarder jouer ; bientôt une place devient vacante, je la prends.

M. Moncarville est mauvais joueur ; il se plaint à chaque coup qu'il perd, il se plaint même quand il gagne, il trouve alors qu'il n'a pas fait assez ; il est deux heures à compter son jeu, il engage mal son argent ; mais comme la chance ne m'est pas favorable, il n'a pas pu encore se plaindre de mon bonheur. Je ne sais comment je joue ; mais je suis presque en face de Clémence, et je cherche à rencontrer ses yeux, qu'elle détourne obstinément quand je la regarde. Je perds mon argent ; je suis décavé à chaque instant, mais je me recave toujours ; je ne donnerais pas ma place pour une plus heureuse.

A notre table, à ma droite, est un jeune homme que j'entends appeler le marquis de Follard : c'est un petit-maître aux cheveux longs et bouclés, qui parle bien haut de ses chevaux, de son tilbury, de son groom ; il se dandine sur sa chaise, affecte de sourire en regardant les femmes, et se donne enfin des manières qui pourraient passer pour de l'impertinence. Quoiqu'il soit assez joli garçon, il y a dans ses traits quelque chose de faux, de composé, qui me déplaît. Il me semble avoir déjà entendu prononcer ce nom de Follard ; je ne puis me rappeler où. En attendant, M. le marquis nous gagne à tous notre argent ; il décave bientôt mon voisin de gauche ; nous attendons qu'on vienne le remplacer. Les amateurs de bouillotte sont allés entendre la musique. Tout à coup le jeune marquis s'écrie en s'adressant à quelqu'un qui entrait dans le salon :

— Eh ! voilà ce cher baron de Harleville !... Venez donc vite, baron, il y a une place vacante, et je suis en veine, je vais vous gagner votre argent.

Le nom de Harleville m'a fait tressaillir, j'ai levé les yeux et reconnu mon père. Il vient se placer à table à côté de moi... Je ne puis dire tout ce que j'éprouve : je suis content de revoir mon père, et pourtant je suis fâché d'être là. Il ne m'avait pas aperçu : ce n'est qu'après s'être assis que ses yeux se portent sur moi... Ses traits laissent percer un secret mécontentement ; s'il m'avait vu plus tôt, je gage qu'il n'aurait pas accepté cette place. Fâché d'être auprès de son fils qu'il n'a pas aperçu depuis près de trois ans !... Ah ! c'est porter bien loin le ressentiment. Il y a des moments où je suis tenté de croire que je ne suis pas son fils... Pourtant, je sens au fond de mon cœur que je l'aimerais tant... s'il me le permettait.

Le baron de Harleville est un petit homme maigre, pâle, au maintien fier, à l'air dur et hautain ; il est coiffé à la Titus, mais il a conservé la poudre ; sa figure sévère laisse rarement voir la moindre émotion ; ses lèvres minces, ses yeux gris, ne s'égaient jamais ; sa pa-

role est brève, sa voix forte et haute : tel est mon père à l'âge de cinquante-cinq ans.

Ce marquis de Follard semble être fort lié avec le baron, il affecte de lui dire à chaque instant : — Mon cher baron, mon ami. Ce monsieur me paraît bien jeune pour être aussi intime avec mon père, leur connaissance ne peut dater de loin, et leurs manières, leur humeur, offrent si peu de ressemblance, que je ne comprends pas comment une si grande intimité a pu s'établir entre eux. Tout cela m'intrigue, me trouble ; ajoutez-y le voisinage de Clémence, de son mari, et vous ne serez pas étonné que je sois fort peu à mon jeu et j'ai de fréquentes distractions. M. Moncarville m'a déjà prié plusieurs fois, avec humeur, de faire attention à ce que je faisais ; je crois que je ne lui ai pas même répondu. Depuis que mon père est de notre partie, M. de Follard a pris un air plus posé, un maintien plus décent. Il adresse la parole au baron :

— Eh bien, mon cher ami, que dites-vous de Paris, depuis votre retour dans notre belle France ?... — J'ai retrouvé tout comme je l'avais laissé. Le monde est partout le même. — Convenez qu'on s'amuse mieux ici qu'en Angleterre... J'avais par-dessus la tête de leurs dîners, de leurs toasts !... Maudit pays de brouillards !... J'y étais continuellement enrhumé du cerveau !... c'est la seule chose que j'aie rapportée de chez nos chers voisins. — Messieurs, vous n'êtes pas à votre jeu... j'ai ouvert de cinq napoléons, dit M. Moncarville avec impatience. — Je tiens, répond le marquis en abattant son jeu.

On compte ; M. Moncarville a gagné, il va être payé, quand le marquis s'écrie en regardant mon jeu :

— Mais monsieur a quatre cartes !... le coup est nul !...

En effet, c'est moi qui avais donné, j'avais quatre cartes et je ne m'en étais pas aperçu, quoique je les eusse très bien étalées sur la table. Mais, en regardant les trèfles ou les piques, c'était toujours Clémence que j'avais devant les yeux et la voix de mon père qui vibrait à mon oreille.

M. Moncarville devient rouge de colère, le marquis éclate de rire.

— Voilà qui est fait pour moi !.. le premier coup un peu important que je gagnais... et il est nul !... — Ah ! ah ! ah !... je ne puis m'empêcher d'en rire !... c'est que monsieur nous laissait compter fort tranquillement !... Ma foi !... je suis plus heureux que je ne croyais...

La gaieté de M. Follard augmente le dépit de M. Moncarville ; il me jette presque les cartes en s'écriant : — Quand on ne sait pas un jeu, on ne se met pas à une partie pour ne faire que des bévues !...

Je sens le rouge me monter au visage... Le baron de Harleville me fixe, il semble surpris que je ne réponde rien à la grossièreté de M. Moncarville ; le marquis continue de ricaner ; je suis au supplice, mais Clémence me regarde : ce sont maintenant ses yeux qui cherchent les miens et me supplient d'excuser son mari. Je ne songe d'abord qu'à mon père et à ce qu'il va penser de moi, lui, si susceptible pour tout ce qui tient à la politesse, à l'honneur !... mais ne dois-je rien non plus à Clémence ? ne m'a-t-elle pas prouvé sa tendresse, tandis que depuis longtemps le baron de Harleville semble me renier son fils ? Je ne répondrai pas à M. Moncarville, je supporterai les impolitesses de cet homme, j'y suis décidé.

Toutes ces réflexions ont été l'affaire d'une minute ; d'un regard je rassure Clémence, et dis en souriant à son époux : — Je tâcherai, monsieur, d'être moins distrait à l'avenir.

M. Moncarville conserve son air d'humeur et se contente de murmurer je ne sais quoi entre ses dents ; le baron fronce le sourcil, M. le marquis rit de nouveau.

Cependant les exclamations du mari de Clémence et les éclats de

Clémence de Moncarville.

rire de M. de Follard ont attiré beaucoup de monde à notre table; les nouveaux venus questionnent ceux qui étaient présents pour savoir ce qui s'est passé; j'entends que l'on parle bas, que l'on nous regarde; je vois fort bien que je suis particulièrement l'objet des observations de la société. Je feins de ne point m'en apercevoir et fais bonne contenance. Les yeux de Clémence sont toujours attachés sur les miens, ils me demandent du courage.

Notre jeu a pris un caractère de gravité qui n'est pas ordinaire. Mon père a l'air encore plus sombre, sa poule est plus sèche, et ses yeux se détournent quand ils pourraient rencontrer les miens, M. Moncarville continue de murmurer entre ses dents; déjà plusieurs fois sa femme l'a prié de quitter le jeu en lui disant qu'elle voudrait partir. — Pas encore, madame, est tout ce qu'elle a obtenu. Le marquis de Follard seul est fort gai. De temps à autre, je crois remarquer un sourire moqueur, quand c'est sur moi qu'il arrête ses regards. Il cause, il chuchote en ricanant avec un jeune homme qui est venu se placer derrière sa chaise. J'entends celui-ci répondre d'un ton ironique: — Écoute donc, mon cher, il y a des gens qui sont bons enfants! Je ne puis rendre ce que je souffre.

Quelques instants s'écoulent; un nouveau coup a lieu entre le marquis de Follard et M. Moncarville: c'est ce dernier qui gagne; mais, au moment de payer, le marquis s'arrête en s'écriant, d'un ton moqueur: — Ah! mais une minute! monsieur a peut-être encore quatre cartes, et il nous laisserait jouer, comme tout à l'heure, sans nous rien dire!...

Le marquis n'avait pas achevé que je fixe sur lui des yeux étincelants de colère en m'écriant: — Monsieur, votre observation est une impertinence... J'ai pu excuser tout à l'heure le ton d'humeur de monsieur, parce qu'il perdait depuis longtemps; mais ce que j'ai bien voulu souffrir de lui, je ne le passerai pas à d'autres.

En disant ces mots, je jette mes cartes devant monsieur le marquis, et de la même manière que M. Moncarville m'avait jeté les siennes. Le brillant Follard a été tellement étourdi de ma brusque sortie, qu'il est un moment sans pouvoir me répondre; mon père ne dit rien; mais, malgré lui, il perce dans ses traits quelque chose qui me laisse voir qu'il est satisfait de ma conduite. M. Moncarville me regarde d'un air tout surpris; Clémence devient pâle et tremblante; la galerie est dans l'attente de ce qui va suivre.

M. de Follard me remet bientôt et me répond d'un ton railleur: — Ah! monsieur, vous vous fâchez maintenant!.., qui diable s'y serait attendu?... il est facile de me trouver!...

— Si nous n'étions pas dans une maison que je respecte, monsieur, c'est moi qui vous aurais déjà donné des leçons de politesse... mais nous pouvons nous retrouver ailleurs.

J'ai dit ces mots à voix basse pour ne point attirer l'attention de la société, et éviter un éclat. M. de Follard affecte au contraire de parler très haut.

— Je suis le marquis de Follard, monsieur... Oh! je ne me cache pas... il est facile de me trouver!...

Je prends dans ma poche une carte que je glisse au marquis, il la lit tout haut: — Arthur, homme de lettres!... je ne connais pas ça, moi... encore faudrait-il savoir si le marquis de Follard peut se mesurer avec M. Arthur!...

Je suis sur le point de jeter mon gant au nez de cet impertinent; mais, au nom d'Arthur, M. Moncarville a poussé une exclamation de surprise et jeté des regards furieux sur sa femme; celle-ci, ne pouvant plus supporter ce qu'elle éprouve depuis quelques moments, perd connaissance et tombe renversée sur sa chaise.

Il se fait un grand mouvement dans le salon; on oublie notre querelle pour porter secours à madame Moncarville; moi-même, je me lève et vais courir à elle... mais je m'arrête... son mari l'observe, trop de monde l'entoure; il faut que je laisse à d'autres le plaisir de la secourir... On l'emporte dans une autre pièce, près d'une croisée... Je la suis de loin... je vois enfin ses yeux se rouvrir... Son mari lui prend le bras, l'emmène... Pauvre Clémence! combien je vais encore lui attirer de tourments!

Je veux retourner parler à ce marquis; je rentre dans le salon, le jeu avait cessé; mon père était assis seul à l'écart; Follard causait debout avec quelques jeunes gens. Je m'approche de, je lui dis à l'oreille: — Votre heure pour demain, monsieur?

Il me semble assez peu flatté de me revoir; m'aurait-il cru parti comme cela? cependant il me répond d'un air indifférent:

— Demain, à huit heures, j'irai me promener à la porte Maillot avec des pistolets.

— C'est bien, monsieur; nous nous y retrouverons.

Je vais m'éloigner... Je vois Follard s'approcher de mon père, et lui dire, en lui frappant sur l'épaule: — Allons, mon cher baron, je compte sur vous pour demain... une affaire à vider... avec ce monsieur qui est si distrait... J'ai été votre témoin à Londres, vous serez le mien à Paris; j'irai vous prendre à votre hôtel à sept heures et demie.

C'est mon père qui sera son témoin! Je ne sais plus ce qui se passe en moi; mais je sors de cette réunion en maudissant l'événement qui m'a forcé d'y aller.

Chapitre VIII. — Le Témoin.

J'ai passé une nuit bien pénible; le sommeil n'a pas un moment fermé ma paupière: je vois mon père assistant à ce duel, il me semble que c'est contre lui que je vais me battre; cette idée me fait frémir; cependant ai-je quelque reproche à me faire? dans cette malheureuse soirée d'hier, n'ai-je pas usé de modération tant que je l'ai pu?... Le baron de Harleville aurait rougi de trouver un lâche dans son fils... et quoiqu'il ne me donne plus ce nom, je ne pense pas que, même au fond de son âme, il puisse avoir une telle pensée de moi.

Mais je suis bien décidé à me rendre sans témoin au lieu du rendez-vous. Prendre quelqu'un semblerait opposer aussi un adversaire à mon père, et cette seule pensée me fait horreur. Le marquis dira et croira tout ce qu'il voudra, je n'aurai pas d'autre témoin que le sien. L'heure arrive, je fais mes préparatifs pour le combat. Pauvre Clémence!... si je ne dois plus te revoir, il me serait bien doux de te laisser dans une lettre les dernières assurances de ma tendresse... de te répéter que je n'aimais que toi avant de mourir. Mais cette consolation m'est encore refusée: une lettre pour Clémence! qui la lui remettrait?... je n'ai point de confident; la confier à des mains étrangères... je pourrais la compromettre. Non, je ne dois pas lui écrire. Ah! il y a dans tout ceci quelque chose de triste qui me serre le cœur... Hâtons-nous de partir.

Je prends une voiture, j'ai mes pistolets, je me fais conduire à l'endroit indiqué. Le temps est froid et sombre; les promeneurs ne nous gêneront pas.

Je descends de voiture, je m'avance vers le bois. Je n'aperçois personne encore... Attendons.

Je me promène, et je pense à mon père; sa liaison intime avec ce jeune marquis est toujours pour moi un sujet d'étonnement; les paroles que Follard lui disait hier au soir me reviennent à l'esprit: — J'ai été votre témoin à Londres, vous serez le mien à Paris!

Mon père a donc eu aussi un duel en Angleterre? Son humeur irascible, fière, arrogante, ne s'est pas adoucie avec les années; et aujourd'hui, il va peut-être de sang-froid être témoin de la mort de son fils!... Que lui ai-je donc fait, grand Dieu!

Mais ce Follard... Ah! je me rappelle maintenant!... oui, je sais par qui j'ai entendu, pour la première fois, prononcer ce nom; c'est par M. Théodore, un soir que j'étais au spectacle, derrière deux dames, et que ce grand monsieur, qui avait des moustaches alors, est venu dans la loge leur parler. Ainsi, ce soi-disant marquis est l'ami de l'inventeur du bassin portatif... Ah! monsieur de Follard, je n'avais pas bonne opinion de vous, mais voilà qui achève de vous mettre mal dans mes papiers.

Le bruit d'un cabriolet me tire de mes réflexions; il s'arrête; deux hommes en descendent... Je reconnais mon père et Follard; ils viennent à moi, Le baron a toujours cet air froid, sévère, qui ne permet pas au plus habile physionomiste de deviner ce qu'il éprouve. M. de Follard semble badiner avec la boîte à pistolets qu'il porte à sa main, et il siffle un air de chasse en marchant.

— Désolé, monsieur, de vous avoir fait attendre, dit le marquis en m'abordant; mais mon maudit tailleur, qui est venu ce matin, a été fort long à m'adapter une nouvelle forme de robe de chambre... avec des manches bouffantes... comme celles des femmes... Je crois que cela aura du style... Me voici à vos ordres. Mais, où donc est votre témoin?

— Je n'en ai pas amené, monsieur; sachant que M. le baron de Harleville serait le vôtre, j'ai pensé qu'il suffirait pour nous deux.

— Voilà qui n'est pas dans l'ordre... chacun doit avoir son témoin... Il faut que la partie soit égale... Ce sont de ces choses que tout le monde sait...

— Je ne l'ignore pas non plus, monsieur; mais je vous répète que je ne pouvais pas opposer un témoin à M. de Harleville, et je suis persuadé que M. le baron ne blâmera pas ma conduite.

Mon père, qui jusque-là avait gardé le silence, fait un mouvement d'impatience, et prend la boîte à pistolets de Follard en murmurant: — Oui,... cela peut se passer ainsi.

— Allons, messieurs, comme vous voudrez! répond Follard; moi, ce que j'en disais, c'était par respect pour les usages... je suis rigoureux observateur des usages!... mais du moment que le cher baron consent à servir de témoin pour les deux parties, j'aurais mauvaise grâce à persister. Mon cher de Harleville, ayez la complaisance de charger les armes. Combien de pas, monsieur Arthur?...

— Ce que vous voudrez, monsieur. — Oh! cela m'est parfaitement égal... vingt-cinq, si cela vous convient? — Oui, monsieur.

— Baron, vous compterez les pas; c'est votre besogne aujourd'hui... à Londres, ce fut la mienne; mais, au moins, là vous vous battiez pour une jolie femme, tandis qu'aujourd'hui je ne sais pas trop pour quoi je me bats; n'importe... il me viendra peut-être une meilleure occasion!

Pendant que Follard parlait, mon père chargeait les pistolets, et, toujours avec cette figure froide, qui ne montrait aucune émotion, il s'approche de moi... me présente une arme... ma main tremble en la recevant... Ah ! ce n'est pas de frayeur ; mais je songe que c'est mon père qui me la présente.

J'ai pris le pistolet sans lever les yeux sur lui... Je me place ; il compte les pas.

— Qui tirera le premier ? dit Follard en se plaçant à l'endroit où mon père s'est arrêté.

— Vous, monsieur. — Moi ! je n'en ferai rien, je vous jure. — Eh bien ! ensemble alors. — Ensemble, oui , ce sera plus légal. Baron , vous donnerez le signal en frappant dans votre main.

Nous tenons chacun notre arme , nous avons les yeux fixés l'un sur l'autre , nous attendons le signal que mon père doit nous donner , lorsque tout à coup le baron , qui était éloigné de quelques pas , revient précipitamment se placer entre nous et s'écrie d'une voix émue, et sans chercher cette fois à cacher son agitation :

— Arrêtez... arrêtez ! messieurs , ne vous battrez pas ! — Ce combat ne peut avoir lieu... monsieur Arthur , remettez-moi votre arme... monsieur de Follard, donnez-moi ce pistolet... votre querelle avec monsieur est une misère ; je connais votre courage à tous deux , je vous le répète, vous ne vous battrez pas.

— Ah çà , mon cher baron, que signifie cette plaisanterie ?... vous chargez les armes , vous comptez les pas , et puis je ne sais ce qui vous passe par la tête , voilà que vous ne voulez plus que nous nous battions !... Certainement j'ai beaucoup de déférence pour vous ; mais il me semble que vous abusez de l'ascendant que vous avez sur moi !...

— Mon, marquis, ce combat n'aura pas lieu... il est inutile... quelques mots prononcés avec emportement ne constituent point une insulte. Monsieur Arthur m'approuvera, je l'espère.

Je ne réponds point , mais je n'ose résister à mon père, et je lui rends l'arme qu'il m'avait donnée ; j'éprouve même une secrète satisfaction de ce qu'il fait en ce moment, car je me persuade que c'est la nature qui vient, malgré lui, de parler à son cœur.

Le marquis se laisse aussi reprendre son pistolet. il regarde le baron et se met à rire, en s'écriant : — En vérité, mon cher ami, je ne vous ai jamais vu aussi agité, même quand vous avez pris la défense de ma jolie cousine !...

— Allons, monsieur de Follard, cette affaire est terminée ; j'aurai soin de dire que vous et votre adversaire vous vous êtes comportés en gens d'honneur , et on ne met pas en doute ce qu'affirme le baron de Harleville ; maintenant , saluons monsieur , et partons.

En disant ces mots , mon père a pris le bras de son jeune ami ; celui-ci m'ôte son chapeau , j'en fais autant , et je vois ces messieurs remonter dans le cabriolet qui les a amenés et qui disparaît bientôt à mes yeux.

Après tout, je ne suis pas fâché que cela se soit arrangé ainsi. Comme mon père était agité en se précipitant entre moi et le marquis ! Ce n'était plus cet homme flegmatique et sévère ; c'était un père qui craignait de voir couler le sang de son fils !... Ah ! si j'avais osé me jeter dans ses bras !... mais il m'aurait repoussé peut-être, car son émotion a été de bien courte durée ! A peine a-t-il décidé que nous ne nous battrions pas, qu'il a repris son air sévère , comme s'il eût été honteux d'avoir cédé à un mouvement de sensibilité.

Je retourne chez moi ; je voudrais bien maintenant savoir ce que M. Moncarville a dit à sa femme, et j'attends avec impatience une lettre de Clémence. Mais huit jours s'écoulent, et je ne reçois aucune nouvelle. Pauvre Clémence ! on ne lui laisse donc pas même la liberté d'écrire ! Juliette aura effectué ses menaces , elle se sera vengée !... Du reste je ne l'ai pas rencontrée, pas aperçue depuis la mémorable matinée. Tout mon désir est de n'en plus entendre parler.

Un matin, on frappe doucement à ma porte ; je crie d'entrer, je sais que ma clef est en dehors. On ouvre avec précaution, on entre à petits pas... je me retourne : c'est Adolphe qui s'avance les yeux baissés, l'air contrit et penaud.

Je ne puis encore m'empêcher de sourire en le regardant, quoique je sache que cela le contrarie, parce qu'il croit que c'est pour me moquer de lui que je ris. Cependant je veux cette fois le laisser s'expliquer, j'attends assez longtemps avant qu'il en vienne à ouvrir la bouche ; enfin il se décide ;

— Bonjour, monsieur Arthur. — Bonjour, monsieur Adolphe. — Ça va bien... depuis que je ne vous ai vu ? — Ah ! c'est fâcheux, je vous remercie. — Moi, j'ai été fort enrhumé. — Ah ! c'est fâcheux.

Et Adolphe se bourre la bouche de sucre candi et se dandine sur sa chaise; il est capable de rester ainsi une heure sans me dire ce qui l'amène. L'impatience me prend, et je m'écrie :

— A propos. est-ce toujours dans le dessein de vous battre avec moi que vous venez ?... Je vous avais demandé quinze jours de délai ; ils sont écoulés... A quoi êtes-vous décidé ? — Oh !... je ne pense plus à cela... Depuis j'ai bien compris que j'avais tort... si je me battais avec quelqu'un , ce serait avec ce scélérat de Théodore! Vous savez bien, Théodore qui avait fait une entreprise... — Oui... le bassin ambulant... Eh bien ! vos actions ont-elles monté , avez-vous doublé, triplé vos capitaux ?... — Ah !... oui... mes capitaux !... ils sont bien loin ! et mes cent francs ! on me les donnerait pas cent sous. Figurez-vous que cet infâme Théodore est parti pour je ne sais où... il y a deux jours. Je suis allé à sa demeure pour savoir où en était

notre affaire... mais plus de Théodore ! il a disparu, on ne sait où il est allé, et le portier m'a assuré que plus de vingt personnes avaient été dupées par lui, si bien que l'argent de mon oncle est à peu près perdu ! — Vous pouvez bien me dire entièrement perdu. Voilà ce que c'est que de ne vouloir écouter personne et de ne faire qu'à sa tête quand on manque encore d'expérience ! — Désormais, je vous assure que je ne serai plus si bête ; je me méfierai de tout le monde ! — Il ne faut pas donner dans l'excès contraire ; tous les hommes ne sont pas des fripons, Dieu merci. — C'est égal, je serai toujours sur mes gardes. — Je ne m'étais pas plus trompé sur Juliette que sur Théodore. Votre liaison avec cette femme aurait eu des suites fâcheuses pour vous; car Juliette a de l'esprit, elle sait prendre les hommes !... elle aurait fait de vous tout ce qu'elle aurait voulu. — Oh ! tout... c'est une façon de parler ! malgré cela, je suis bien aise maintenant d'en être débarrassé. — Vous ne la voyez plus ? — Par exemple, j'en serais bien fâché ! — Loge-t-elle encore dans votre maison ? — Non, elle a déménagé le lendemain du jour où je l'ai trouvée ici. — C'est heureux pour vous. Mais croyez-moi, Adolphe, évitez-la... c'est une femme dangereuse... elle vous fascinerait encore... — Ah !... après ce que j'ai vu, ce serait un peu fort. Je vous réponds que je ne la rencontre sans danger; je le voudrais même pour lui jeter des regards de mépris. Mais dans tout cela je ne pense pas, à présent, vous rembourser ce que vous dois : voilà ce qui me contrarie. — De grâce, ne pensez pas à cette bagatelle, je ne puis pas vous obliger... parlez. — Non, je vis bien sagement maintenant je me contente de la pension que mon père me paye, je ne fais plus de folies ! — En ce cas, venez dîner avec moi, nous tâcherons de nous égayer un peu; vous chasserez le souvenir de vos dernières amours. et moi je tâcherai de faire autant, quoique je n'aie pas à me plaindre de celle que j'aime, mais parce que je voudrais pourtant y penser moins souvent.

J'emmène Adolphe dîner chez le restaurateur. Sa dernière aventure avec Juliette ne lui a pas ôté l'appétit, mais elle lui a donné beaucoup d'humeur contre les femmes. Dans un moment d'épanchement, il s'écrie :

— Je veux renoncer à un sexe sur lequel on ne peut pas compter ! — Ah ! ah... que dites-vous là, mon pauvre Adolphe? renoncer aux femmes à vingt-deux ans! vous seriez bien à plaindre, mon ami. — Mais puisqu'elles nous trompent toutes! — D'abord le mal n'e t pas d'être trompé, tout dépend de la manière dont on l'est. — Il n'y a pas de manière qui tienne; je veux une femme pour moi seul. — Ceci est peut-être de l'égoïsme; je ne crois pas que la nature produise un bel ouvrage pour le bonheur d'un seul individu: elle en fait tant de laids qu'alors il y aurait bien des mécontents. Mais pourvu que nous puissions croire que nous possédons seuls, n'est-ce pas tout ce qu'il faut pour être heureux ? — Oh! vous êtes trop indulgent! il ne me suffit pas de croire une chose, moi, je veux qu'il soit réellement... Cette Juliette si vous saviez tous les serments, toutes les protestations d'amour qu'elle me faisait!... En amour, comme en toutes choses, il faut se défier des gens qui parlent beaucoup. — Elle me donnait les noms les plus doux !... elle m'appelait son astre, son dieu, son petit chat!... Elle me disait : Si tu aimais une autre femme, je te déchirerais le visage... je te donnerais une foule de coups de couteau. — De telles menaces, qui sont d'ailleurs de fort mauvais ton, prouvent une femme violente et vindicative, mais ne prouvent nullement qu'une femme soit fidèle. — Oh! quant à la fidélité, elle me répétait chaque jour : Moi, te tromper! mais est-ce que ce serait possible?... Les autres hommes, vois-tu, tous les autres hommes, seraient-ils superbes, me font l'effet d'une médecine!... s'ils voulaient m'approcher, j'aurais des nausées.

Je ne puis m'empêcher de rire en apprenant ce que disait Juliette, et Adolphe reprend, en s'animant encore plus :

— Voilà ce qu'elle me répétait, cette femme indigne!... et après cela, je la trouve dans les bras d'un autre !... O cœur faux !... ô âme sans foi!... qu'elle ne s'avise pas de me reparler jamais; car je la traiterais mal!... — Allons, Adolphe, de la modération, ne vous laissez pas emporter ainsi par votre ressentiment; vous êtes encore neuf en intrigues d'amour, apprenez à supporter de tels événements!... Une maîtresse infidèle !... eh! mon Dieu! cela est si commun qu'on serait bien fou de s'en affliger... Ah! s'il s'agissait d'un sentiment profond... d'une ancienne amie, je concevrais votre chagrin; mais pour une amourette... il faut en rire! — Amourette! qui me coûtait horriblement!... c'est que je me disais que tout ce que cette femme-là me faisait dépenser !... — Je m'en doute bien. — D'une coquetterie !... quand nous sortions, elle trouvait toujours moyen de se faire acheter quelque parure... quelque chiffon... ou même quelque petit meuble pour elle; elle me faisait de préférence prendre par les passages, parce que ce ne sont que des boutiques. Si nous allions promener le soir, elle disait : Oh! allons promener dans les passages... c'est plus gai, plus vivant! et mon argent y restait toujours... dans le passage!... et puis gourmande!... oh! gourmande! si je l'avais crue, nous aurions dîné tous les jours chez le traiteur. Et vous n'emmeniez jamais son fils avec vous? — Ah, ben oui! elle donnait deux sous au portier, et lui disait : Vous achèterez à Oscar des pommes de terre frites... Pauvre petit! en a-t-il consommé de ces pommes de terre frites!... Quand je lui rapportais quelques friandises, c'était toujours Juliette qui les mangeait en disant : Ça ne lui vaudrait rien; d'ailleurs il ne faut pas le rendre gourmand. — Mon cher Adolphe, votre liaison avec madame Ulysse ne vous sera pas entièrement inutile; elle vous donnera de l'expérience, vous apprendra à ne pas croire à la lettre les serments, les protestations d'amour; car, voyez-vous, c'est une monnaie courante dont on fait dans le monde un échange continuel et qui reste rarement à celui qui l'a reçue. Mais ne gardez pas pour cela rancune aux femmes; vous vous puniriez plus qu'elles. — C'est égal, je ne donnerai plus mon amour facilement!... je prendrai toutes mes précautions avant de me laisser séduire. — Vous serez bien fort tant que vous ne serez pas amoureux; mais dès qu'on vous plaira vous vous laisserez captiver; vous oublierez le passé, et vous croirez encore tous les serments qu'on vous fera. — Oh! que non! — Oh! que si!

J'emmène Adolphe au spectacle, et comme nous nous trouvons placés à côté de dames assez jolies et fort causeuses, je lie la conversation avec mes voisines; mais Adolphe n'y prend point part, et lorsque je l'excite tout bas à faire l'aimable, il me répond avec un grand sérieux :

— Ces femmes-là ont l'air trop évaporé, ça ne me plaît pas.

En quittant Adolphe le soir, je l'engage à venir le voir plus souvent, et surtout à ne point se faire misanthrope et encore moins misogyne; mais dans le fond je suis tranquille, et je gage que ses grandes résolutions ne tiendront pas longtemps.

Je suis entré chez moi; je vais prendre une lumière chez mon portier... J'aperçois M. Lubin assis dans la loge avec un grand rouleau sur ses genoux. Ah! mon Dieu!... est-ce qu'il aurait forcé mon malheureux concierge à entendre son Chaos?

M. Lubin se lève en m'apercevant, et me dit :

— Monsieur, je vous attendais en causant avec votre estimable portier... non que j'eusse l'intention de vous déranger en rien... mais c'est mon arbre généalogique que je vous apportais, et pour que je vous l'expliquasse il fallait que je vous visse. — Oh! monsieur, je suis fatigué, j'ai envie de dormir, et il me serait impossible d'entendre ce soir vos explications... — Eh bien! monsieur, cela m'arrange, car moi-même j'ai aussi besoin de repos. — Alors, monsieur, je vous souhaite le bonsoir... allons nous coucher.

J'avais pris la pancarte que M. Lubin m'avait présentée, et j'allais monter mon escalier lorsque l'homme de lettres court après moi, en me disant d'un air humble :

— Monsieur, c'est que mon arbre se paye ordinairement cinq francs... — Eh! mon Dieu! que ne le disiez-vous plus tôt!... voilà cent sous; je vous souhaite une bonne nuit.

Je monte vivement l'escalier, sans écouter les remercîments et les saluts de M. Lubin, et, arrivé chez moi, je commence par allumer mon feu avec l'arbre généalogique de l'auteur du Chaos.

Je me disposais à travailler, lorsque j'entends frapper à ma porte! Serait-ce encore M. Lubin!... cela passerait la plaisanterie; je suis bien décidé à ne pas lui ouvrir; mais je reconnais la voix de ma portière, qui me crie :

— C'est moi, monsieur, c'est une lettre que j'ai oublié de vous remettre.

J'ouvre vite, la portière me donne une lettre en disant :

— C'est ce grand homme noir qui est cause que je ne pensais plus à c'te lettre. Croiriez-vous, monsieur, qu'il est resté là chez nous depuis sept heures du soir, et voilà minuit qui va sonner! Il nous étourdissait avec des histoires où nous n'avons rien compris du tout!... et je n'osions pas nous endormir par politesse. — S'il revient encore, dites-lui toujours que je n'y suis pas... que je ne rentrerai pas, et qu'il est inutile de m'attendre. — Oh! avec plaisir, monsieur, car deux personnes comme ça dans notre loge, ça serait dans le cas de donner des éblouissements.

Je reviens vivement près de mon feu; la lettre est de Clémence, j'ai reconnu son écriture... Il me tarde de la lire; mais j'éprouve ce contentement que l'on ressent d'être seul et libre lorsque l'on reçoit un billet de ce qu'on aime. Voyons donce qu'il m'écrit :

« Mon ami, depuis que je vous ai vu à cette fatale soirée, je suis bien malheureuse! Horriblement tourmentée d'abord par la crainte que vous ne vous battiez, en reprenant mes sens ai-je m'a fallu entendre les reproches de M. Moncarville, qui a prétendu que je vous avais donné rendez-vous à cette soirée, que je m'étais placée en face de vous pour vous voir plus à mon aise, et mille autres choses auxquelles je n'ai répondu que par le silence. Cependant M. Moncarville s'était calmé, il n'était plus question de vous, lorsque le lendemain on lui a remis une lettre; j'ignore de qui elle venait; mais, après l'avoir lue, M. Moncarville a changé de couleur, il est venu vers moi... J'ai cru qu'il allait me frapper, tant il paraissait irrité; il m'a donné les noms les plus odieux, en s'écriant que cette lettre lui donnait les plus grands détails sur ma inconduite; il a proféré les menaces les plus horribles, m'a annoncé que je ne sortirais plus seule, et que si j'acquérais quelque nouvelle preuve de ma faute il me ferait renfermer. Ainsi me voilà prisonnière, gardée à vue!... Il me faut donc renoncer à vous voir; mais jamais à vous aimer!... Les mauvais traitements qu'on me fait endurer augmentent encore l'aversion que j'ai toujours éprouvée pour celui qu'on m'a forcé d'épouser. Ah! si j'étais bien

sûre d'être aimée de vous, Arthur, je ne serais pas entièrement malheureuse. Mais qui a pu écrire cette lettre qui a bouleversé M. Moncarville?... Le soupçonnez-vous?... Qui donc peut me vouloir tant de mal?... Je crains de le deviner!... Je vous écris sans savoir si je pourrai vous faire parvenir cette lettre; n'importe, j'écris toujours... On ne veut plus que je sorte, je ne pourrai donc plus te voir?... Ah! je suis décidée à tout braver pour t'embrasser encore... Mais ils sont capables de m'enfermer. Adieu, Arthur! songez un peu à celle qui vous a tout sacrifié, qui n'a pour unique consolation que la pensée d'être aimée de vous, et qui mourrait s'il lui fallait perdre ce dernier espoir! »

Cette lettre est bien triste!... Pauvre Clémence! je sens qu'elle eût été plus heureuse en ne me connaissant pas. Ce billet a dix jours de date; elle a été tout ce temps sans trouver le moyen de le faire mettre à la poste.

Ah! Juliette! c'est vous qui, j'en suis certain, avez écrit à M. Moncarville, qui lui avez donné des détails sur ma liaison avec sa femme!... C'est vous qui faites le malheur de Clémence!... Et tout cela pour vous venger! parce que j'ai eu la franchise de vous dire, en face, que je ne vous aimais pas, que je n'avais jamais eu d'amour pour vous! Soyez donc franc avec les femmes! comme cela réussit bien!

CHAPITRE IX. — Une Aventure d'auteur.

Plusieurs mois se sont écoulés; je n'ai plus entendu parler de Clémence, ni reçu de ses nouvelles; je n'ai rencontré ni mon père, ni Juliette; et Adolphe, qui, pendant quelque temps, ne me quittait pas, ne me fait plus à présent que de rares visites, ce qui me fait présumer qu'une nouvelle intrigue l'occupe; mais comme il ne me dit rien, je ne lui fais aucune question. Je sais ce qu'il m'en a coûté pour m'être mêlé une fois de lui prouver que sa maîtresse le trompait, je n'ai pas envie de recommencer.

Je voudrais me distraire, je voudrais faire une nouvelle maîtresse... C'est bien mal! va-t-on dire... Et cette pauvre Clémence, qui vous aime tant, qui vous a fait le sacrifice de son repos, qui est si malheureuse pour vous avoir connu, vous voulez donc l'oublier?... Ah! les hommes sont indignes!...

D'abord je ne me ferai pas meilleur que je ne suis; je sais tout ce que Clémence a fait pour moi, et je l'aime toujours. Oh! je l'aime sincèrement; mais enfin je ne la vois plus... Et franchement, à mon âge, puis-je me contenter de son souvenir? Je ne dis pas que j'aimerai une autre femme autant que Clémence, mais au moins cela me distraira, cela m'amusera, et il faut qu'un auteur s'amuse; sans quoi il devient triste, froid, et ses ouvrages s'en ressentent.

Ah! mon père a beau dire, je ne connais pas d'existence plus agréable que celle d'un artiste. Outre ces jouissances de l'amour-propre qu'il goûte ou espère, les chutes procurent encore des émotions qui du moins nous font sentir que nous ne sommes pas que des machines. Ajoutez à cela une foule d'aventures piquantes, comiques, dont un artiste est souvent le héros; et, suivant moi, les poètes, les peintres, les musiciens, les compositeurs, enfin toutes les personnes qui s'adonnent au culte des arts, doivent être compris dans la dénomination d'artistes. Je sais bien que quelques hommes de lettres, fiers du génie qu'ils se croient, trouveront trop modeste ou trop banal ce titre d'artiste que je donne aux poètes; mais quand il s'agit d'émouvoir, d'attendrir, d'égayer, qu'importe que ce soit avec une plume, un pinceau, ou une lyre? le principal est d'atteindre le but.

Les femmes dédommagent les artistes des critiques de coterie, des jugements de l'envie et des compliments des sots. En général, elles aiment les personnes qui ont du talent; car il y a toujours de l'amour-propre dans l'amour; et puis la gloire est comme le soleil, elle jette de l'éclat sur tout ce qui l'approche. Moi, je trouve que les dames ont grandement raison d'aimer les artistes en renom; cela fait honneur à leur goût et prouve qu'elles tiennent à récompenser le talent, chose que les hommes oublient souvent.

Lorsqu'une dame a lu un ouvrage qui lui plaît, vu un tableau qui la charme, ou entendu une musique qui la transporte, son imagination travaille, se monte; elle désire connaître celui qui lui a fait éprouver de douces sensations, qui lui ont fait passer quelques heures agréables; je trouve ce désir tout naturel, et je suis d'avis que ces dames devraient toujours y céder.

Mais probablement, pour la plupart des dames, ce n'est qu'une pensée éphémère, qu'une idée qui dure... le temps de la concevoir; puis une autre lui succède, la vue d'un objet nouveau, une étoffe à la mode, une visite, ont déjà fait oublier l'artiste que l'on a désiré connaître lorsqu'on était encore sous l'impression de son ouvrage.

Cependant il est quelques esprits forts, quelques têtes plus exaltées, ou plus philosophes, qui cèdent à ce mouvement de curiosité. Quel mal, après tout, d'écrire un petit mot qu'on ne signe pas, ou que l'on signe du premier nom venu? Il est peu d'artistes qui n'aient reçu de ces billets féminins, auxquels on les prie de répondre poste restante (c'est une manière commode pour ne pas faire connaître son adresse). Dans ces mystérieuses missives, on dit tout ce qui vient à l'esprit. Quelquefois on nous donne des conseils, on nous gronde sur l'un de nos ouvrages, on nous complimente sur un autre, et l'on nous demande toujours une réponse que nous devons être trop galants pour refuser à une dame. En effet, à moins que l'épître ne soit par trop d'après l'orthographe de M. Marle, il est rare qu'on n'y réponde pas. Mais, comme le dit fort bien lord Byron, qui probablement recevait souvent de semblables missives : « Il faut bien prendre garde alors à ce que vous répondrez ! »

Et que l'on ne pense pas qu'il y ait la moindre fatuité à dire que l'on a reçu de tels billets ! D'abord ils ne sont pas toujours aimables, ensuite c'est à l'artiste et non pas à l'homme qu'ils s'adressent ; enfin, si, cédant au désir que nous manifestons de faire plus ample connaissance, on nous accorde un rendez-vous, pensez-vous qu'il soit agréable, lorsque nous arrivons bien empressé à l'endroit qu'on nous a indiqué, cherchant de loin la parure que l'on nous a détaillée avec soin, et l'imagination montée pour une inconnue dont nous avons fait un objet charmant ; pensez-vous, dis-je, qu'il soit très-flatteur de se trouver vis-à-vis d'une femme de cinquante ans bien sonnés, qui a eu la malice de mettre un chapeau avec un voile, et qui en vous abordant vous fait de yeux langoureux, une bouche souriante, et vous dit en minaudant : Ah ! c'est vous !... je vous avais deviné de loin ?

Vous restez étourdi du coup ; vous n'osez ni reculer ni avancer ; vous balbutiez quelques mots sans suite ; vous ne vous sauvez pas, parce que ce serait malhonnête et que l'on doit toujours être poli avec les femmes ; mais vous ne savez plus que devenir. Pendant ce temps-là, il arrive que l'on vous prend le bras et qu'on vous entraîne, en disant : Ne restons pas ici... j'ai peur d'être rencontrée !

Ah ! mon Dieu ! où veut-elle donc que je la conduise ?... il faut que je trouve bien vite le moyen de m'en débarrasser !

Voilà quelle est ordinairement l'idée fixe de l'artiste qui se trouve dans cette position. Tirez donc vanité des billets mystérieux et galants que vous recevez !

Et pourtant, je l'avouerai, en ce moment je voudrais recevoir une de ces lettres anonymes pour me distraire et dissiper un peu mes soupirs, dût l'auteur du billet être comme la personne dont je viens de vous faire le portrait ; moi, je prends vite mon parti. Quand une aventure n'est pas sentimentale, elle doit être comique, et c'est toujours quelque chose. A cinquante ans une femme peut être fort aimable (l'âge n'ôte rien à l'esprit des femmes) ; alors on ne lui fait pas la cour, mais on fait la conversation : si la dame est ridicule, c'est un portrait à saisir et que l'on emploiera plus tard. C'est beaucoup de rencontrer des originaux ! car pour être vrai, dans un roman, il ne faut pas créer les personnages, il faut les rappeler.

Mais c'est lorsqu'on a plusieurs intrigues en train, c'est lorsqu'on peut à peine suffire à ses amours courants, que les billets galants arrive par douzaines ; et quand on n'a point d'amour au cœur, ou qu'on aurait besoin de distraction, on ne recevra pas le plus mince billet : c'est presque toujours ainsi dans la vie ; les choses arrivent, mais rarement à propos.

Je faisais ces réflexions un jour, assis devant mon bureau, revenant d'une répétition où l'on avait voulu me faire faire des coupures, où l'actrice en vogue avait répété avec une nonchalance qui me désespérait, et comme par grâce, un rôle que je trouvais charmant et qu'elle trouvait au-dessous de son talent. J'avais fait du mauvais sang, j'étais rentré mécontent de moi, des actrices, de tout le monde, et, dans ce moment, la profession d'hommes de lettres ne me semblait plus celle où l'on goûte le plus de plaisirs.

Ma portière me monte une lettre que le facteur vient d'apporter ; je regarde l'écriture... ce n'est pas de Clémence, mais je gagerais que c'est d'une femme.

La lettre est bien pliée, bien fermée, d'un papier fin et doux, signes favorables ; entre cent je reconnaîtrais, rien qu'à la manière dont elle est cachetée, la lettre d'une dame du grand monde et celle d'une grisette : ceci soit dit sans offenser en rien ces demoiselles ; on peut être très-jolie, très-aimable, et mal plier une lettre.

J'ouvre celle-ci, elle est d'une jolie écriture, quoique fine et serrée. Voyons donc ce qu'on m'écrit :

« Monsieur, trouvez ma conduite originale, bizarre, ridicule, elle doit vous paraître telle, donc elle le mérite ; je ne vous blâme pas. Une femme, une femme jeune, écrire à un homme qu'elle ne connaît pas ! c'est plus qu'une inconséquence ; quel vaste champ pour un esprit caustique ! Cependant, comme nous avons tous besoin d'indulgence, j'espère que vous en aurez pour moi, car si je fais une faute en vous écrivant n'en êtes-vous pas le premier auteur, vous qui me donnez ce désir irrésistible, et auquel il me faut céder ? Oui, je voulais vous écrire, pour vous dire que j'aime vos ouvrages, quoique j'en blâme quelques passages qui ne sont pas assez gazés. Mais votre dernier roman, ah ! monsieur, que votre héroïne se conduit mal !... Jamais, je l'espère, vous n'avez rencontré de modèle de cette femme : voilà ce que je désire savoir. Si vous étiez assez bon pour me répondre ; vous fixeriez mes doutes à cet égard. Je n'aurai jamais le plaisir de vous parler, mais il me serait bien agréable d'entretenir une correspondance avec vous. Le voulez-vous ?... Je vous crois trop galant pour refuser. Si vous satisfaites au vif désir que j'ai d'avoir une réponse, écrivez à Madame Lenoir, poste restante, à Paris. »

Voilà un de ces billets dont on gratifie les gens qui ont quelque renommée. Je tiens celui-ci, je l'examine, je le retourne dans mes mains...

odeur ambrée, petit cachet ciselé... pas une faute d'orthographe. Cela vient d'une petite-maîtresse... ou cela veut avoir l'air d'en venir. Le style n'est pas mal, et c'est toujours par là qu'on se laisse séduire. Cependant Montaigne a dit : — Le style est l'homme ! et il n'a pas dit : — Le style est la femme. Pourquoi ? C'est qu'il pensait probablement que l'on doit moins se fier aux écrits de ces dames ; que telle, qui paraît tendre, aimante, sensible dans ses lettres, est froide, boudeuse, capricieuse dans ses plus intimes relations ; que quelques-unes même, qui ont de l'esprit, de l'âme sur le papier, n'en ont pas du tout dans la conversation ; que d'autres, au contraire, dont les lettres sont sèches et laconiques, ont en tête-à-tête une élocution inépuisable. Oh ! c'était un grand homme que Montaigne !

Moi, je vois toujours les choses du bon côté, et je ne fais nulle façon pour me laisser séduire. Dussé-je me tromper encore, j'ai dans l'idée que celle qui m'a écrit ce billet est jolie, aimable, spirituelle... Après tout , autant me figurer cela qu'autre chose..... décidément, c'est d'une femme charmante, adorable, que me vient cette lettre... Cette conclusion n'est pas établie par A plus B, mais elle me sourit ; ne suis-je pas libre de l'admettre ? Un auteur arrange un dénoûment comme il le juge le plus convenable à son intrigue, et il convient que madame Lenoir soit la femme pourvue de toutes les grâces, douée de tous les attraits. Je vais lui répondre... Elle dit qu'elle ne me parlera jamais... Phrase d'usage ! On dit toujours cela dans une première lettre, mais je vais commencer par lui demander un rendez-vous.

Je réponds à ma dame inconnue. Je ne puis pas encore lui dire que je l'adore, puisque je ne la connais pas, ce serait aller trop vite ; mais je lui témoigne le désir que j'ai de faire sa connaissance, vu qu'il est plus agréable de causer que de s'écrire. Enfin je me persuade que j'écris à une jolie femme, afin que mon style ait quelque couleur. Je mets le nom que l'on m'a indiqué et fais jeter ma réponse à la poste.

Deux jours se passent. J'avais presque oublié madame Lenoir, lorsque je reçois une nouvelle lettre beaucoup plus longue cette fois. On me remercie d'avoir répondu, on entre dans de grands détails sur plusieurs de mes ouvrages , on serait charmé de me connaître autrement que par une lettre, mais c'est impossible ; et on termine en me priant de nouveau de faire réponse.

Si cette dame croit que je vais passer mon temps à lui écrire, elle se trompe beaucoup. Je ne sais si elle est veuve, dame ou demoiselle ; mais je la crois passablement originale. Puisqu'il lui est impossible de m'accorder un entretien , il me sera impossible à moi de lui répondre. C'est dommage, car ses lettres piquent ma curiosité ; elle me gronde avec trop de grâce , me critique avec trop d'esprit, pour que je puisse m'en fâcher. Elle m'avoue, dans sa seconde lettre, que le nom de Lenoir n'est pas le sien ; elle a pris le premier venu , pour que je puisse adresser à quelqu'un mes réponses... Oh ! je m'en doutais bien !... mais je ne répondrai plus.

Deux jours après, nouvelle lettre, plus pressante , plus aimable que les précédentes. On me supplie de répondre au moins un mot, de ne pas être fâché de ce qu'on refuse de me voir ; mais , si on a bien voulu m'écrivant satisfaire une fantaisie, on ne doit pas exiger que l'on ait à me connaître ma pensée, on ne doit pas commettre l'inconséquence de m'accorder un rendez-vous.

Toute cela ne m'ôte pas l'espérance ; je sais le cas que l'on doit faire de ces belles résolutions, de ces promesses que l'on se fait à soi-même dans le silence de la retraite qui ne tiennent pas à un regard , à une prière , à un billet doux. Je vois que cette dame est déjà piquée de ce que je n'ai pas répondu à sa seconde lettre ; je ne répondrai pas davantage à celle-ci. Je connais les femmes : ce n'est pas en montrant un grand empressement à leur plaire que l'on réussit le mieux près d'elles ; elles récompensent plus souvent l'audace que le dévouement.

Je n'ai pas répondu. Deux jours se passent. Je ne reçois pas de lettre de la pseudonyme, j'en éprouve un léger dépit, ces billets m'amusaient... c'était le commencement d'un roman par lettres ; et quoique ce genre ne soit plus de mode, il n'est pas sans mérite.

Mais le troisième jour, le petit billet m'est remis par mon portier... J'éprouve un mouvement de joie en le recevant... Que nous sommes enfants !... désirer une lettre de quelqu'un qu'on ne connaît pas !... qui probablement ne veut que se moquer de nous... Qu'importe ! le principal est que cela amuse.

Voyons vite ce qu'on m'écrit.

« Toujours pas de réponse de vous : c'est bien mal, monsieur ; quand une femme prie, quand elle demande avec instance un mot qui lui dise qu'on a bien reçu ses lettres, peut-on lui refuser cette légère faveur ? Est-ce parce que je ne consens pas à vous voir ? ce n'est pourtant pas que je n'en aie grandement envie ; mais ma position... le monde... j'ai tant de choses à craindre , à ménager ; vous devriez comprendre tout cela, vous, monsieur, qui lisez si bien dans le fond des cœurs. Allons, ne soyez plus fâché ; écrivez-moi ; j'ai tant de plaisir à recevoir une lettre de vous. Savez-vous que votre peu d'empressement à me répondre pourrait me donner une idée peu avantageuse de votre galanterie ? Hâtez-vous de la dissiper et de vous réhabiliter dans mon esprit. »

Je prends la plume, et je trace cette laconique réponse :

« Madame, ne connaissant pas la personne qui m'écrit, il m'est bien permis d'être défiant; vos lettres sont fort aimables, mais je n'ai ni le temps, ni le désir d'entretenir une correspondance avec quelqu'un qui refuse de m'accorder un entretien, et qui paraît craindre de se compromettre en causant avec moi. Je ne répondrai donc plus un mot avant d'avoir vu la personne qui m'écrit. »

Je fais partir ma réponse, et maintenant, madame, écrivez-moi deux fois par jour si cela vous amuse, je vous certifie que je ne répondrai plus, à moins que vous n'acquiesciez à ma demande.

Mais j'y songe !... si ces lettres venaient de Juliette !... elle les aurait donc fait écrire par une autre ?... elle ne les a certainement pas dictées non plus. car le style n'a aucun rapport avec celui de ses contes moraux. Dans quel but Juliette m'aurait-elle fait écrire ?... pour s'amuser à mes dépens ?... tâcher de me rendre ridicule ?... c'est possible... raison de plus pour ne pas répondre à l'avenir; j'aurais pourtant été curieux de connaître celle qui m'écrit.

Une semaine se passe. On m'a écrit trois fois; les lettres sont charmantes, il y a dedans de l'esprit, du sentiment, une originalité qui vi-s'è à la philosophie... Nous avons beaucoup de dames philosophes maintenant. On me supplie de répondre, mais je suis cuirassé : je ne répondrai pas.

La semaine suivante, pas un seul billet !... Il paraît que c'est fini ; cette d. me a pris son parti, elle a bien fait : c'est une aventure qui n'a pas été jusqu'au bout, c'est moins commun que les autres. Si elle *aouge aossi bien qu'elle écrit, elle doit* être fort aimable cependant, mais maintenant je veux me figurer qu'elle est horrible, affreuse, et que c'est pour cela qu'elle n'a pas voulu se laisser voir, car j'avoue que je m'ennuie un peu, après les aimables lettres que je m'habituais à bien à recevoir. Mais que devient donc cet Adolphe ?... depuis quinze jours je ne l'ai pas aperçu une seule fois !

Je me disais cela en traversant le passage de l'Opéra. Au détour du boulevard, un monsieur et une dame, qui se donnent le bras, entrent dans le passage comme j'en sortais : nous nous cognons presque!.. Dois-je en croire mes yeux ?... c'est Adolphe avec... avec Juliette ! ... Oh ! c'est bien Juliette qui a son bras passé sous le sien.

Je reste tout ébahi... il y a des choses qui m'étonnent toujours ; et cependant, comme le dit fort bien je ne sais plus quel sage... dans ce monde il ne faut s'étonner de rien...

Adolphe baisse la tête et les yeux; Juliette, au contraire, laisse échapper un sourire de triomphe, ils continuent leur chemin... Dieu me garde de les arrêter !... Allez, mon pauvre Adolphe, allez avec Juliette ! Comment ai-je pu être une fois assez sot pour penser que je l'emporterais sur elle.

Le lendemain, de grand matin, je vois arriver Adolphe, l'air embarrassé , suivant son habitude, et ne voulant pas le paraître; il rit en m'abordant, mais ce rire n'est pas naturel.

— Eh bien ! dites donc, monsieur Arthur, vous m'avez vu hier... hein ?... en voilà une bonne, n'est-ce pas ? Je suis sûr que vous avez été bien surpris de me voir... avec Juliette... — Dans le premier moment je conviens que cela m'a étonné; mais en réfléchissant un peu, je n'y ai rien vu d'extraordinaire ! — J'espère que vous ne pensez pas que je me sois remis avec elle !... oh! quant à cela, il n'y a pas de danger !... — Moi je ne pense plus à ce qui ne me regarde pas !... Vous êtes libre de vos actions, je vous ai quelquefois donné des conseils... parce que j'avais de l'amitié pour vous ; vous ne les avez jamais suivis ; désormais je ne me permettrai plus de vous en donner. — Mais pourquoi donc cela ?... vous auriez tort... j'apprécie votre amitié... Je vais vous dire comment ce se fait que vous m'avez rencontré avec Juliette. — C'est inutile , Adolphe, je vous répète que vous n'avez point de compte à me rendre. — Moi je veux vous en rendre , je tiens à ce que vous ne me preniez pas pour une girouette. Je venais des Champs-Elysées... j'allais même chez vous, lorsque sur le boulevard de la Madeleine j'ai rencontré madame Ulysse. J'allais passer, après lui avoir lancé un regard... oh! mais un regard... foudroyant et... apparemment son coup d'œil l'avait bouleversée, elle a couru après moi, et m'a arrêté en me disant: Monsieur, il n'est pas permis de regarder une femme aussi malhonnêtement... Je veux que vous me disiez ce qui vous donne le droit de me fixer ainsi. Là-dessus vous pensez bien que je suis resté d'abord pétrifié !... mais bientôt me remettant, je lui en dis... je lui en dis !... enfin je l'accable de reproches ! Après m'avoir écouté tranquillement, elle me répond : C'est très-mauvais genre de s'arrêter pour causer sur le boulevard, conduisez-moi un bout de chemin, j'ai à vous parler aussi. Et sans attendre ma réponse , elle me prend le bras et m'entraîne. Ma foi , je vous avoue que je ne savais plus que faire... lui quitter le bras malgré elle sur le boulevard... tout le monde nous aurait regardés !... avec ça qu'elle me tenait ferme !... j'ai donc été obligé de l'accompagner... et voilà pourquoi vous nous avez rencontrés ensemble.

— Tout cela me paraît fort simple !... Adolphe, avez-vous vu le dernier tableau du Diorama, *la Forêt-Noire?*... comme c'est beau !... cet effet de lune... ce reflet sur les arbres... hein?... n'est-ce pas la nature même ?

— Oui... oui... c'est la nature !... c'est... superbe... Dans le fond , elle n'est peut-être pas aussi coupable qu'on pourrait le penser d'abord...

Elle ne dissimule pas ses torts , oh ! elle n'en cache aucun... quant à cela , c'est même une justice à lui rendre , elle se ferait plutôt plus coupable qu'elle ne l'est !

— Qui donc ? *la Forêt-Noire?*

— Je vous parle de Juliette. — Mais moi je vous parlais du Diorama... — Certainement je ne veux pas la justifier ! pourtant voilà une chose bien singulière , elle m'a assuré qu'elle ne m'avait jamais autant aimé que le jour où elle m'a trompé; concevez-vous cela?...

— Il y a une nouvelle pièce à l'Opéra-Comique qui a eu un grand succès... l'avez-vous vue ?..

— Non, pas encore... On dit qu'il y a des femmes si bizarres !... qui ont... comme ça... des moments... des vapeurs... pendant lesquels elles se laissent aller à des choses... dont elles sont très-fâchées ensuite... car enfin nous ne sommes pas de fer !... Juliette avait les larmes aux yeux en me parlant... elle m'a dit qu'elle n'avait pas pris la valeur d'un poulet sauté depuis que je l'ai quittée... je crois qu'elle exagère un peu... l'avez-vous trouvée maigrie ?

— Adolphe, vous devriez vous apercevoir que je ne veux plus m'occuper de Juliette !... faites ce que vous voudrez !... Aimez-la, reprenez-la !... mais ne m'en parlez plus. Si cette femme n'était que coquette, volage comme mille autres, je serais le premier à l'excuser. Mais je la crois méchante, vindicative... je la soupçonne d'avoir fait le malheur d'une personne que j'adorais, et je ne puis le lui pardonner... — Bah !... comment donc cela ? — Encore une fois ne me parlez plus de Juliette... moi, je ne varierai jamais sur ce que je pense d'elle; en cela nous ne nous accordons pas.

— Oh !... au reste... On dit que j'en rencontre avec elle; bien loin de là !... Mais je ne la crois pas si méchante que vous le pensez... c'est une... évaporée... qui dit une chose... et tournez la main , elle n'y songe plus !... mais je l'aime... que je la reprenne... ah ! par exemple... Adieu, monsieur Arthur. Je vais chez mon correspondant toucher ma pension... je viendrai vous voir. — Adieu, Adolphe. — Nous causerons... d'autre chose.

Il s'en va. Pauvre niais !... qui croit que je ne lis pas dans le fond de son âme... Avant huit jours, je gage qu'il se sera remis avec Juliette, si ce n'est pas déjà fait.

Chapitre X. — Le passage Vendôme.

J'allais sortir après Adolphe que j'ai laissé partir seul, ne me souciant pas qu'il me parlât encore de Juliette. Ma portière me remet une lettre... C'est de mon inconnue; j'ai reconnu la forme, l'écriture du billet. Je sens mon cœur battre... presque aussi fort que lorsqu'on me donnait une lettre de Clémence !... Que voulez-vous, ce n'est pas ma faute; mais le plaisir passé est si peu de chose devant le plaisir présent !...

Je remonte bien vite chez moi pour lire tout à mon aise ce qu'on m'écrit :

« Il faut donc vous céder, monsieur, puisque c'est le seul moyen de vous plaire. Eh bien ! je vous l'accorde, ce rendez-vous que vous paraissez tant désirer; mais où? quand? J'espère que vous ne supposez pas que j'irai chez vous; et comment se reconnaître, s'aborder entre deux personnes qui ne sont jamais vues ? Est-ce que l'on va se dire: C'est moi, est-ce vous? Levez ces difficultés, et je suis prête; mais je vous préviens que je n'irai pas seule au rendez-vous que vous me donnerez. »

Je me mets à mon bureau et je réponds :

« Ecrivez-moi le jour où vous pourrez être au passage Vendôme ou à tel autre endroit que vous voudrez, l'heure qui vous conviendra. Tenez à votre main un rouleau de papier ou un livre, détaillez-moi bien quelle sera votre toilette, votre coiffure. Moi, je tiendrai à ma main un foulard rouge. Avec tous ces documents, il est impossible de se tromper. »

Je cours mettre moi-même cette lettre à la poste, et j'attends avec impatience la réponse. Je vais donc la connaître cette femme qui écrit si bien... Je l'ai emporté ! elle cède... je commence à penser que cette aventure finira comme toutes les autres.

Ce qui me contrarie, c'est qu'elle ne veuille pas venir seule; ordinairement on n'a pas besoin d'un tiers dans ces sortes d'entrevues. Qui diable veut-elle donc amener?... ce ne peut pas être son mari... ce serait plaisant! ah ! qu'ai-je là ! Pourquoi seulement supposer que ce soit une femme mariée? est-ce que les dames commettent jamais de pareilles inconséquences , céder à de telles fantaisies ! Enfin nous verrons ce témoin; il n'est sans doute pas bien redoutable, et si je ne déplais pas trop, on n'aura pas la barbarie de l'amener à un second rendez-vous. Bref, j'arrange les choses le mieux du monde ; je vais trouver une femme jeune, jolie, spirituelle, que j'adore d'avance ; je lui plairai, elle me cédera, et nous formerons une liaison délicieuse que le mystère rendra plus piquante ! Cela expose à bien des désappointements de voir tout en rose ; mais cela rend heureux quelque temps, et c'est une compensation.

J'attends avec impatience une réponse de mon inconnue; je me flatte que c'est la dernière lettre que je recevrai d'elle avant de la voir: elle ne se fait pas attendre, on ne m'écrit que ces mots :

« Je serai demain à midi au passage Vendôme; ma sœur m'accompagners. Nous aurons toutes deux la même toilette : chapeau de paille d'Italie, ruban blanc, robe blanche, châle rouge. Moi, je tiendrai un rouleau de musique à ma main. Soyez exact, ne faites pas attendre deux dames. »

Je n'aurai garde de les faire attendre ! je serai au rendez-vous avant l'heure. Je suis bien aise de savoir que c'est une sœur qui accompagnera mon inconnue. Cela n'a rien d'effrayant, une sœur, bien au contraire; et même, si elle est jolie, cela peut rendre l'aventure plus sentimentale... Après tout, qu'est-ce que je cherche, moi ? quelques scènes de mœurs, quelques tableaux de genre pour faire un chapitre.

Le jour est venu. Je fais ma toilette, et je ris en moi-même tout en m'habillant, car plus le moment approche, et plus je pense que je puis être totalement trompé dans mes espérances. Je vais peut-être trouver deux femmes vieilles et ridicules... qu'importe ! je serai le premier à rire de l'aventure. Rendons-nous au passage Vendôme.

Je saisis cette occasion pour recommander ce passage à ceux qui ont quelques rendez-vous amoureux à donner. Le passage Vendôme est d'autant plus commode, qu'il n'y passe presque personne, vous êtes là comme chez vous; bien différent de ces passages où la foule abonde, où les jeunes gens vont se promener pour regarder les demoiselles de boutique, où les étrangers se donnent rendez-vous, où les dames vont faire les emplettes, et qui retentissent sans cesse du bruit des piétons; le passage Vendôme est calme, silencieux, conduisant du boulevard du Temple à la rue de Vendôme, qui, pour sa gaieté, ressemble à une rue de Versailles; ce passage voit rarement sous son vitrage plus de six personnes à la fois. Les jeunes gens ne vont pas regarder dans les boutiques, parce que la moitié des boutiques n'est pas louée. Dès que vous entrez dans ce passage, vous êtes sûr-le-champ si la personne que vous cherchez est arrivée. Si vous vous y promenez, vous ne serez pas coudoyé par les passants, on ne vous marchera ni sur les pieds, ni sur les talons. Quelques paisibles habitants du Marais, qui circuleront près de vous, ne se permettront pas de vous regarder avec cette expression maligne et curieuse qui embarrasse une dame; enfin, si vous voulez vous arrêter, flâner un peu, il y a un marchand de caricatures, je crois même qu'il y a une modiste, mais je ne vous l'assurerai pas. Je vous le répète, c'est un endroit délicieux pour les rendez-vous galants.

Après cela, vous dire qu'il en sera toujours ainsi, c'est ce que je ne puis affirmer. Ce passage deviendra peut-être aussi brillant que celui des Panoramas, aussi populeux que le passage Véro-Dodat; les bonnes gens disent que Paris ne s'est pas fait dans un jour. Allez donc là tandis qu'il n'y a personne.

M'y voici arrivé. Du boulevard j'ai donné mon coup d'œil; pour l'instant il n'y a dans l'intérieur que le gardien, un vieux bonhomme et une cuisinière; mais il n'est pas encore l'heure, j'ai voulu arriver un peu avant; il ne faut jamais faire attendre une dame... et j'en attends deux; j'aimerais mieux n'en attendre qu'une.

Je me promène sur le boulevard; j'ai le temps de voir le passage, je le sais par cœur. Comme j'ignore quel côté on arrivera, je ne puis aller au-devant de ces dames; attendons. Cinq minutes s'écoulent, puis cinq autres, l'heure est venue, et je ne vois pas ces dames, j'en serai peut-être pour ma course. De désespoir, je vais faire un tour dans le passage.

Je regarde... je ne sais quoi ! je fais semblant de regarder; j'ai un œil vers l'entrée du boulevard et l'autre sur celle de la rue de Vendôme; ce qui doit vous faire présumer que je louche. Je vous prie de croire que ceci n'est qu'une métaphore.

Par-là ! une dame se présente... mais elle est seule, et il m'en faut deux. J'examine cependant, car on pourrait avoir changé d'avis. Ce n'est pas cela... ça ne peut pas être si peu. Oh !... deux dames viennent de déboucher par la rue de Vendôme... Mon cœur bat... je cours de ce côté, car, ayant la vue très-basse, il me faut être tout près des personnes pour bien distinguer leurs traits, ce qui m'a fait commettre plusieurs fois de singulières méprises.

Me voici près de ces deux dames... Ah ! mon Dieu ! c'est pour le moins une honnête rentière de soixante-dix ans, qui donne le bras à sa vieille domestique, laquelle tient avec fierté deux merlans suspendus à un bouchon de paille, et une oie à demi enveloppée dans un fragment du *Moniteur*. Probablement la rentière traite aujourd'hui, et elle aura voulu accompagner sa cuisinière au marché.

Je laisse passer les respectables antiquités. Je me retourne avec un peu d'humeur... Je me trouve devant M. Lubin... je veux passer sans faire semblant de le voir; mais l'homme de lettres m'a reconnu et m'arrête.

— Ah ! monsieur, je suis bien charmé d'avoir l'avantage de vous rencontrer. — Moi de même, monsieur. J'ai l'honneur de... — Monsieur, il fallait que je vous visse... que je vous parlasse... que je vous demandasse un conseil; c'est au sujet de mon *Chaos*, que j'ai constamment dans la tête... il m'est venu l'idée d'en faire une pantomime équestre pour Franconi : j'en ai parlé à quelques écuyers de ce théâtre, ils m'ont dit qu'en effet ce serait fort joli de voir arriver les vents à cheval... — Monsieur Lubin, je suis bien fâché de ne pouvoir vous entendre en ce moment, mais je suis pressé.

Je viens d'apercevoir des dames du côté du boulevard, et il me tarde de me débarrasser de cet insupportable personnage; mais il s'attache

à moi en criant : — Monsieur, cela m'arrangera davantage d'aller chez vous.... mais votre portière me dit toujours que vous n'y êtes pas... — Pardonnez-moi, monsieur Lubin, venez... j'y serai tantôt. — Il faudrait que je tombasse malade pour que je manquasse à ce rendez-vous, monsieur.

J'ai dit tantôt, pour me défaire de cet homme. Il me laisse libre enfin ! Voyons ces dames... en voilà deux qui se donnent le bras... Approchons... robe blanche... chapeau de paille... mises de même toutes deux... Oh ! c'est cela... je n'ose plus aller si vite... je désire et je crains de regarder... c'est pourtant le moment d'examiner; elles ne m'ont point encore aperçu.

Ciel ! qu'ai-je vu !... une figure horrible ! un nez difforme, des yeux que l'on aperçoit à peine tant ils sont petits et renfoncés, une bouche désagréable des dents noires, un teint jaune, livide; je ne peux pas dire que l'ensemble soit commun : c'est si laid, que cela en est distingué; mais c'est terriblement laid !

Dans ma douleur, je n'ose pas regarder l'autre dame... il faut tout voir cependant... Ah ! quel contraste ! Je reste saisi, charmé, enchanté !... Que l'on se figure des traits aussi jolis, aussi séduisants que les autres sont repoussants et laids. Un profil grec, une bouche... des dents... tout cela parfait !... et des yeux bruns si beaux, si grands, si malicieux ! des cheveux noirs comme le jais, des sourcils bien dessinés, enfin une femme adorable, une femme que l'on ne saurait voir passer sans se retourner pour la regarder encore, sans se la rappeler, sans y rêver !... C'est au-dessus de tout ce que j'avais imaginé; et quant cela vingt-cinq ans au plus... L'autre est jeune aussi, mais cela m'est bien égal.

Tout à coup un souvenir me fait tressaillir : quelle est celle qui tient le rouleau de musique ?... Ah ! je respire, je renais... c'est la jolie femme, Oh ! ce ne pouvait être qu'elle; quand on est aussi laide que l'autre, ce serait un guet-apens de donner un rendez-vous.

Ces dames m'ont vu elles chuchotent, semblent troublées... Le commencement d'une telle entrevue est toujours un peu embarrassant. Moi-même, quoique j'aie assez d'habitude, je ne sais plus trop comment aborder ces dames. Cependant je dois je dois les laisser dans cette position; ce n'est pas à elles à me parler les premières... mais ordinairement on n'a affaire qu'à une seule dame... ça marche mieux.

Je m'approche gauchement, et m'adressant comme de raison à celle qui tient le rouleau de musique, je balbutie :

— Je vous attendais, madame... je pense que c'est vous qui... que....

Je ne sais plus comment finir... Alors je ne finis pas. Mais, suivant l'usage, on me répond sur-le-champ :

— Ah ! vous êtes monsieur Arthur ? — Oui, madame. — Nous ne voudrions pas rester dans ce passage. — Venez... nous allons entrer quelque part... au Jardin-Turc ? On peut y causer, s'y reposer sans être dérangé. . — Oh ! non... je ne veux entrer nulle part. Promenons-nous sur le boulevard, si vous voulez ? — Tout ce que vous voudrez, madame; acceptrez-vous mon bras ? — Non... ce n'est pas la peine : on peut très-bien se promener sans se donner le bras; d'ailleurs j'ai celui de ma sœur. — Ah ! oui... ce n'est pas ce qui m'amuse le plus.

J'ai dit ces derniers mots à demi-voix, mais de façon à être entendue de la jolie dame, qui sourit, regarde sa sœur et lui parle bas; puis elles se dirigent du côté des boulevards en remontant vers la place Saint-Antoine.

Je marche près de ces dames; je les regarde de côté; elles en font autant. Pendant quelques minutes nous allons ainsi sans rien dire. C'est bien la peine de tant prier une personne de vous accorder un rendez-vous pour y être si peu aimable !... Voilà ce qu'elle pense sans doute. Patience ! cela deviendra plus intéressant.

On est toujours très-bête au commencement de ces sortes d'entrevues; du moins c'est l'effet que cela me produit; heureusement, on n'est pas forcé de rester dans le même état. D'abord on s'examine, c'est naturel. Je trouve cette dame charmante, mais l'air un peu prétentieux... un peu bégueule même; et, dans une telle circonstance, il me semble que c'est ridicule. Lorsque des lettres en montre de la franchise, de l'abandon, du *laisser-aller*, pourquoi ne pas être de même dans sa conversation ? En m'accordant ce rendez-vous, cette dame aura peut-être pensé que je prendrais d'elle une mauvaise opinion, et, pour me l'ôter, elle affecte une réserve, une retenue qui semblent m'avertir que je dois perdre toute espérance coupable.

Mais les grands airs ne m'imposent point ! je sais qu'ils ne prouvent rien. D'ailleurs, quand on a écrit la première à un homme que l'on ne connaissait pas, puis qu'on lui accorde un rendez-vous, quoique ce puisse bien n'être que par un simple motif de curiosité, que l'on n'ait pas l'intention de former une liaison plus intime, ce n'est pourtant pas le cas d'aborder les gens du haut de sa grandeur et de peser jusqu'à ses moindres paroles.

Plus les personnes affectent de la cérémonie, plus je suis sans façon avec elles. J'ai aussi une malheureuse habitude qui m'a fait du tort dans l'esprit de bien des dames.

Je chante, ou, pour mieux dire, je fredonne à chaque instant : c'est sans y penser, sans le savoir moi-même; car il m'est arrivé d'éprouver de vives contrariétés, d'avoir des chagrins profonds, et cela ne m'empêchait pas de chanter tout en soupirant. Mais figurez-vous une personne qui me conte quelque chose, et qui, pendant qu'elle parle, m'entend fredonner un couplet ou une contredanse. C'est fort malhonnête, je le sens bien ! J'ai cent fois juré que cela ne m'arriverait plus... que je me corrigerais de cette maudite habitude, mais :

Chassez le naturel, il revient au galop !

Je remercie cette dame de ce qu'elle a bien voulu m'écrire d'obligeant sur mes ouvrages; c'est une manière d'entamer la conversation. Elle me répond, mais cela ne va pas loin; l'entretien est toujours prêt à tomber. Nous avons l'air contraint tous les deux. Je voudrais que cela s'animât... cette dame ne s'y prête pas. Je sais bien que la première fois que l'on se voit on ne peut pas être tout de suite comme avec une ancienne connaissance... Quel dommage, et que de temps on perd à faire de la diplomatie au lieu de se laisser voir tel qu'on est... Il est vrai bien des gens n'y gagneraient pas.

Tout à coup ces dames partent d'un éclat de rire. Il me semble cependant que nous ne disions rien alors... Qui peut donc provoquer leur gaieté? Ah ! je devine : c'est ma maudite habitude !... Je chantais entre mes dents et sans m'en apercevoir.

On voit en M. de Moncarville les débris d'un bel homme qui a de l'humeur de vieillir, et qui ne sait pas remplacer la jeunesse par de l'amabilité.

— Il paraît que vous aimez beaucoup à chanter, monsieur, me dit la jolie femme en souriant d'un air moqueur.

— Ah ! madame, je vous demande mille pardons, c'est sans y songer... Je conviens que c'est un ridicule... Mais vous pensez qu'il vous est permis d'en avoir ? — Non, madame, je ne vois pas pourquoi cela me serait plus permis qu'à d'autres ! Tenez, dans ce moment, je pense... que vous auriez bien dû venir sans votre sœur ! — Pourquoi cela ? Ma sœur ne nous empêche pas de causer, je me semble ? — A vous, madame, je conçois que cela ne fasse rien; mais, moi, je vous avoue que cela me gêne beaucoup. Puisque vous aviez assez bonne opinion de moi pour m'accorder un entretien, fallait-il y mettre cette entrave ? Ne pouviez-vous y venir seule? c'eût été me témoigner une confiance entière... et je n'en aurais pas abusé. — C'est possible; mais je ne vais jamais nulle part sans ma sœur. — Jamais ? — Non, monsieur.

Voilà un jamais qui est bien long ! Je commence à ne pas être fort satisfait. Si cette dame croit que je me contenterai d'arpenter les boulevards à côté d'elle et de sa sœur !... Elle est bien jolie cette dame, mais il faut lui arracher les paroles.

La sœur vient de dire quelques mots, je ne suis pas fâché qu'elle parle, cela soutiendra notre conversation qui ne s'anime pas du tout. C'est dommage qu'elle soit si laide, cette pauvre dame ou demoiselle, car sa voix est douce comme celle de sa sœur; c'est absolument le même timbre, mais quelle épouvantable figure !

dames, parce que la gaieté bannit plus vite la cérémonie. Mais il faut avant tout que je tâche de glisser quelques mots tout bas à celle près de qui je marche.

— Ne pourrai-je donc vous parler que sur le boulevard? — Il me semble qu'on y est très-bien pour causer. — Ne vous reverrai-je pas? — Peut-être !... je ne puis vous promettre. — Mais seule? — Oh ! non, je vous ai dit que je n'allais pas seule. Je suis en tutelle. — C'est une plaisanterie ! une femme fait tout ce qu'elle veut, et si vous le vouliez bien... — Mais,à quoi bon?...

Allons ! voilà la sœur qui nous interrompt pour parler de je ne sais quoi. Ce vilain laideron semble être terriblement curieux.

Au bout de quelques minutes, je reprends tout bas :

— Demeurez-vous dans ce quartier ? — Je ne puis vous le dire. — Etes-vous mariée ? — C'est possible. — Que vous ne me disiez rien de ce qui vous concerne, je n'ai pas le droit de m'en plaindre; mais que vous refusiez de m'accorder un moment de tête-à-tête, il me semble que je pouvais espérer davantage des lettres charmantes que vous m'avez écrites ?...

Elle ne répond pas; elle se contente de rire. Nous avons retourné sur nos pas. Ma foi, après tout, si elle croit que je vais lui faire la cour à la manière des anciens chevaliers, et que je me contenterai, après une année de connaissance, de lui presser le bout du doigt, elle se trompe totalement. Je trouve la vie trop courte pour mener ainsi les aventures. Mais je prends vite mon parti; et puisqu'on ne veut pas que je parle d'amour, nous allons causer d'autre chose.

Une fois cette détermination prise, je ne sais comment cela se fait, mais la conversation devient plus animée. Je dis tout ce qui me passe par la tête : c'est singulier comme on est plus facilement aimable quand on ne cherche pas à l'être ! La jolie femme rit, la sœur en fait autant; depuis quelques minutes nous jasons, nous plaisantons comme d'anciennes connaissances, et nous commençons à être très-bien ensemble, lorsqu'il faut se séparer.

C'est la sœur qui dit la première : Il est temps de rentrer, Adèle; quoiqu'on ne s'ennuie pas avec monsieur, il faut se quitter pourtant.

Adèle !... je sais qu'elle se nomme Adèle : c'est toujours quelque chose. — Déjà partir ! lui dis-je ? — Oui, et, de plus, nous exigeons votre parole d'honneur que vous ne nous suivrez pas... — Je vous la donne, madame ; mais pour tant d'obéissance n'obtiendrai-je donc rien à mon tour ? — Et que désirez-vous ? — Vous le devinez bien ! vous revoir, c'est un désir qu'il est impossible de ne pas former quand on a eu une fois ce bonheur. — C'est par pure galanterie que vous me dites cela ! — Non, je vous assure que je ne suis pas galant, et si je ne pensais pas cela, je ne vois pas ce qui m'obligerait à vous le dire.

Ces dames causent un moment tout bas, bientôt la charmante Adèle me dit :

— Nous irons après-demain au théâtre de la Porte-Martin ; si vous voulez y venir, nous serons dans une loge, rien ne vous empêchera de vous placer près de nous, si cela vous est agréable. — Oh ! vous n'en doutez pas, madame ! — Eh bien, alors, au revoir... Mais ne nous suivez pas !... — Je vous l'ai promis, et pourquoi le ferais-je ? je ne veux devoir votre connaissance qu'à votre seule volonté.

Ces dames s'éloignent par une rue latérale. Je reste encore quelque temps sur le boulevard, rêvant à notre entrevue. Cette Adèle est fort jolie... Il est fâcheux qu'elle ne cause pas aussi bien qu'elle écrit... mais il ne faut pas juger sur un premier entretien. Je n'avais pas espéré une figure plus séduisante, mais j'avoue que j'espérais plus de sentiment, de sensibilité... quelque chose de plus original dans son esprit... dans ses pensées; j'aurais même voulu un peu de mélancolie dans le son de sa voix. Au lieu de cela, elle rit en montrant des dents superbes. Dans sa gaieté, il y a quelque chose de moqueur; et rien dans ses yeux qui décèle pour moi ce penchant que ses lettres semblaient m'avouer. Je n'ose encore me flatter que cette aventure sera une bonne fortune. Ensuite, je puis très-bien ne pas plaire à cette dame. D'après les ouvrages qui nous ont charmés, on se représente quelquefois l'auteur comme on le voudrait... et quand on le voit, ce n'est plus le personnage que l'on s'était figuré ! Cependant ne perdons pas toute espérance, on m'a donné un second rendez-vous.

Je vais faire différentes courses, je vais dîner, j'entre le soir dans plusieurs théâtres, puis au café, enfin je ne rentre chez moi qu'à minuit passé; on se disputait dans la loge de ma portière. C'est M. Lubin que l'on voulait obliger à s'en aller et qui persistait à rester pour m'attendre.

Le descendant de la belle Féronnière s'écrie en me voyant : — N'est-il pas vrai, monsieur, que vous m'aviez donné rendez-vous tantôt, qu'il fallait que je vous attendisse ? — Eh ! monsieur, me me laissiez-vous jamais en repos !... Suis-je donc obligé d'écouter vos rêves creux, d'entendre vos productions ?... est-ce qu'il y a une loi qui force un citoyen à perdre son temps, parce qu'il plaira à d'autres de venir l'importuner ? Je ne puis ni ne veux rien faire de vos manuscrits; ainsi, croyez-moi, monsieur Lubin, ne perdez plus vos pas à venir chez moi.

Je monte mon escalier en achevant ces mots. Il m'a fallu prendre sur moi pour parler ainsi à cet homme ; mais, après tout, les gens qui nation qu'ils mettent à coucher des turpitudes sur le papier, et j'ai de M. Lubin par-dessus la tête.

Ce monsieur reste tout saisi de ma brusque sortie. Je ne l'entends pas murmurer que cela l'arrange ; mais se il dirige vers la porte co-chère, en s'écriant : — Je n'aurais jamais pensé que l'on se conduisit comme cela entre confrères !

Et mon portier s'empresse de refermer la porte sur lui, en criant : — Va donc ! avec ton *Chaos...* vieux gâcheur d'encre !... est-ce qu'il ne ferait pas mieux de repriser ses coudes ?.. va, tu n'auras jamais autant d'esprit que ma perruche !...

CHAPITRE XI. — Une Journée.

Il y a toute une journée à passer avant d'être à celle qui doit me rapprocher de la séduisante Adèle ; qu'il semble long le temps qui nous sépare d'un événement vers lequel se dirigent toutes nos pensées !

M. de Réveillère a l'esprit de n'être d'aucune opinion ; et par ce moyen il réunit chez lui tous les partis. On y parle fort peu politique.

nous voudrions trouver mille moyens pour l'abréger !... Pauvres fous que nous sommes !... Nous nous plaignons quelquefois de la courte durée de la vie humaine, et sur soixante ans que nous avons vécu il y a toujours au moins trente années que nous aurions existé de moins, si le ciel avait exaucé le désir continuel que nous avons de vieillir pour atteindre plus tôt ce bonheur après lequel nous courons toujours. Mais toute personne qui cultive les arts peut aisément tromper la longueur du temps : prenez une plume, des pinceaux, ou placez-vous devant un piano, voilà les meilleures distractions, voilà celles qui rendent les heures si courtes... Décidément mon père avait tort de vouloir m'empêcher d'être artiste.

J'ai travaillé, et ma journée s'est passée. Le soir, au moment où je vais pour sortir, on sonne chez moi... pourvu que ce ne soit pas M. Lubin !... oh ! non ! j'en suis débarrassé, je l'espère.

Je vais ouvrir... une femme, qui a un grand voile par-dessus son chapeau, entre et se jette dans mes bras avant que j'aie eu le temps de l'examiner... C'est Clémence !

Pauvre Clémence ! je suis si surpris de la voir... je l'attendais si peu... je reste tout interdit... cependant je la conduis dans ma chambre ; elle me presse de nouveau dans ses bras, en s'écriant :

— Je te revois donc !... je puis t'embrasser encore !... Ah ! mon ami ! qu'il y a longtemps... sais-tu que voilà près de quatre mois que je ne t'avais vu... Ah ! que ce temps m'a semblé long !... Et toi, Arthur, ah ! dis-moi donc si tu as bien pensé à moi ?...—Chère Clémence !... oui, certainement, j'ai pensé à toi !... mais je ne m'attendais guère... au plaisir de te voir ce soir !... — Tu ne m'attendais plus !... je pensais donc que c'était fini, que je ne reviendrais jamais... que j'avais pris mon parti... tu en étais bien aise peut-être ?... — Ah ! Clémence !... non... mais je veux dire que ta dernière lettre m'avait bien attristé... elle me laissait si peu d'espoir... — Mon ami, quand une

femme veut bien quelque chose, il n'y a point d'obstacles qu'elle ne parvienne à surmonter. Je suis surveillée ; épiée, gardée, cela est vrai... Il m'a fallu attendre longtemps avant de trouver l'occasion d'é-chapper aux argus qui m'entourent, mais je me disais toujours : ils auront beau faire, je le reverrai !... et sans cette espérance, aurais-je pu supporter la triste existence à laquelle on me condamne !... Oh ! non... il vaudrait mieux mourir... car je n'ai rien que toi qui m'at-tache à la vie... je n'ai pas un enfant qui me caresse, qui me console, et sur lequel je puisse reporter ma tendresse... Ah !... cela est bien vrai, Arthur, si vous cessiez de m'aimer, je regarderais la mort comme un bienfait !

Pauvre femme ! des pleurs coulent de ses yeux... je m'empresse de les essuyer, de l'embrasser, de lui donner de nouvelles preuves de mon amour. Car je l'aime toujours, cette chère Clémence, oh ! oui, je l'aime bien !... cependant... quelquefois... malgré moi... ma soirée de demain me trotte dans la tête... mais Clémence ne saura pas cela !... elle ne peut s'en douter !

Clémence a cessé de verser des larmes, ou celles qui humectent en-core ses yeux ne sont plus causées que par l'amour et le plaisir. Elle tient une de mes mains dans les siennes et la presse tendrement en ré-pétant encore : — Arthur, que je suis heureuse de me retrouver avec toi !... mais partages-tu mon bonheur ? — Peux-tu me demander cela !... Apprends-moi donc comment tu as fait pour être libre ce soir ; car ta dernière lettre m'annonçait que l'on ne voulait plus te laisser sortir seule. — Oh ! oui... Depuis que je ne t'ai vu, j'ai été bien malheureuse : M. Moncarville a reçu une lettre dans laquelle on lui a positivement dit que tu étais mon amant... il n'a pas voulu me la montrer, cette lettre... j'ignore de qui elle vient... ce ne peut être que de cette femme qui m'a rencontrée ici... ah ! il faut qu'elle soit bien méchante cette femme !... ou bien jalouse de moi... et alors...

Probablement la rentière traite aujourd'hui, et elle aura voulu accompagner sa cuisinière au marché.

c'est qu'elle a été votre maîtresse... — Je vous assure que cette femme ne m'est rien du tout... — A présent peut-être !... mais... enfin de-puis que M. Moncarville a reçu cette lettre, il est cent fois plus gron-deur avec moi. A chaque instant dans la journée, ce sont des plain-tes... des injures... il me reproche de m'avoir épousée, et vous savez, Arthur, si je désirai cette alliance. Pendant un mois on m'a gardée à vue, je ne pouvais sortir sans lui, et je préférais rester à la maison... ensuite on m'a permis de prendre l'air, mais accompagnée d'une vieille femme, parente de M. Moncarville... enfin aujourd'hui... au-jourd'hui seulement, M. Moncarville a dîné dehors, et sa vieille cou-sine, se trouvant indisposée, vient de se mettre au lit. Dès que je me suis vue libre, j'ai pensé à toi... et je suis accourue au risque de tout ce qui pourrait en résulter... car si l'on connaissait ma démarche !... oh ! je serais perdue... M. Moncarville veut me faire enfermer, me chasser... m'accuser... que sais-je ?... mais je brave tout cela.... je ne pouvais plus exister sans te voir... Si je ne t'avais pas trouvé chez toi j'aurais été bien malheureuse... je crois que je me serais assise sur le seuil de ta porte, que j'y aurais attendu ton retour... mais si tu étais revenu avec une autre... si tu ne m'aimais plus !... quelquefois cette pensée s'offrait à mon esprit; je la repoussais avec effroi... Oh ! si, tu m'aimes encore, n'est-ce pas ? tu ne songes pas à d'autres ?... mais, mon Dieu !... tu as l'air distrait... préoccupé. Il me semble que tu m'écoutes à peine... — Je te jure, au contraire, que je n'ai pas perdu un mot de ton récit !... — Ah ! c'est singulier... tu me dis cela d'un air... pardonne-moi ces craintes... injustes sans doute; les chagrins ne rendent pas aimable... je t'ennuie peut-être... — Quelle idée !... c'est fort mal de me dire cela ! — Et toi, qu'as-tu fait depuis que je ne t'ai vu... voyons... tu me contais tout autrefois... — Je n'ai rien fait... qui mérite d'être conté ! — Et ton père ?... — Depuis ce duel qu'il a empêché, je ne l'ai pas revu... je n'ai plus entendu parler de lui... — Quel homme singulier !... ne pas t'aimer... toi, son fils !... — Je ne suis plus qu'un étranger pour lui ! — Et ton ami Adolphe ?... — Je le vois fort peu... — Et cette femme... sa maîtresse ?... — Je crois qu'il l'a quittée... moi, je ne l'ai pas revue !

Clémence me regarde et se tait. Elle jette souvent les yeux autour d'elle, puis elle les reporte de nouveau sur moi ; son front se rembrunit, sa figure devient sérieuse; elle soupire. Je voudrais rompre le silence que nous gardons depuis quelques instants; mais je me sens embarrassé, je ne sais que dire... il me semble que Clémence lit au fond de mon âme, qu'elle voit ce qui se passe dans mon cœur, et cela me gêne pour parler.

— Mon Dieu !... tout me semble changé ici ! s'écrie Clémence au bout d'un moment. Changé... mais vous vous trompez... tout est comme autrefois... — Oh ! non... non... tout n'est plus comme autrefois !... — Cependant je n'ai fait aucun dérangement dans mon logement... ah ! c'est-à-dire... ma bibliothèque est agrandie... J'ai ôté un meuble qui était là... voilà sans doute ce que vous n'aviez pas vu...

Clémence laisse échapper un sourire amer, et ne répond pas. Ma pendule sonne huit heures : je parle inconsidérément :

— Huit heures !... ah ! je croyais qu'il était bien plus tard que cela !...

Clémence se lève brusquement et va prendre son chapeau et son châle.

— Vous allez partir? lui dis-je en allant près d'elle. — Oui... je m'en vais... il est bien temps... — Est-ce que vous craignez qu'on ne rentre de bonne heure? — Je crains... beaucoup de choses... il faut que je m'en aille... bonsoir... — Eh bien! comme vous me quittez!... est-ce que vous ne voulez pas m'embrasser?... — Je pensais que c'était inutile... — Inutile !... mais qu'avez-vous donc, Clémence ?... Je n'ai rien. — Si... si, vous avez quelque chose... levez donc les yeux... est-ce que vous ne voulez plus me regarder ?...

Elle s'obstine à les tenir baissés... mais je parviens à les rencontrer... de grosses larmes s'en échappent... Je presse Clémence dans mes bras en m'écriant : — Qu'est-ce que cela veut dire?... pourquoi pleurez-vous... qu'ai-je fait... qu'ai-je fait qui vous fasse pleurer?... voyons, Clémence, je veux absolument que vous me répondiez... — Vous ne ferez rien dit... je vous aime un enfant... je pleure malgré moi...

Et elle appuie sa tête sur mon épaule pour pleurer tout à son aise; enfin elle essuie ses yeux et me serre la main en balbutiant :

— Adieu, Arthur, il faut que je vous quitte... — Mais du moins, Clémence, vous n'êtes pas fâchée... vous n'avez rien contre moi?... — Non... oh! je ne vous en veux pas... — Voulez-vous que nous accompagne ?... — Non... restez... on pourrait nous rencontrer ensemble.. Adieu, Arthur... pensez... quelquefois à moi... si vous en avez le loisir. — Comme vous me dites cela... drôlement ! Adieu... adieu, mon ami.

Elle me serre encore la main, puis elle s'échappe de mes bras, se sauve et ferme la porte sur elle, me laissant tout ému, tout confus, afflgé de ses larmes et fort embarrassé de ma conscience.

Est-ce qu'elle se serait aperçue que j'ai un peu pensé à une autre?... qui aurait pu lui faire deviner cela... oh ! les femmes ont un tact, une pénétration !... pauvre Clémence !... elle m'aime tant !... elle s'expose à tout pour me voir... et je l'aime moins qu'autrefois !... c'est indigne !... je me battrais, si je pensais que cela pût me corriger... mais cela ne me corrigerait pas...

Plus j'y réfléchis... oui... j'ai été froid... embarrassé près d'elle... Je ne savais que lui dire... Et la laisser partir seule ! lorsqu'elle pleurait encore... Mon Dieu, que j'ai suis peu pensais-je !... courons après elle... tâchons de la rattraper... d'essuyer ses larmes... jurons-lui bien que je n'aime qu'elle... trompons-la... c'est tout ce que je puis faire de mieux maintenant.

Je prends mon chapeau, je descends quatre à quatre mon escalier; arrivé dans la rue, je cours du côté où je pense rencontrer Clémence... mais je la cherche en vain... elle aura pris un autre chemin; il faut renoncer à l'espoir de la revoir.

Je cesse de courir et je reviens machinalement vers mon chemin d'habitude. Je suis bientôt devant le théâtre des Variétés, j'entre au spectacle, et je vais m'asseoir dans un fond de loge, toujours occupé de Clémence et ne faisant attention ni au spectacle, ni aux personnes qui m'entourent.

Un grand éclat de rire me tire de ma rêverie ; il est bientôt suivi d'un autre : ce rire semble affecté, on dirait que l'on veut se faire remarquer, attirer l'attention. J'étais sur le troisième banc d'une loge, je regarde pour la première fois les personnes qui sont devant moi. Sur le premier banc sont placés un monsieur et une dame... la dame qui rit si bruyamment. Je porte les yeux sur elle... elle tournait alors la tête de mon côté... c'est Juliette, et le monsieur... oh! je le devine... je le reconnais, quoiqu'il ne tourne pas la tête et semble craindre de bouger... c'est Adolphe.

Je suis peu étonné de revoir Adolphe avec madame Ulysse... Depuis notre dernière rencontre, je ne doutais pas qu'il ne se remît avec elle, mais une véritable surprise m'était réservée. Un monsieur est assis sur la seconde banquette et se dandine dessus, riant, gesticulant, faisant le joli cœur avec Juliette... et causant très-familièrement avec Adolphe : cet homme c'est M. Théodore ! J'avoue que ceci me passe et que j'en douterais si je ne le voyais de mes yeux.

Se remettre avec une femme qui nous a trompé, c'est sans doute une grande sottise, car c'est vouloir être trompé de nouveau; du moins il y a de l'amour dans cette faiblesse, et l'amour nous aveugle, dit-on ; mais revoir un homme qui nous a dupé, tendre de nouveau la main à celui qui s'est joué de notre bonne foi; voilà ce que je ne puis concevoir : le mépris est un sentiment qui ne doit point s'effacer. Juliette est radieuse à chaque instant elle tourne la tête pour voir si je la regarde ; mais je ne lui donne plus ce plaisir. Adolphe est comme un personnage de bois... il me regarderait sans empire, s'il qu'il ne craigne point de rencontrer mes yeux... il me fait pitié, mais je ne veux point augmenter son embarras.

Le grand Théodore s'est tourné vers moi... il essaie un sourire... je crois qu'il a l'effronterie de me saluer. Je n'ai pas l'air de penser que son salut puisse m'être adressé. Voyant que je n'y réponds pas, il prend un air impertinent et me tourne le dos.

Juliette parle très-haut; si elle ne peut m'obliger à la regarder, elle veut me forcer à l'entendre.

— Donne-moi donc mon flacon, Adolphe... tiens ma lorgnette un moment... il fait très-chaud ici... n'est-ce pas, monsieur Théodore ? — Oui, charmante dame... on ouvrira la loge, si vous le désirez... — Oh! non... je ne bais pas la chaleur... et toi, Dodolphe?... Eh bien! tu ne dis rien, mon petit?... qu'est-ce que tu as donc?... est-ce que nous sommes boudeur ce soir?... mais c'est que je ne veux pas qu'on boude, moi !... entendez-vous?... je ne veux pas !...

Je ne puis entendre ce qu'Adolphe répond, parce qu'il parle très-bas; mais probablement qu'il propose de changer de loge, car Juliette s'écrie :

— Ah bien ! par exemple !... et pourquoi donc changer de loge ?... nous sommes si bien ici !... je ne veux pas aller ailleurs... et je suis la maîtresse, j'espère... n'est-ce pas, petit Dodolphe?...

Petit Dodolphe ne souffle plus mot, mais il essuie avec son mouchoir de grosses gouttes de sueur qui coulent sur son visage. Juliette se tourne vers M. Théodore.

— Vous venez donc de voyage, monsieur ? — Oui, belle dame. J'étais allé à la recherche de mon associé, qui a pris la fuite avec tous les plans de mon entreprise... fuite qui m'a forcé de suspendre mon opération... Je suis indignement floué... c'est très-désagréable !... — Ah ! vous êtes floué !... — Ce n'est pas tant l'argent de mes actionnaires que je regrette que le plan de mon bassin. — Vous alliez avoir un bassin ?... — Dans des omnibus que nous aurions appelés baigneuses... une opération superbe !... salubre au dernier point !... On se serait baigné tout en faisant ses courses. — Ah ! que j'aurais aimé ça !... — Nous avions déjà deux mille dames abonnées, et toutes femmes du meilleur genre !... On ne pouvait pas se baigner en tablier ! — Est-ce que ça ne peut pas se refaire ? — Si si fait !... je suis revenu à Paris pour renouer l'entreprise !... Je ne suis pas un gaillard à me laisser enfoncer ainsi... il ne me manque plus que des fonds; mais c'est la moindre des choses !... tout le monde m'en offre. Je tenais d'abord à revoir Designy... à le rassurer sur ses actions... il aurait pu croire que j'avais disposé de ses fonds... et je tiens essentiellement à son estime... J'ai ton estime, n'est-ce pas, Adolphe ?

Adolphe fait un mouvement de tête pour se retourner.

— Dodolphe, est-ce que tu ne m'offriras pas une orange... ce soir? dit Juliette en appuyant sa main sur le bras de Designy ; ça me rafraîchirait la bouche... toi, qui es si galant ordinairement, va donc m'en acheter.

Je ne sais pas ce qu'Adolphe répond, mais je vois fort bien qu'il ne bouge pas, et j'entends Juliette murmurer :

— C'est bien rid cule d'être comme cela !... est-ce que ce monsieur vous fait peur ?... — Ah ! ah !... c'est trop drôle !... quant à moi, sa présence ne me gêne pas du tout!

Et au bout d'un moment Juliette se penche vers M. Théodore et lui dit en souriant : — Puisque mon cavalier est attaché sur la banquette au point de ne le pouvoir quitter, seriez-vous assez aimable, monsieur Théodore, pour m'aller chercher une orange ? — Comment donc! une, deux... dix oranges... des glaces, tout ce qui vous sera agréable... un jambon même, si vous le voulez... — Oh! quelle mauvaise plaisanterie! manger du jambon au spectacle!... — Si vous le faisiez, je suis certain que cela en ferait venir la mode... — Une orange seule... et rien qu'une, je vous en prie... — Alors elle sera de Malte, ou il n'en vient plus de ce pays-là !

Et M. Théodore, qui, tout en faisant le galant, a eu l'air de faire un peu la grimace en tâtant son gousset, enjambe la banquette, ouvre la porte, et sort de la loge très-vivement.

La pièce ne tarde pas à commencer. Le grand monsieur ne revient pas. L'acte s'achève, point de Théodore ; Juliette a l'air fort contrariée ; elle regarde de tous côtés en disant : — C'est singulier... il ne revient pas... il aura rencontré quelqu'un qui l'aura retenu.

Adolphe est fidèle à son système : il ne tourne pas la tête. L'acte suivant se joue. M. Théodore n'est pas revenu.

— Est ce qu'il est allé jusqu'à Malte pour chercher ma charmante inconnue. Mon orange ? dit Juliette en riant pour cacher son dépit ; et je m'aperçois ensuite qu'elle parle bas à Adolphe et semble le gronder sur sa conduite ; mais celui-ci n'en bouge pas plus.

Enfin le spectacle finit. En restant toujours dans la loge, je mettrais Adolphe au supplice, car déjà Juliette a pris son châle, et il faudra bien qu'il se lève. Mais pourquoi lui causer ce chagrin ?... cela ne le corrigerait pas ! Je me hâte de sortir et le laisse avec sa Juliette.

CHAPITRE XII. — L'Amour dans la rue.

C'est donc ce soir que je dois revoir ma charmante inconnue. Mon cœur est déjà vivement agité... je crois que je suis vraiment amoureux de cette dame... Je pense à elle toute la journée... elle est si jolie !... Pourtant j'ai tout de ma lanteur d'appréhensions qui peut-être ne doivent pas se réaliser... Enfin je ne connais pas cette dame, je ne sais ni ce qu'elle est... ni ce qu'elle fait... mais tout cela n'empêche pas qu'elle ne soit adorable.... Patience, je la verrai ce soir.

Cette pensée m'a tellement poursuivi qu'à peine si j'ai eu le temps de me souvenir de Clémence... Clémence, qui était hier si triste en me quittant, qui s'expose à tout pour me voir, et que j'ai laissée partir seule !... Ah ! c'est mal... mais quand je la reverrai, je m'excuserai... et elle est si bonne qu'elle me pardonnera.

Voilà sept heures : je cours au théâtre de la Porte-Saint-Martin.

Ces dames sont arrivées ; je les aperçois dans une loge découverte, j'ai reconnu d'abord celle qui n'est pas jolie, son chapeau la cache peu ; sa sœur, au contraire, à un grand chapeau qui avance, et par-dessus un demi-voile noir, ce qui permet à peine d'apercevoir sa jolie figure. Quelle idée de se cacher ainsi quand on est bien !... mais probablement on ôtera son chapeau, et l'impression que l'on produira n'en sera que plus vive ; tout cela est peut-être calculé.

Il y a de la place derrière ces dames, et je me hâte d'aller les trouver. On m'accueille fort bien : c'est quelque chose que de n'être pas mis à une première entrevue. Je me place derrière madame ou mademoiselle Adèle... je sais quelle qualité lui donner ; mais je crois bien qu'elle est dame. Je la supplie d'ôter son chapeau.

— Et pourquoi ? me répond-elle en souriant. — Parce que je ne vous vois pas du tout... — Et vous tenez à me voir ?... — Ce n'est pas pour cela que je suis venu. — Et le spectacle ?... — Que m'importe le spectacle ! il ne m'intéresse guère. — Je veux bien ôter mon chapeau, mais je vous préviens que le spectacle m'intéresse beaucoup, moi ; je l'aime passionnément, et je veux écouter et entendre, enfin ne pas perdre un mot de la pièce.

Bientôt en effet, comme on vient de commencer, elle est tout yeux, tout oreilles ; quand je veux lui parler, elle me fait signe de me taire. Singulière femme !... est-ce qu'elle arrive de province ?... Si c'est comme cela que nous devons faire plus ample connaissance !... Cette soirée ne m'a pas l'air du devoir être aussi agréable pour moi que je l'espérais. Je connais la pièce que l'on joue, et me voilà encore forcé de l'entendre : on m'a fait me promener sur les boulevards, on va me faire écouter un drame en huit tableaux que je sais par cœur... voilà une bonne fortune qui me coûte déjà cher.

Je ne sais si la sœur nous aussi absorbée par le plaisir du spectacle, mais elle ne dit pas un mot ; quelquefois je m'aperçois qu'elle me regarde à la dérobée... puis, aussitôt que je me tourne de son côté, elle baisse sa tête et me cache sa figure : c'est toujours fort aimable de sa part.

Dans les entr'actes, on me permet de me dédommager du silence que l'on m'impose pendant que on joue. Alors nous causons... ou, pour mieux dire, je cause avec Adèle, car c'est presque toujours moi qui parle, je ne puis lui arracher une phrase entière ; elle commence... et s'interrompt pour regarder cette femme dont la mise est originale, ou un chapeau qui est ridicule, ou un bonnet mal posé... et moi je reste là dans l'attente d'une réponse favorable... d'un mot d'espoir... d un doux regard. Au lieu de cela, on s'écrie : — Ah ! voyez donc, à l'avant-scène, comme cette grosse femme est laide avec ses cheveux en bandeau !... — Et que m'importent cette femme et ses cheveux !... Ici, ce n'est que vous que je vois, que je veux voir... et que pour vous que je suis venu. Ne m'écoutez-vous pas un peu ?... — Ah ! chut... taisez-vous !... voilà l'autre acte qui commence !...

Il faut encore me taire : cela m'ennuie beaucoup. Il y a des momens où je suis tenté de sortir et de ne plus revenir, ce qui n'est arrivé quelquefois en pareille circonstance... mais cette Adèle est si

jolie !... D'ailleurs nous verrons à la sortie du spectacle.. J'espère qu'elles se laisseront reconduire.

Le spectacle s'avance, et moi je n'avance à rien. Elle a toujours les yeux attachés sur la scène... jamais un regard pour moi. Ah ça, pourquoi diable cette femme-là avait-elle envie de me connaître ? était-ce seulement pour me faire asseoir derrière elle ?

Voici le dernier entr'acte ; si je n'en profite pas, je crois que j'en serai pour mon drame et ma promenade sur les boulevards. Je me penche vers mon inconnue et je m'empare de sa main ; si elle se fâche, tant pis.

Elle paraît fort mécontente de ce que j'ai pris sa main ; elle veut la retirer.

— Que faites-vous donc, monsieur ? — Vous le voyez, je prends votre main. — Eh ! pourquoi ? — Pourquoi !... pourquoi !... En vérité, madame, vous me traitez bien singulièrement ! et d'après vos lettres je devais espérer vous trouver moins sévère... — Comment !... est-ce que nous ne causons pas ?... est-ce que je ne vous ai pas accordé une seconde entrevue ? — Oui, mais c'est une bien légère faveur qu'une entrevue dans une salle de spectacle... où l'on est entouré de monde... et votre sœur qui a toujours l'air d'écouter ce que je vous dis... C'est cruel d'être espionné ainsi ! J'aimerais mieux dix maris qu'une sœur qui se penche pour écouter ce que je vous dis... Moi, je déteste la contrainte ; j'aime à dire tout ce que je pense, tout ce que j'éprouve ; si ce que j'ai à vous dire vous déplaît, je ne vous reverrez plus, et tout sera fini... Mais certainement je ne vous quitterai pas sans avoir eu un moment de tête-à-tête avec vous... Tenez ! voilà encore votre sœur qui se penche pour écouter ce que je vous dis... C'est cruel d'être espionné ainsi ! J'aimerais mieux dix maris qu'une sœur ; car un mari qui sait vivre n'écoute jamais ce que l'on dit à sa femme.

Adèle part d'un éclat de rire, tandis que sa sœur lui donne des coups de genou, puis lui parle à l'oreille. Est-ce pour la gronder de ce qu'elle se laissait tenir la main... hum !... je gage qu'elle est aussi méchante qu'elle est laide !

Le dernier acte commence. La jolie femme veut retirer sa main, que je tiens toujours ; moi, je ne veux pas la lâcher qu'elle ne m'ait dit quand on m'accordera une entrevue sans la sœur : on me répond :

— Eh bien !... ce soir... après le spectacle... mais chut ! on commence... taisez-vous !

Voilà donc enfin une promesse. Je lui laisse écouter tout à son aise le dernier acte. Ce soir après le spectacle, a-t-elle dit ; je n'ai plus longtemps à attendre.

La pièce finit, on se lève. Adèle remet son chapeau, donne un bras à sa sœur ; je m'empare de son autre bras et le passe sous le mien. Nous sortons au milieu de la foule. Arrivés sur le boulevard, Adèle me dit tout bas :

— Je vais faire monter ma sœur dans un fiacre ; mais comme je ne veux pas que vous entendiez où elle va, ayez la bonté d'aller m'attendre là-bas... au détour du boulevard, après le pâtissier... — Comment ! madame, vous voulez... — Allez, monsieur, ou sans cela point de tête-à-tête. — Allons, madame... je vais vous attendre... bien inutilement peut-être ; mais enfin si tout cela vous amuse, c'est tout ce qu'il faut.

Je laisse ces dames s'approcher des voitures, et je me rends à l'endroit qu'on m'a désigné, tout en me disant : Je crois qu'on se moque de moi !... je n'aurais pas dû les quitter... après tout, elle viendra si elle veut !... Il est tard... onze heures et demie passées... certainement je ne l'attendrai pas longtemps.

Bientôt le monde qui sortait du spectacle est passé, je suis encore au coin du boulevard ; mais je suis prêt à m'éloigner aussi, lorsque je vois venir à moi la dame que j'attends. Je m'accusais à tort, ma parole... voilà que j'en redeviens amoureux et que toutes mes espérances renaissent.

— Ah ! que vous êtes aimable ! lui dis-je en allant au-devant d'elle, moi qui pensais que vous ne viendriez pas !... — Je l'aurais dû peut-être. — Et pourquoi ? Vous repentiriez-vous déjà de me rendre heureux ? car je ne puis vous dire tout le plaisir que j'éprouve à être enfin seul avec vous... — Vraiment ? cela vous fait plaisir... mais ne restons pas là... — Donnez-moi votre bras... On dirait que vous tremblez... — N'est-ce pas naturel ?... seule avec quelqu'un que je ne connais pas... — Si fait, vous me connaissez, vous savez qui je suis, ce que je fais ; tandis que moi je ne sais pas aussi avancé. — Oh ! n'allons pas sur les boulevards... Il y a trop de monde encore... prenons cette rue... — Pour ne pas craindre d'être rencontrés, il me semble que nous ferions mieux de prendre une voiture qui nous promènerait tant que nous voudrions.

— Non... je ne veux pas monter dans une voiture... nous nous promènerons à pied, et quand vous serez las, vous me le direz et je vous laisserai. — Pourquoi donc refuser de prendre un fiacre ? .. en vérité, vous me témoignez bien peu de confiance. — Je sais jusqu'où doit aller celle d'une femme en pareille occasion... — Mais cependant... — N'insistez pas... c'est inutile ; c'est déjà beaucoup de vous accorder un tête-à-tête aussi tard !... — Oh !... dans la rue ! — Voilà bien les hommes ! ils ne sont jamais contents ! on n'en fait jamais assez pour eux !... ensuite ils nous délaissent, précisément parce que nous n'avons pas eu la force de leur rien refuser !... Allons, monsieur, j'espère que ceci ne va pas vous donner d'humeur, et que vous allez être aimable comme vous devez pouvoir l'être.

Que répondre à cela ?..... je sens bien qu'elle a raison. Je me contente de serrer son bras sous le mien, et comme nous sommes dans la rue de Bondi, où il ne passe personne, je m'empare d'une de ses mains, que je presse dans les miennes.

— Déjà ! dit-elle en riant. — C'est que je voudrais réparer le temps perdu ! — Il me paraît que vous tenez beaucoup à employer le vôtre... A vous voir ainsi me tenir la main, me presser le bras, on croirait que vous êtes amoureux de moi ! — Je le suis aussi. — Ah ! que vous êtes drôle ! et cet amour-vous a pris tout de suite... en me voyant ?... — Comment voulez-vous donc que l'amour prenne ? il me semble que ce n'est jamais autrement; quand une femme nous plaît, nous charme, faut-il attendre que son visage se couvre de rides pour en devenir amoureux et le lui déclarer ?... — Sans attendre si longtemps, je croyais qu'il fallait au moins se connaître, s'étudier, s'apprécier, pour... — On s'aime d'abord, on fait connaissance ensuite, et l'on s'apprécie après... Je vous assure que le véritable amour, l'amour spontané, ne marche pas autrement. Mais que votre voile est ennuyeux !... il m'empêche de voir aucun de vos traits... de grâce, relevez-le un peu... — Non, non... je suis trop honteuse... D'ailleurs vous me connaissez, vous m'avez vue... — Oh ! jamais assez !... je voudrais regarder sans cesse vos yeux si aimables, si malins... — Taisez-vous, vous me flattez. — Non ; et l'on doit vous avoir dit bien souvent que l'on vous trouvait adorable... vous avez dû recevoir bien des déclarations ?... — Moins que vous ne le croyez, je vous assure... Mais quelle heure sonne là ? c'est onze heures sans doute ? — Oui, c'est onze heures.

C'est minuit qui vient de sonner, je le sais fort bien, mais je n'ai garde de le dire à celle que je tiens sous mon bras. Elle voudrait peut-être rentrer, et moi je commence à me plaire beaucoup avec elle.

Nous nous trouvions au bout de la rue de Bondi, près du faubourg du Temple. Nous sommes au mois d'avril; mais le temps est sombre et la lune ne se montre pas. Il fait frais, presque froid : mais on ne fait pas attention à tout cela quand on tient une jolie femme sous son bras et que c'est la première fois que l'on est seul avec elle; on marcherait dans la crotte que l'on trouverait la promenade charmante; cependant, comme je ne tiens pas à barboter dans les ruisseaux avec ma belle inconnue, je fais prendre le boulevard du Temple.

— Monsieur, me dit ma dame après que nous avons fait quelques pas sur les boulevards, vous devez avoir de moi une singulière opinion, convenez-en. Une femme qui écrit à un homme qu'elle n'a jamais vu ; puis qui lui accorde une entrevue et se promène seule avec lui, lorsque les gens raisonnables vont se coucher !... Oh ! c'est vouloir donner de soi une bien mauvaise idée ! — Je vous assure, madame, que je suis loin de vous juger d'une façon défavorable. — Je suis moi-même trop ennemi des sujétions qu'impose la société pour blâmer ceux qui ne s'y soumettent pas. J'apprécie le monde ce qu'il vaut, c'est vous dire que j'ai peu d'estime pour lui ; je ne me laisse pas éblouir par de grands mots, par ces belles phrases de certains orateurs ; j'en ai tant vu dont les actions ont démenti les paroles ! Je ne crois qu'une chose, comme Rousseau : c'est qu'il faut être heureux et que chacun fait son possible pour arriver à ce but. Mais les uns placent le bonheur dans les grandeurs, les dignités, d'autres dans la fortune ! Moi, je ne le trouve qu'auprès d'une jolie femme, c'est grâce que c'est là qu'il manque le moins de parole. Enfin si quelqu'un devait blâmer votre conduite, il me semble, madame, que ce ne serait pas moi, qui dois au contraire vous en remercier. — Oui, vous devez me dire tout cela ; mais au fond de votre cœur... — Ah ! mon Dieu, qu'est-ce c'est que ces trois hommes qui viennent par ici ?... — Ce sont de ces messieurs qui passent leur soirée dans les sales estaminets, ou, pour mieux dire, les étouffoirs dont ce boulevard pullule. Ces messieurs se retirent de bien bonne heure... car on passe une partie de la nuit dans ces repaires; et il est probable qu'ils n'ont plus le sou ! — Mais, s'ils allaient s'adresser à nous pour avoir de l'argent ? — Ne craignez rien... ce ne sont pas précisément des voleurs. D'ailleurs, ceux-ci ne songent qu'à se disputer... Écoutez.

Ces trois hommes s'arrêtaient à chaque instant en gesticulant, leur conversation devenait très-animée. Nous prenons la contre-allée, et nous entendons parfaitement :

— Je te dis que Cadet Frissot m'a triché ! qu'il n'a pas fait plus de billes que moi !... et je suis plus fort que toi, je t'enfoncerais à quatre points si je voulais !... — Eh ben ! pourquoi donc que tu t'es laissé frotter, canard ! — Je te dis encore qu'on m'a triché... n'est-ce pas, Salomon ? — Oh ! j'sais pas!... Fichu tabac !... que c'est embêtant de rentrer déjà, quand les autres s'amusent !... J'ai encore soif, moi... ils m'ont changé ma pipe là-dedans... paye queuque chose, Mouton. — Pis qu'on m'a tout gagné... pus de patards ! et je crois que Rocard s'entendait avec Cadet Frissot ! — Qu'est-ce que tu dis que je m'entendais ?... — Oui, oui, je t'ai vu lui faire des signes !... — Prends garde que le ne t'en lasse sur la figure, à toi !... — Oh ! ne fais pas tant le casseur ! c'est bon pour faire peur aux mouches?... mais j'en ruelerais six comme toi, filou ! — Filou ! t'as osé dire filou ..., tu veux donc que je t'égruge ? — Allons; pas tant de propos, les amis ! si vous avez envie de vous battre, battez-vous... la place est bonne, et

je vas juger les coups. — Salomon a raison; battons-nous... Tu vas la danser, Mouton. — C'est toi, Rocard, qui vas prendre un bain de poussière !

Aussitôt ces deux messieurs ôtent, l'un sa veste, l'autre sa redingote, sous laquelle ils n'ont que leur chemise ; ils jettent de côté casquette et bonnet grec, puis se précipitent l'un sur l'autre en jurant et vociférant comme des cannibales, tandis que le troisième s'adosse contre un arbre et les regarde tranquillement se battre tout en fumant sa pipe.

Nous n'avons pas envie de rester pour être juges de ce nouveau tournoi. Ma compagne m'entraîne en courant ; nous ne nous arrêtons que lorsque les cris de fureur des combattants ne viennent plus frapper nos oreilles.

— Ah ! mon Dieu ! les vilains hommes ! dit ma dame, lorsque nous reprenons notre pas ordinaire. Quand ces gens-là à quoi pensez-vous donc ! — Je pense... que celui qui les regardait faire se nommait Salomon... et il me semble que ce nom ne m'est pas inconnu !... — J'espère bien que vous ne connaissez aucun de ces hommes-là ?... — Oh ! non sans doute... C'est affreux de laisser des hommes se battre comme cela !... leur ami aurait dû les séparer ! — C'eût, je crois, été fort difficile ; rappelez-vous le Médecin malgré lui, de Molière : Je veux que mon mari me batte. Il se passe de singulières choses dans Paris ! il y a des vagabonds qui n'ont pas de gîte et couchent où ils se trouvent. Quand ces gens-là se battent, se détruisent entre eux, c'est un service qu'ils rendent à la société dont ils sont l'écume, il faut bien se garder de les retenir. Mais laissons là ces hommes... nous pouvons nous entretenir de choses plus aimables... — Ah ! je vous avoue que cette scène m'a fait mal !... — En effet, vous tremblez... vous êtes bien émue... — Ce n'est pas une raison pour me prendre la taille ainsi !... — C'est que je voudrais vous rassurer... vous calmer... — Vraiment! c'est pour me calmer que vous me tenez comme cela : c'est une bien mauvaise manière... et si l'on vous voyait... — Qui voulez-vous qui nous voie ?... Il fait sombre,.. les réverbères ne sont là que pour la forme !... — Finissez... donnez-moi le bras... je ne me fâche... — Que vous êtes cruelle !... vous me refusez tout !... — Il me semble que non... et cette promenade... à cette heure... mais, je l'avoue, j'avais bien longtemps que je désirais avoir avec vous un entretien sans témoins... pour vous dire... tout ce que je pense... pour vous entendre... me faire la cour... car... tenez , je suis franche, j'étais certaine que vous me la feriez... je vous parais bien avantageuse en disant cela ; mais on m'a prévenue que vous faisiez la cour à toutes les femmes qui étaient un peu passables... — Ah ! on vous avait dit cela ?... et qui donc ? — Qu'importe! je le savais enfin. — Je suis comme Figaro, madame, je vaux mieux que ma réputation. Puisque vous étiez si sûre de votre fait, je trouve donc pas mauvais que je vous aide que je vous adore, que mon plus grand désir est de faire avec vous plus ample connaissance... mais me forcer à vous dire tout cela à la belle étoile!... avoir refusé de monter avec moi dans une voiture... c'est très-ridicule. — Ah! ah! vous pensez encore à cela !... — Je le crois bien ! j'y pense plus que jamais !... Encore si nous étions dans la campagne, nous pourrions nous reposer un peu sur le gazon. Est-ce que vous ne trouvez pas que c'est fatigant de toujours marcher? — Je ne m'en suis pas encore aperçue... Savez-vous que votre remarque n'est pas fort aimable ! Vous êtes déjà las de vous promener avec moi, eh bien ! allez vous coucher, monsieur, je ne suis pas paresseuse, je rentrerai bien seule. — Que me dites-vous là !... que je vous laisse; je ne suis nullement fatigué... seulement j'aurais voulu m'asseoir, parce qu'il me semble qu'on est mieux pour causer. — Moi, j'aime autant parler en marchant. — Ah ! voilà un banc de pierre, venez vous reposer un peu ; je vous assure que vous êtes lasse. — Pas du tout! mais si cela vous fait tant de plaisir, asseyons-nous sur le banc de pierre ; à l'heure qu'il est nous ne devons rien craindre qu'on se moque de nous.

Je conduis mon inconnue sur un de ces bancs que l'on trouve dans les contre-allées du boulevard Saint-Antoine, car nous étions arrivés là. Cet endroit est dans la soirée le rendez-vous des bonnes d'enfants, des soldats, des commissionnaires, et quelquefois de plus ! Singulier boudoir pour faire l'amour... mais on prend ce qu'on trouve ; je tenais beaucoup à être assis ; j'espérais que cela avancerait mes affaires, et d'ailleurs, quand on a la tête montée, un banc de pierre vaut un sofa.

Nous sommes assis sur le banc et très-près l'un de l'autre ; je tiens les mains de mon inconnue, et, tout en lui parlant, je les presse, je les baise tendrement. Je voudrais bien embrasser mieux que ses mains; mais toutes les fois que j'approche ma figure de son maudit voile, que je cherche à le soulever, elle tourne lestement la tête et je m'embrasse que son chapeau. Oh! que les femmes savent bien prolonger cette petite guerre, et nous laisser l'espérance tout en nous refusant une faveur !

Il y a déjà longtemps que nous sommes sur le banc ; quoique je n'y remporte que de légères victoires, j'aime beaucoup mieux y être que de marcher. Je m'aperçois que ma jolie compagne est très-émue : on perd de ses forces dans les luttes les plus douces. Tout en cherchant à l'embrasser, à la presser dans mes bras, je lui renouvelle l'assurance de l'aimer toujours. Elle me repousse plus faiblement en murmurant :

— Laissez-moi... vous mentez... vous en dites autant à toutes les femmes... Levons-nous, je vous en prie...

Loin de la laisser quitter le banc, je l'enlace dans mes bras, je la presse contre mon cœur, je crois qu'elle va perdre la force de se lever... lorsque nous entendons crier à nos oreilles :

— Qui vive ?

Cette dame et moi, nous faisons un saut sur le banc, et, en nous retournant, nous voyons derrière nous une patrouille de garde nationale. Nous sommes presque cernés, et nous ne les avions pas entendus approcher. Ce que c'est que la préoccupation !

— Comment ! qui vive ?... dis-je en me retournant; mais il me semble, messieurs, que nous ne sommes pas près d'une sentinelle. — Sans doute; mais que faites-vous là ? — Ah ! caporal, voilà une question que je pardonnerais à un Suisse, mais la milice citoyenne me demander cela !... Vous voyez bien que nous ne sommes pas des voleurs. Madame et moi n'avons aucune mauvaise intention : je vous réponds que nous n'emporterons ni les arbres, ni le banc; nous nous reposons, voilà tout. — Oui, mais il est bien tard... prenez garde aux mauvaises rencontres ! — Nous sommes très-courageux, caporal, et on nous a ordonné de nous promener à la fraîche.

Le caporal et les voltigeurs s'éloignent en riant entre eux de la peur qu'ils nous ont faite. Pendant que je les regarde s'éloigner, ma dame s'est levée; elle a quitté le banc. Je cours après elle.

— Eh bien ! que faites-vous donc ? — Je m'en vais... je ne reste plus là... j'ai eu trop peur ! — Mais ils sont partis; ils ne reviendront plus. Pourquoi quitter ce banc où l'on est si bien ? — Non, non, je ne me rassieds plus; je crois d'ailleurs que c'est beaucoup plus convenable... Venez, promenons-nous... — Maudite patrouille ! Dans ce Paris, même après minuit, on ne peut pas être tranquille ! — Allons, monsieur, donnez-moi votre bras... Est-ce que vous ne sauriez pas être aussi aimable en marchant qu'assis ? Ah ! ah ! vous voilà fâché ! mais cela se dissipera.

Il est vrai que j'ai de l'humeur. Notre conversation devenait si intéressante, si animée ! Enfin, consolons-nous... plus tard elle pourra tenir à se rasseoir... Nous retrouverons bien un siége aussi doux.

— Eh bien ! monsieur, vous ne me dites plus rien ? — Madame... c'est que je pense... — Ayez alors la complaisance de penser tout haut... Vous voyez que je vous permets de me dire tout ce qui vous viendra à l'esprit. — Et au cœur ? — Oh ! je crois que votre cœur est rarement pour quelque chose dans ce que vous dites. — Madame, vous me jugez bien peu favorablement. — Mais pas du tout, je trouve cela fort naturel, au contraire. Ayant si souvent des occasions de vous amuser, vous ne cherchez que le plaisir et non un sentiment durable : vous avez raison, c'est le moyen d'être heureux; et, à votre place, je pense que j'agirais de même. — Je vous assure que vous vous trompez, et que je suis très-sentimental... sans que cela paraisse. Mais... savez-vous ce que je pense de vous en ce moment ? — Dites-le moi, je vous en prie; je suis préparée à tout. — Je pense que vous êtes cent fois plus aimable en tête-à-tête que devant votre sœur. Au passage Vendôme, et même ce soir au spectacle, à peine si vous me répondiez; je ne pouvais obtenir de vous une phrase entière. Je vous avoue que je me disais : Quelle différence de ses lettres à sa conversation ! elle écrit si bien et elle parle... — Si mal ? — Non, mais comme une personne qui ne sent rien; comme ces femmes qui ne savent parler que chiffons, toilette et cuisine... Il y en a beaucoup comme cela. Mais depuis que nous ne sommes que nous deux, ah ! je vous retrouve telle que je vous espérais, telle que vos lettres vous peignaient à moi... c'est-à-dire charmante, spirituelle... un peu capricieuse, peut-être, mais toujours adorable ! — Et moi, je savais bien devrai tel que vous êtes; vos ouvrages ne m'avaient pas trompée... mais que cherchez-vous donc?... Je regardais... c'est singulier, il n'y a donc pas un banc dans cette rue ?... — Quand il y en aurait, je vous jure que je ne m'assiérai pas. Vous dites que ma conversation vous plaît, et cela ne vous satisfait pas de causer avec moi ? — Si fait ! mais dites-moi du moins que nous nous retrouverons souvent; que je vous reverrai... et sans votre sœur... — Ma pauvre sœur ! vous ne l'aimez guère !... — Oh ! je la déteste. — Qu'a-t-elle donc fait pour cela ?

— Elle m'empêchait d'être seul avec vous. Ensuite, vous conviendrez que vous êtes bien assez jolie, et que vous n'avez pas besoin d'avoir à côté de vous une figure qui fasse une telle opposition. — Vous trouvez donc ma sœur... — Oh ! je la trouve épouvantable ! c'est le beau idéal du laid !— Cette pauvre Clara ! Savez-vous qu'elle est bien malheureuse d'être si laide !... Il est certain que si celle-là trouve jamais un homme qui l'aime ! tandis que vous !... avoir tant d'esprit et être si jolie... eh bien ! vous ne voulez plus que je tienne votre main ?... — A quoi bon ? — Comment ! à quoi bon ? seriez-vous aussi insensible que vous êtes aimable ? — Oh ! non ! je ne suis pas insensible, malheureusement !...

Puisqu'elle convient qu'elle n'est pas insensible, je veux la serrer dans mes bras; elle se défend, recule... puis pousse un cri... nous nous trouvons nez à nez avec un chiffonnier, qui, pour nous regarder, lève en même temps sa lanterne et son croc.

Ma dame reste saisie; je ne puis m'empêcher de rire en apercevant cet ignoble industriel, dont le costume est encore plus dégoûtant que celui du fameux Robert Macaire.

Le chiffonnier murmure entre ses dents :

— Est-ce que la rue n'est pas assez grande... vous ne pouvez pas me laisser travailler tranquillement, sans vous jeter sur moi... comme des croque-morts ?

Ma compagne est déjà bien loin; elle n'a pas voulu lier conversation avec l'homme au croc; je laisse celui-ci murmurer et je vais rejoindre ma dame.

— Eh ! mon Dieu ! comme vous courez !... — Cet homme m'a fait peur... je me suis trouvé tout à coup presque sur lui !... — Si vous m'aviez laissé faire, vous n'auriez pas couru le risque d'embrasser cet homme de nuit. Mais vous êtes si méchant !...— C'est vous qui n'êtes pas sage. Voudriez-vous me faire repentir de vous avoir accordé ce tête-à-tête ?... — Il me semble qu'en désirant faire ma connaissance, vous ne deviez pas supposer que je me bornerais à vous regarder ?... Les femmes se plaignent de notre peu de sagesse, mais je crois qu'elles seraient bien fâchées si nous en avions longtemps ! — Vous avez mauvaise opinion des femmes. — Est-ce avoir mauvaise opinion d'elles que de présumer qu'elles n'aiment point les sots? — On est donc sot quand on est sage? — A peu près; à moins qu'on ne soit sage comme Salomon et David, qui certes ne chômaient ni de femmes ni de maîtresses, ce qui ne les empêchait pas d'être les bien-aimés du Seigneur ! — Il est certain que dans ce temps-là on ne faisait point un crime de la polygamie... Où sommes-nous donc, monsieur ? — Ma foi, madame, je n'en sais rien... vous avez été si vite... Nous avons pris la première rue venue... mais vous frissonnez : est-ce de peur ? — Non ; c'est tout bonnement de froid, l'air est devenu très-vif... Voudriez-vous d'abord nous asseoir pour que je vous réchauffe.— Je ne veux pas l'être de cette façon; marchons un peu plus vite, voulez-vous ? — Tout ce que vous voudrez; nous pourrions même danser le galop, si cela vous était agréable : cela échauffe tout de suite. — Merci, je ne danse pas le galop, et puis je craindrais de me jeter encore dans un chiffonnier. — Eh bien ! madame, puisque vous ne voulez pas danser, permettez-moi de vous adresser quelques questions. — Parlez, monsieur. — Êtes-vous demoiselle, femme ou veuve? Où demeurez-vous? Quelle est votre position dans le monde? Il me semble que vous pouvez me répondre sans craindre que j'abuse de votre confiance; mais en ne me disant absolument rien, c'est aussi m'en témoigner trop peu. — Je croyais que vous aimiez les liaisons mystérieuses. — Oui, mystérieuses pour le monde, cachées aux regards indiscrets; mais, entre soi, on peut... on doit même se dire qui l'on est, car il faut d'abord apprendre à la personne qui nous aime qu'elle peut aller avec nous sans rougir. Ce que je dis là, madame, ne saurait vous offenser; je suis même certain que vous trouvez que j'ai raison : et si vous continuez à vous entourer de mystère, c'est seulement pour vous amuser en cherchant à piquer davantage ma curiosité.

— Oui, monsieur, vous avez raison, on doit se faire connaître aux personnes qui nous aiment; et quand je serai bien certaine que vous m'aimez, je satisferai votre curiosité; mais, jusque-là, je ne vous en dirai pas plus : si vous craignez de vous compromettre en sortant avec moi, vous êtes le maître de m'y plus aller.

— Mon Dieu ! vous ne pouvez croire cela, ou alors je me suis bien mal expliqué !... Enfin, madame, que faut-il faire pour que vous soyez persuadée qu'on vous aime? — Oh !... je suis très-difficile à persuader... Mais écoutez... n'entendez-vous pas des plaintes... des cris?...

Je prête l'oreille et j'entends en effet comme des gémissements; il me semble même que c'est assez près de nous.

Mon inconnue me serre fortement le bras en me disant :

— Ah ! mon Dieu ! j'ai très-peur cette fois... c'est sans doute quelqu'un qu'on attaque... — On crierait au secours, à la garde, si c'était cela !... Mais ne voyez-vous pas là-bas... au milieu de la rue... quelque chose de blanc? — Oui... — Avançons un peu. — Si c'étaient des voleurs... — Si c'est une personne qui a besoin de secours... Eh bien ! avançons, mais avec précaution, je vous en prie !

Nous faisons quelques pas, cette dame et moi; vers ce que nous apercevons de blanc. Ma compagne se serre contre moi ! je tends le cou, j'avance la tête... notre marche doit avoir quelque chose de comique : cependant nous n'avons pas envie de rire.

Nous approchons ; je commence à distinguer les objets; une femme est à genoux au milieu de la rue, elle est penchée vers une autre femme qui est étendue sur le pavé et ne bouge pas.

— Ce sont deux femmes, me dit mon inconnue, avançons... — Oui, ce sont deux femmes; mais ce n'est pas une raison pour être sans défiance... Voyons pourtant.

Celle qui était à genoux devant l'autre ne tarde pas à recommencer ses lamentations.

— Ah ! mon Dieu !... que je suis malheureuse !... et dire qu'il ne viendra personne de charitable pour m'aider à porter cette pauvre chère amie chez nous !... Ah ! v'là quequ'un... Ah ! monsieur, je vous en prie, aidez-moi un peu à reporter chez nous... là en face, mon amie qui vient de perdre ses sens !...

C'est à moi que l'on s'adressait. Nous étions arrivés tout près des deux femmes; je les regardais attentivement, et l'examen n'était pas à leur avantage. La mise, le ton, la voix, tout était fort suspect. Je regardais tour à tour la femme éplorée à terre et une petite allée bien noire qui était en face, tandis que ma compagne me disait à l'oreille :

— Aidez-la donc à transporter cette pauvre femme !... — Mais, dis-je à celle qui se lamentait, pourquoi votre amie est-elle étendue ainsi au milieu de la rue ?... que lui est-il donc arrivé? — Ah! mon cher monsieur! c'est qu'elle a perdu ses sens!... que ça lui a pris comme un tonnerre... c'est des attaques... des nerfs : ça lui prend ben souvent! alors elle tourne des yeux comme une possédée! et v'là pus d'une heure qu'elle est comme ça! mais v'là not' demeure, nous restons au troisième... ce sera bientôt fait... vot' épouse nous attendra dans l'allée... Dieu! ma bonne chère amie! que ça me fend le cœur de te voir ainsi sur le pavé!...

Tout cela était débité d'une voix enrouée, avec force accompagnement de gestes et de lamentations.

Je restais indécis; ma dame semblait surprise de mon peu d'humanité, et j'allais peut-être me décider à relever la malade, lorsqu'on ouvre une fenêtre au second étage d'une maison en face; un homme en bonnet de coton y paraît, et se met à crier :

— N'écoutez pas ces filles, monsieur, ce sont deux margots qui jouent toutes les nuits la même comédie pour attirer les hommes chez elles, et peut-être les voler, aidées par leurs amants. Mais demain je préviendrai le commissaire du quartier afin qu'on mette ordre à cela.

Le voisin n'avait pas fini, que la prétendue malade s'était relevée et criait avec sa camarade :

— Ah, vieux chien!... ah, vieux gredin!... tu veux nous empêcher de gagner notre vie!... Ah! comme nous nous en fichons de toi et de ton commissaire! Tiens! v'là pour ta cascade! Va donc te plaindre, vieux sans-culotte!...

En même temps, ces demoiselles ramassaient des pierres, des ordures, tout ce qui se trouvait sous leurs mains, et lançaient cela au voisin qui avait refermé sa fenêtre, mais dont elles cassaient les carreaux.

J'ai entraîné ma dame, nous nous hâtons de nous éloigner, car les vociférations de ces demoiselles devenaient d'une énergie à faire rougir un dragon.

— Eh bien! dis-je à mon inconnue lorsque nous sommes loin du lieu de cette scène, comprenez-vous pourquoi j'hésitais à secourir cette femme?... C'est que je me doutais que tout cela n'était qu'une scène jouée par elles pour faire des dupes. Dans Paris, il faut presque toujours être sur ses gardes, et, au milieu de la nuit, il n'est jamais sage de s'aventurer dans l'allée d'une maison qu'on ne connaît pas.

— Oh! je vois bien que vous aviez raison; quel malheur si vous étiez entré là!... on vous aurait tué peut-être!... — Je ne pense pas que cela eût été jusque-là; cependant on a vu de pareils guet-apens. — Et comment la police, qui sait tout, n'empêche-t-elle pas qu'il existe de ces repaires du crime? — Dans une ville comme Paris il y aura toujours des vices, des coupables, des mauvais sujets; pendant que l'on punit les uns il s'en forme d'autres : c'est à ne jamais finir. — Cette aventure m'a fait mal... quand je pense que s'il vous fût arrivé malheur j'en aurais été la cause!... — Vous?! pourquoi? — Sans cette idée de me promener la nuit, vous dormiriez à présent, en convenez que vous aimeriez mieux être maintenant dans votre lit que dans la rue? — Oh, non!... je vous jure que j'aime mieux être avec vous... par exemple. Je préférerais que nous fussions dans mon lit. — Ah! monsieur!... peut-on dire des choses comme cela!... — Pourquoi pas... quand on les pense? — Si on disait toujours tout ce qu'on pense, on entendrait dans le monde de singuliers propos!... Mais je songe encore à vos vilaines femmes!... ayez donc de l'humanité! de la sensibilité! on en serait bien récompensé! — Dans Paris, il y a beaucoup de danger à être sensible!... Mais vous frissonnez encore... Tenez, voilà un banc de pierre contre cette maison; de grâce, reposez-vous un moment : et, si vous l'exigez, eh bien! je ne m'assiérai pas. — Quand on me témoigne tant de complaisance, je ne puis rien refuser. Asseyons-nous un peu; je le veux bien; j'avoue que je commence à être lasse. Mais promettez-moi de ne pas me tourmenter. — Je vous le promets.

Nous nous asseyons sur un banc de pierre étroit et court qui est contre la porte d'une maison bien noire. Comme notre siége a peu de longueur, il faut bien que cette dame et moi nous soyons tout près l'un de l'autre; mais j'ai promis d'être sage, je le serai; il ne faut pas toujours manquer à ses engagements.

Je me contente de tenir une main que l'on m'abandonne et qui même répond aux tendres pressions de la mienne; je crois m'apercevoir que mon inconnue soupire; c'est bon signe; elle est devenue rêveuse, je la laisse penser, je garde aussi le silence; quelquefois il nous sert mieux que d'éloquents discours.

— Quelle heure est-il? me dit-elle enfin? — Ma foi... je ne sais si je pourrai vous le dire... on y voit si peu!...

Cependant je tire ma montre, mais il m'est impossible de distinguer les aiguilles, et nous sommes loin d'un réverbère.

— Je ne vois pas l'heure... et vous, madame?... — Ni moi. — Je le crois bien, vous ne relevez pas votre voile même pour regarder ma montre... Vous avez donc résolu de me priver du plaisir de voir votre figure? — Oui... vous la connaissez d'ailleurs... — Mais je ne la vois jamais assez à mon gré... — Je vous l'ai dit... je suis si honteuse de la situation dans laquelle je me trouve avec vous... Honteuse! quelle folie!... — La nuit doit être avancée... bientôt il fera jour... comme le temps passe vite!... — Savez-vous que vous me dites là quelque

chose de fort aimable; vous ne vous êtes donc pas ennuyée avec moi? — Oh! vous le savez bien, et je vois approcher avec chagrin le moment de nous quitter... — Et qui vous forcera à me quitter quand viendra le jour?...

Elle ne répond rien, elle soupire. Je presse doucement sa main, j'approche ma tête de la sienne... Je voudrais lui voler sa respiration... cette situation a un charme que je ne puis exprimer! Elle se prolongeait depuis assez longtemps... nous en sommes tirés par le bruit d'une croisée que l'on ouvre, et, presque au même instant, il tombe devant nous quelque chose dont nous recevons les éclaboussures.

Je me lève furieux, car j'ai deviné ce qu'on vient de jeter par la fenêtre et qui a failli tomber sur nous; je regarde en l'air. en criant
— Que la peste vous étouffe!... ne pourriez-vous crier gare!... c'est épouvantable!... c'est indigne!... je vous ferai mettre à l'a mende!...

On se contente de fermer la fenêtre en chantant :

> En avant, marchons,
> Contre leurs canons,
> Courons à la victoire!...

Ma dame a quitté le banc de pierre, elle essuie son châle; moi j'essuie mon habit, puis je pars d'un éclat de rire : c'est ce qu'on peut faire de mieux en pareille circonstance.

— Décidément, il n'y a pas moyen de faire l'amour la nuit dans les rues de Paris, dis-je en offrant mon bras à cette dame. — Ce qu'il y a de certain, c'est que je ne m'arrêterai plus contre les maisons! — J'ai bien du malheur : toutes les fois que nous nous asseyons, il nous arrive des catastrophes. — C'est comme un avertissement du ciel. — Il emploie là de singulières voies pour nous avertir. — Mais où sommes-nous donc, monsieur? — En vérité, madame, je n'en sais rien. Nous avons pris tant de rues... je crois pourtant que nous sommes du côté de l'Hôtel-de-Ville; est-ce votre quartier?... Ah! madame ne vous répondre?... — C'est que... je ne puis pas. — Eh quoi! lorsque tout à l'heure vous étiez si aimable, vous me laissiez entrevoir que mes sentiments ne vous déplaisaient pas... que vous seriez fâchée de me quitter, et maintenant vous refusez de me dire où vous demeurez!... Adèle!... charmante Adèle!... n'obtiendrai-je rien de vous!... — Ah!... ouf!... pardon, mon ami, je ne voyais pas le coin de la rue!

Ces mots me sont adressés par un individu en veste et en casquette, qui, au détour d'une rue, vient de se jeter sur moi. Je le repousse, mais pas assez vite pour n'être point infecté par son odeur de vin, d'ail et d'eau-de-vie; je m'aperçois que l'homme qui est presque tombé sur moi est gris au point de pouvoir à peine se tenir sur ses jambes. Je continue de marcher avec ma dame, mais le maudit ivrogne se pend à mon bras en s'écriant :

— Si je vous ai fait mal... je vous en demande excuse... parce que... je sais vivre... je connais l'honnêteté... je n'ai pas voulu vous insulter... je ne vous voyais pas... Après ça, si vous trouvez que je vous ai manqué... dites-le, me voilà!... je suis bon pour vous répondre!... — En non! vous ne m'avez pas fait mal... passez votre chemin... et cessez de me retenir. — Tiens!... c'te voix!... est-ce que c'est toi, Jaculard... tiens! d'où donc que tu viens... t'es avec une femelle, je crois?... — Eh morbleu! je ne suis pas Jaculard, vous vous trompez; allons, quittez-moi le bras et passez votre chemin, vieil ivrogne! — Qu'est-ce que c'est?... comment que vous avez dit?... ivrogne! Si vous n'êtes pas Jaculard, apprenez que je ne suis pas un ivrogne. Je me suis un peu attardé... c'est vrai... c'est la faute du père Chenet... Dites donc, connaissez-vous le père Chenet, l'inventeur des soufflets sans vent?— Finissons! ou je perdrai patience! — Eh ben!... c'est-ce que çà me fait?... Écoutez donc!... je vous parle... vous devez me répondre... Vous êtes un homme... j'en suis un autre... vive la C... arte!

Je n'y tiens plus, je repousse mon ivrogne et vais m'éloigner, mais il revient à la charge; cette fois je le reçois si bien que je l'envoie rouler dans le ruisseau.

Pendant qu'il crie, jure et cherche à se relever, j'entraîne ma dame, nous doublons le pas, et bientôt nous ne craignons plus d'être rejoints par cet homme qui m'a forcé de lui donner un coup de poing.

— Mon Dieu! que d'aventures! dit mon inconnue; moi qui croyais qu'on devait être si tranquille en se promenant la nuit!... — Ceci n'est rien, je regrette qu'il ne nous arrive bien d'autres choses!... — Me voilà guérie de l'idée de faire une promenade après minuit, et pourtant je n'oublierai jamais celle-ci!... — Vous dites cela comme si nous ne devions plus nous promener ensemble... ce n'est pas là votre idée, j'espère?... — Ah! je ne sais... Peut-on prévoir les événements?... Peut-on savoir ce que l'on fera?... et vous-même, dans quelques jours, vous serez occupé d'une autre femme, et en amour le dernier sentiment est toujours le plus fort... c'est vous-même qui avez dit cela dans un de vos romans. — Il ne faut pas croire que je pense tout ce que j'écris; je fais parler mes personnages d'après leurs caractères, leur état, leurs passions, mais je ne me mets pas à leur place. — Oh! c'est égal! l'auteur perce toujours... Ah! mon Dieu!... qu'est-ce que j'aperçois là-bas... à gauche... près d'une maison?... ce sont des hommes, je crois... — En effet... Oui... il y a plusieurs hommes arrêtés là-bas... — Que peuvent-ils faire si tard?... Qu'aitendent-ils là ?... Si c'étaient des voleurs.., — Ma foi!... ce ne serait pas impossible... — Oh! mon Dieu!... sauvons nous vite... rebroussons chemin... je ne veux point passer près de ces hommes-là... — Ce ne serait peut-être pas prudent.., mais éloignons-nous doucement et sans faire de bruit... cela vaudra mieux que de courir... Ils ne nous ont pas aperçus: venez..., — Oh! mon Dieu!.., mon Dieu! que je suis punie de ma folle conduite!

Ma compagne se serre tellement contre moi, qu'elle me gêne pour marcher; elle frissonne, ses dents claquent et ses genoux faiblissent; je m'efforce de la rassurer, mais nous n'avons pas fait trente pas que nous entendons marcher derrière nous.

— Voilà les voleurs qui nous poursuivent, me dit ma dame; ah! c'en est fait... nous sommes perdus!...

— Allons un peu plus vite alors...

— Mais c'est que je ne peux pas, monsieur... Ah! mon Dieu! mes jambes se dérobent sous moi... je n'ai plus de force...

— Un peu de courage... appuyez-vous sur moi...

— O ciel, ayez pitié de nous!

En ce moment le bruit d'une voiture se fait entendre; il approche... elle n'est plus loin de nous. Je tire, ou plutôt j'emporte ma compagne, en lui disant:

— Voilà un fiacre... entendez-vous: venez... venez...

Le fiacre passait dans une rue transversale; je crie, j'appelle; le cocher s'arrête, j'entraîne ma dame, nous arrivons à la voiture; et cette fois elle ne fait aucune difficulté pour y monter.

— Où allons-nous, not' maître? me dit le cocher: Je lui mets cent sous dans la main, en lui disant: — Ma foi,... va toujours... nous ne sommes pas encore décidés... nous te le dirons plus tard.

Le cocher n'en demande pas davantage. Il referme sur moi la portière, et me voilà assis à côté de ma charmante inconnue, dans une bonne citadine dont toutes les glaces sont levées, les stores baissés, et où il fait noir comme dans un four. Après avoir passé au moins quatre heures de la nuit dans les rues de Paris, on doit penser avec quel plaisir je me trouve dans la citadine.

Ma voisine est encore toute tremblante de la frayeur qu'elle vient d'éprouver. Je tâche de la rassurer, de la réchauffer; et pour cela je me rapproche d'elle: on me repousse, mais faiblement, je crois que l'obscurité de la citadine rendra ma belle moins sévère. J'enlève lestement ce maudit chapeau qui lui servait de rempart contre mes entreprises; cette fois on me laisse faire. Je deviens téméraire, audacieux,... on me résiste, mais si mal... que bientôt je n'ai plus qu'à rendre grâce aux voleurs qui sont cause que nous avons pris une voiture.

Il y a bien trois quart d'heure que nous roulons; durant cet espace de temps nous avons fort peu parlé; ce qui n'empêche pas que nous ne nous soyons très-bien entendus. Tout à coup la femme charmante que je tiens dans mes bras me repousse en s'écriant avec effroi:

— Oh! mon Dieu! voilà le jour!...

Un faible rayon de lumière commençait en effet à percer à travers les stores. Ma campagne se hâte de remettre son chapeau.

— Eh bien! dis-je, que nous importe le jour? — Il faut nous quitter... sur-le-champ, il le faut... — Quoi! déjà!... quand je suis si heureux avec vous... Adèle, êtes-vous donc fâchée de partager mon bonheur?... — Non... non... mais il faut que je rentre chez moi à l'instant... Arthur, si vous m'aimez, vous allez descendre de voiture et me laisser dans le fiacre qui me ramènera à ma demeure... vous ne le suivrez pas... vous me le promettez?... — Oui! toujours ce mystère!... Maintenant que vous avez cédé à mon amour, voulez-vous encore être une inconnue pour moi?... — Vous me connaîtrez plus tard, je vous le jure; mais à présent si vous refusez de faire ce que je vous demande, vous ne me reverrez jamais!... — Jamais!... allons, je vais vous obéir... je vous dois trop de bonheur pour ne point vous en témoigner ma reconnaissance en cédant à vos moindres désirs... je vais vous quitter... mais je vous reverrai bientôt?... — Oui... bientôt... je vous écrirai... — Songez que je ne puis pas vous écrire, moi, puisque j'ignore... — Soyez tranquille, vous aurez de mes nouvelles... Adieu... — Encore un baiser avant de nous quitter... — Non... non... Oh! c'est bien assez... je vous en prie, ne tardez plus.

Elle m'a trop accordé pour que je la contrarie en rien. Je tire le cordon, le cocher arrête, et vient ouvrir la portière; il commence à faire petit jour. Ma dame a rebaissé son voile; elle baisse la tête, et ne me dit adieu qu'en me serrant la main.

Je descends de la citadine qui s'éloigne bientôt, et me voilà de nouveau dans la rue.

Comme je n'ai plus envie de me promener, je cherche à m'orienter, à me reconnaître... je marche un peu... Ah!... je me retrouve enfin!... je suis dans le quartier Saint-Honoré... dans la rue des *Mauvaises-Paroles*... des mauvaises paroles... cette circonstance me fait sourire... Si ma charmante conquête ne tenait pas celle qu'elle m'a donnée... Oh! pourquoi?... quand une femme n'a plus rien à nous refuser elle ne refuse plus de nous voir. Voilà donc une aventure qui s'est terminée comme les autres... je suis presque fâché... c'est-à-dire je n'en suis pas fâché, mais... mais je voudrais bien maintenant savoir quelle est cette dame... il est temps de faire réflexion!...

Et tout en me disant cela je rentre chez moi, j'y arrive au jour, et je me couche au moment où beaucoup d'autres se lèvent.

CHAPITRE XIII. — Madame d'Asvéda.

Quand on a dormi par-dessus quelque événement, quelque bonheur inattendu, en s'éveillant on se figure encore être le jouet d'un songe. Lorsque c'est d'une peine nouvelle que nous sommes affligés, notre mémoire nous rappelle bien vite que ce n'est point un rêve; mais elle est plus lente à se rendre à l'évidence d'une circonstance heureuse: nous sommes méfiants pour le bonheur.

En me réveillant, après la nuit singulière que j'ai passée dans les rues de Paris, j'en étais aussi à douter si cela était bien réel, non que l'aventure fût pour moi un grand bonheur et me promît un bien heureux avenir... qui sait même si je n'éprouverai pas des regrets cuisants de ma bonne fortune?... mais elle a eu lieu d'une façon si bizarre, si nouvelle, qu'il n'est pas étonnant qu'elle m'occupe plus qu'une autre.

Maintenant il me faut attendre qu'il plaise à Adèle de m'écrire, de me donner un autre rendez-vous; et si cela ne lui plaisait plus... si elle n'avait voulu que satisfaire un caprice... et que je n'entendisse plus parler d'elle... il y aurait là-dedans quelque chose de mortifiant pour mon amour-propre. J'ai peut-être été un peu trop obéissant, j'aurais dû suivre ce fiacre sans qu'elle s'en doutât: cela m'eût été bien facile, et je saurais à présent où elle demeure et probablement son nom et sa position dans le monde. J'ai agi comme un preux chevalier du vieux temps; j'ai tenu religieusement mes promesses; c'est fort beau sans doute, mais nous sommes bien loin de l'époque des paladins, des troubadours et des damoiselles, et en agissant maintenant comme eux avec les dames on risque beaucoup de se faire moquer de soi.

Attendons! c'est tout ce que je puis me dire; c'est ce que je fais en m'occupant le plus possible de littérature et de théâtre. Mais on travaille mal lorsqu'on est fortement préoccupé, l'image d'Adèle me poursuit sans cesse. Depuis qu'elle a couronné mes désirs, il me semble que j'en suis cent fois plus amoureux... Bien loin d'être satisfait, de me trouver heureux d'avoir obtenu les faveurs d'une femme si jolie, mon cœur est plus brûlant, plus agité à son souvenir... Il est vrai que tout dans cette aventure a été si singulier... ce fiacre... cette obscurité... Est-ce donc être entièrement heureux que de ne pouvoir lire aussi l'amour et le plaisir dans les yeux de celle qu'on aime?... Oh! non! je n'ai pas encore tout obtenu d'elle, puisqu'elle me cachait son charmant visage!... Qu'il me tarde de la voir... de la contempler tout à mon aise! j'espère bien que notre premier rendez-vous n'aura pas lieu la nuit, ou alors nous aurons de la lumière.

Deux jours se passent. Je n'ai pas reçu de ses nouvelles. Qu'elle ne puisse encore m'indiquer un rendez-vous, je le conçois; il est possible qu'elle ne soit pas toujours maîtresse de ses actions; mais ne pas m'écrire... un mot, un petit billet, après la nuit que nous avons passée ensemble, après les trois quarts d'heure dans la citadine!... oh! c'est fort mal... je n'y conçois rien!... ou plutôt je crains d'avoir trop bien deviné!... C'était un caprice, une idée de jolie femme!... ces dames... les dames du grand monde surtout, aiment à contenter leur envie. Une petite bourgeoise se ferait un scrupule de céder à de telles fantaisies; mais dans la belle société on raisonne différemment: on se donne un meuble, un bijou, une chose qui plaît, pourquoi ne se donnerait-on pas aussi un tête-à-tête avec un artiste dont les productions nous plaisent? on se déguisera, on s'environnera de mystère, on laissera prendre à tout cela... les gens d'esprit se laissent si facilement attraper! et la curiosité une fois satisfaite, comme le cœur n'a été pour rien dans l'aventure, on ne donnera plus de ses nouvelles, et le pauvre artiste en est pour ses souvenirs et ses espérances.

Après tout, il faut être bien sot pour s'occuper d'une femme qui ne s'occupe pas de nous, qui se conduit avec si peu de politesse. Décidément je ne veux plus songer à mademoiselle... ou madame Adèle!... qu'elle soit ce qu'elle voudra! peu m'importe?... N'en ai-je pas obtenu tout ce que je pouvais désirer?... oui, madame Adèle!... à ma place, beaucoup d'hommes seraient même satisfaits que cela n'ait pas été plus loin; mais je ne pense pas ainsi! Qu'est-ce qu'un bonheur qui ne doit pas se renouveler?... Vous me faites goûter d'un fruit délicieux, et vous ne voulez plus que j'y touche!... Il y a des gens qui vous diront: — Vous en avez goûté et c'est toujours la même chose. C'est possible, mais du moins laissez-moi m'en rassasier.

Quinze jours s'écoulent, puis encore une semaine... et point de lettre, aucune nouvelle... Oh! c'est bien fini maintenant; je n'entendrai plus parler de cette dame, je veux n'y plus songer... et chaque fois que je rentre ou que je sors je questionne ma portière... et lorsqu'elle me répond avec son sang froid glacial: — Il n'y a rien, monsieur; je ne suis pas maître d'un mouvement d'impatience... d'un sentiment de colère, de dépit... Quelle folie!... prendre de l'humeur... pour quelqu'un qui probablement ne songe de moi... mais c'est justement cela qui me dépite.

Un matin, après le bien promis de ne plus penser à Adèle, je frappe mon poing sur mon bureau en me disant: — Eh bien! il ne sera pas dit qu'on se sera amusé de moi sans que je puisse prendre ma revanche. Maintenant je veux la retrouver, cette dame, je veux savoir qui elle est; et si j'en prends bien la résolution, je réussirai; car avec de la persévérance et de la patience il est bien rare qu'on n'arrive point à son but. Dès ce moment, je vais commencer mes recherches. J'irai partout : aux spectacles, aux concerts, aux fêtes, aux promenades, dans le monde, dans les soirées de jeu, de musique, de danse. Cette dame est jolie, elle est coquette, il n'est pas probable qu'elle reste dans la retraite, qu'elle vive longtemps loin du monde. Oh ! bien certainement je parviendrai à la rencontrer, et alors... Ma foi, alors je ne sais pas ce que je ferai... Mais quand nous en serons là, nous verrons.

Me voilà tout joyeux d'avoir pris le parti ; car dans le fond de mon cœur il m'en coûtait de renoncer à l'espoir de revoir Adèle, et dans mes nouveaux projets il entre peut-être autant d'amour que de vengeance ! mais s'il nous fallait toujours sonder le fond de notre âme dans toutes les actions de notre vie, je crois que nous serions bien rarement entièrement satisfaits de nous-mêmes.

AU PASSAGE VENDÔME.

Une de ces dames est laide, si laide que cela en est distingué ; mais c'est terriblement laid.

Dès le même jour, je commence ma nouvelle manière de vivre, je donne plus de soins à ma toilette, parce qu'il en faut pour aller dans le monde, et que si je rencontre mon inconnue, je tiens à me montrer avec quelque avantage, à lui donner, s'il se peut, des regrets de son abandon, et, si par hasard il lui prenait pour moi un nouveau caprice, à lui tenir rigueur à mon tour.

Me voilà donc courant les soirées, les bals, acceptant toutes les invitations que jadis je refusais, et, avant de me rendre en société, trouvant encore le temps d'entrer dans trois ou quatre salles de spectacle, où je ne m'assieds pas, mais que mes yeux parcourent avec attention du bas en haut, pour m'assurer si elle n'y est pas. Ce genre de vie ne me plaît guère, il n'occupe ni le cœur ni l'esprit ; mais le désir de revoir Adèle me donne le courage de le continuer. Adèle !... quelle femme êtes-vous donc ?... Mélange de sentiment et de coquetterie, de moquerie et de sensibilité !... D'où vient que vous exercez sur moi un empire si grand ? que je brûle du désir de vous revoir, que je suis amoureux de vous... plus, je crois, que je ne l'ai jamais été d'aucune femme ?... Est-ce parce que je ne sais pas qui vous êtes ?... est-ce parce que vous vous environnez de mystère, et qu'après avoir voulu vous faire adorer, vous m'abandonnez sans pitié ?... Oui, c'est peut-être là ce qui augmente mon désir de vous posséder encore !... Les hommes si peu raisonnables ! ce n'est jamais dans ce qu'ils ont, c'est toujours dans ce qu'ils désirent qu'ils placent le bonheur.

Six semaines s'écoulent, et elles m'ont paru bien longues. Quoique j'aie toujours été dans ce qu'on appelle les plaisirs, je n'ai pas encore aperçu celle que je cherche... je commence à perdre l'espérance. Ce Paris est si grand !... j'aurai beau faire, je ne pourrai pas aller dans toutes les réunions qui se donnent. Quand je cherche mon inconnue

entrer chaque soir dans tous les théâtres de Paris ; j'en serai donc pour mes frais de toilette, de voiture, mes fatigues et mes ennuis.

Un soir, je vais rentrer chez moi plus tôt que de coutume, et presque décidé à renoncer à mes recherches, lorsque je me rappelle M. de Reveillère. Comment se fait-il que, lancé dans les soirées, je n'aie pas encore songé aux siennes ?... c'est aujourd'hui sa réunion, allons-y.

Je monte en cabriolet, et je me fais conduire. Chemin faisant, mille souvenirs me viennent à la pensée. La dernière fois que je suis allé chez M. de Reveillère, c'était aussi dans l'espérance d'y rencontrer une femme que j'aimais... que je pensais aimer toujours... Pauvre Clémence ! mon Dieu ! comment se fait-il que je l'aie oubliée si longtemps... je ne l'ai pas revue depuis cette soirée où elle m'a quitté si tristement... et il y avait un peu de ma faute... Il y a près de quatre mois de cela, et j'ai pu ne point penser à elle... Oh ! c'est bien mal ; cependant j'aime encore Clémence... mais c'est cette inconnue... cette Adèle qui m'a troublé l'esprit... Oh ! je voudrais haïr cette femme-là !... Si j'allais trouver chez M. de Reveillère Clémence et son mari... et puis Adèle... et puis mon père... N'importe ! allons toujours ; je ne cherche point le baron de Harleville ; mais je n'ai aucune raison pour fuir sa présence. J'aurais bien du malheur si on le choisissait encore pour servir de témoin contre moi. Quant à M. Moncarville, j'ai dans l'idée qu'il ne conduit plus sa femme chez M. de Reveillère depuis qu'il m'y a rencontré. Reste donc Adèle... mais celle-là, elle est introuvable.

En entrant chez M. de Reveillère, je sens mon cœur se serrer... il me semble que dans cette maison il doit toujours m'arriver quelque chose. Je suis superstitieux... c'est une faiblesse, une folie, dit-on ; mais que l'on ait celle-là ou une autre, je n'y vois pas grand mal ; et je me méfie beaucoup des gens qui n'en ont aucune.

Toujours beaucoup de monde et une foule de nouveaux visages. Cette maison est vraiment amusante : c'est une lanterne magique vivante. Presque toutes les célébrités y sont venues depuis le consulat jusqu'à nos jours ; on aurait pu y voir en petit une histoire de nos dernières révolutions ; mais on n'apprendrait pas à y estimer les hommes !...

Une patrouille de garde nationale.

Quand on retrouve une figure de connaissance, on se sourit, on se rapproche, on éprouve un sentiment de plaisir, comme des voyageurs qui sur une terre étrangère retrouvent un compatriote.

Parmi les dames je cherche toujours... et lorsque de loin la taille, la tournure ont quelque analogie avec celles de mon inconnue, je m'approche bien vite de la personne... et mon cœur reste froid devant de fort jolis visages, parce que c'est d'un autre qu'il est occupé.

J'ai parcouru les salons, elle n'est pas ici : je vais m'asseoir contre l'embrasure d'une fenêtre ; mes yeux se promènent avec humeur autour de moi. Dans la pièce voisine un amateur vient de se mettre au piano, et on a formé un quadrille.

— Non, je n'ai aucune envie de danser. — Mon cher Arthur, toutes les fois que vous venez ici vous avez quelque chose d'extraordinaire dans la physionomie. Si vous étiez un écrivain romantique, je croirais que vous y avez rencontré un *cœur de femme* qui déchire votre *poitrine d'homme!*... mais vous, qui êtes si naturel et qui n'outrez jamais le sentiment, d'où vient que vous faites la moue à tous les ridicules qui vous environnent?... il n'en manque pas ici; il y a de quoi moissonner! — J'ai quelque chose qui m'occupe en effet... — Vous ne ferez pas de conquêtes avec ce quelque chose-là!... — Je ne suis pas venu ici dans cette intention. — Moi, je n'y viens que pour cela. Au revoir. Je vais danser.

Je prends un album que je feuillette pour avoir l'air de faire quelque chose. Il y a un quart d'heure que je regarde la même lithographie, lorsque deux jeunes gens viennent se jeter sur un sofa près de moi. L'un d'eux est le marquis de Follard.

Ses yeux se sont portés de mon côté comme je le regardais. Il me fait un salut très-aimable, comme si nous avions été les meilleurs amis du monde. Je lui rends son salut, et je continue de feuilleter mon album.

Un nouvel individu s'approche bientôt de M. de Follard en lui disant:

— Bonsoir, cher ami, Tu viens bien tard ici... — Mais non... il n'est que dix heures. — As-tu amené ta charmante cousine, madame d'Asvéda? — Oui... elle est là-dedans... Je crois qu'elle danse déjà. — Elle est charmante, ta cousine!... Ah! je gage que tu lui fais la cour. — Ma foi! non... je n'y ai jamais pensé! c'est une idée qui me viendra peut-être plus tard. — Quand madame d'Asvéda sera remariée, n'est-ce pas?... — C'est bien possible... ce sera piquant! — Ah! le mauvais sujet!

Follard se lève et s'éloigne en continuant de causer avec ses amis. Quelle est donc cette cousine si séduisante dont on vient de lui parler? Je ne sais pourquoi je suis curieux de voir cette madame d'Asvéda; je me lève aussi, et je me dirige vers le salon où l'on danse.

A peine ai-je jeté les yeux sur les danseuses, que je reste saisi, troublé. Adèle est là!... Je viens de la retrouver enfin!... Adèle dès sa vue qui m'a causé un frémissement que je ne puis rendre, une émotion que j'ai peine à cacher.

Elle est éblouissante de toilette et de charmes: c'est une des femmes les plus élégantes de la réunion; elle danse avec une grâce parfaite. Tous les regards sont attachés sur elle; mais elle semble accoutumée à ce triomphe, et nullement embarrassée des hommages qu'elle reçoit. Je voudrais m'approcher... mais il faut traverser la danse... ou déranger du monde... attendons. Ah! que je voudrais être aperçu par elle... mais je suis caché derrière du monde. Mon cœur bat d'une force!... Savoir que j'ai possédé cette femme, que mes bras ont enlacé son corps, que ma bouche s'est reposée sur la sienne; ah! c'est du bonheur, de l'ivresse!.... mais ne pouvoir maintenant obtenir un de ses regards... être obligé d'attendre que cette danse finisse!... c'est un supplice.... mon sang bouillonne d'impatience et d'amour.

Voulant au moins profiter de ma rencontre pour apprendre quelque chose, je questionne un de mes voisins.

— Connaissez-vous cette jolie dame qui danse en face de nous? — Celle qui a des fleurs ponceau sur la tête? — Oui, justement. — C'est madame d'Asvéda. — Ah! la cousine de M. de Follard. — Oui... la cousine, à ce qu'il dit; car dans le monde on se fait très-facilement des cousins et des cousines... — Vous penseriez? — Moi, je ne pense rien?... — Cette dame est veuve? — Oui, veuve d'un Espagnol soi-disant. — Comment! soi-disant? — Ecoutez donc, je ne l'ai

SALOPIN, L'AMI DE CŒUR DU GRAND THÉODORE.

— Alexandre, il n'y a rien qui me mette de mauvaise humeur comme ça; on a pris ma pipe, une pipe si bien culottée; moi, je ne peux pas souffrir qu'on touche à ma pipe.

pas connu, cet Espagnol!... du reste cette dame est très-jolie, très-élégante et très-coquette, à ce que je crois... mais je suis fâché qu'elle soit présentée ici par Follard, qui, suivant-moi, est un triste sujet et une bien mauvaise recommandation.

Je ne réponds plus à mon voisin, mais intérieurement je pense comme lui, et je suis fâché qu'Adèle soit la cousine de Follard. Enfin la danse a cessé, les dames sont reconduites à leurs places. J'attends qu'Adèle soit assise. Ah! mon Dieu! sa sœur est là! cette affreuse Clara; c'est auprès d'elle que madame d'Asvéda est allée s'asseoir. N'importe! cela ne m'empêchera pas de parler à Adèle. Lui parler... mais le dois-je?... c'est la compromettre peut-être... Que faire?.....

Je suis tellement troublé, tellement indécis sur ce que je dois faire, que je reste devant une des portes du salon, me faisant coudoyer par tous ceux qui entrent ou qui sortent, et n'ayant pas l'esprit de m'ôter de là.

Je me décide pourtant. Je m'avance du côté où les deux sœurs sont assises... Je m'arrête presque devant elles... Clara m'a vu la première. Une vive rougeur colore son visage, elle se trouble et pousse le bras de sa sœur, à laquelle elle parle bas. Adèle lève les yeux, nos regards se rencontrent... Mais quelle expression d'indifférence... de fierté!... elle ne veut pas me reconnaître. Ah! c'en est trop! ce coup d'œil presque insultant me rend toute mon assurance. Après avoir assez longtemps attaché mes regards sur ces dames, de manière qu'elles ne pussent douter que je les reconnaissais, je saisis le moment où il y a une place vacante derrière leurs chaises, et je vais m'y installer.

Je suis certain que mon voisinage gêne, mais on n'ose se lever; d'ailleurs il n'y a pas d'autres sièges vacants dans le salon. Elles se parlent bas, quelquefois Clara tourne un peu la tête de mon côté, puis elle la retourne bien vite. Mais Adèle ne fait pas un mouvement pour me voir. Quelques jeunes gens viennent lui adresser la parole; elle rit, elle plaisante avec eux, elle semble ne plus songer que je suis derrière elle.

La conduite de cette femme m'indigne m'avoir enivré d'amour et me traiter maintenant avec mépris!.. car l'indifférence est du mépris dans cette circonstance... Ah! c'est affreux! je sens que j'étouffe, et que je ne pourrais résister longtemps à ce que j'éprouve. Elle pouvait vouloir cacher notre liaison sans m'accabler de ce froid regard; une femme n'a-t-elle pas mille moyens de nous montrer le fond de sa pensée, sans que le monde connaisse son secret? Mais rien!... rien!... on ne veut plus me connaître!... on veut peut-être nier que l'on m'ait connu.

Je n'y tiens plus; je rapproche ma chaise, et je me penche vers elle et lui dis tout bas:

— Il me paraît, madame, que vous oubliez bien vite les heureux que vous faites...

Elle ne répond pas. Je continue:

Dans un salon, on peut, sans que cela tire à conséquence, causer avec ses voisins, vous pouviez donc me parler sans que cela on devinât notre liaison. Mais vous préférez ne plus voir en moi qu'un étranger; vous aurez beau faire, madame, mon cœur a de la mémoire pour deux.

Toujours le même silence. Cette femme-là veut mettre ma patience à l'épreuve. Mais le piano se réveille, on va danser de nouveau; je me lève, je présente ma main à Adèle: elle hésite... je prends sa main, je l'entraîne sans attendre qu'elle m'ait répondu.

Nous dansons; ma main a pressé la sienne, et sa main est restée muette; je profite d'un instant où nous nous reposons pour lui dire à l'oreille : — Que t'ai-je donc fait pour que tu me traites aussi froidement ?

Une vive rougeur lui monte au visage, et cette fois elle me répond :
— Je ne conçois pas , monsieur, que vous vous permettiez de me parler ainsi !... — Comment !... tu as donc oublié cette nuit délicieuse que nous avons passée à nous promener dans les rues de Paris , et les voleurs qui t'ont fait si peur..... et cette citadine..... où je fus si heureux ?... — Monsieur, par grâce... je vous en supplie... je vous assure que vous vous méprenez. — Oh ! par exemple, madame, voilà qui est trop fort !... Que vous ne m'aimiez plus... que je n'aie été pour vous qu'un caprice !... une idée bizarre... je conçois fort bien , mais prétendre que je me trompe, que je n'ai pas le droit de vous parler..... comme je le fais , c'est ce que vous ne pouvez me prouver... Mais calmez-vous, madame, calmez-vous... je me suis peut-être laissé emporter par un sentiment trop vif... j'ai voulu vous rappeler un bonheur... trop court pour moi... j'ai eu tort, sans doute , puisque ce bonheur n'est plus qu'un songe pour vous, et désormais...

La figure ne me permet pas de continuer; trop de monde nous entoure ensuite pour que je puisse reprendre mon discours. La contredanse est terminée, je reconduis ma danseuse , que je salue d'un air fort respectueux; elle ne répond à mon salut que par un regard qui me semble exprimer la colère. Je m'éloigne, je suis un peu plus satisfait, parce que je lui ai dit ce que je pensais. Peu m'importe son courroux, je le préfère à son indifférence.

Il n'y a plus de place derrière ces dames : d'ailleurs je ne m'y serais pas remis ; mais je reste dans le salon, et, sans y mettre d'affectation , j'ai soin de ne point perdre les deux sœurs de vue. Je m'aperçois qu'elles ont une conversation fort animée, je ne saurais douter que je n'en sois l'objet. Adèle a les yeux étincelants; mais je crois que maintenant c'est le dépit qui les anime. Clara semble faire tous ses efforts pour la calmer et avoir beaucoup de peine à y parvenir.

Follard revient dans le salon. Il cause avec ces dames, et moi je tâche d'obtenir d'un jeune homme que j'ai vu parler avec lui de nouveaux renseignements sur Adèle.
— Elle est fort bien la cousine de M. de Follard?... — Oui, c'est une jolie femme... — C'est une veuve? — Oui... et je crois qu'elle cherche à se faire épouser par quelque vieux qui ait des écus... C'est une femme qui aime à briller... il lui faut de l'argent... elle ne se laissera pas prendre par le sentiment, elle ferait au solide; mais, malgré cela , je gage un dîner au Rocher de Cancale que celui qui l'épousera sera cocu... Tenez-vous le pari ?... — Non, j'aurais trop peur de perdre. — Reçoit-elle beaucoup de monde ?... — Je ne crois pas; ce n'est pas encore une maison montée... une maison à faire... il n'y a pas longtemps qu'on voit cette dame... elle a beaucoup voyagé, à ce qu'il paraît, elle est allée en Angleterre, espérant sans doute y devenir la femme de quelque lord; mais il paraît que nos voisins d'outre-mer se sont contentés d'être galants et n'ont pas voulu être plus. Follard promène sa cousine, mais Follard ne l'épousera pas , il n'a pas le sou... C'est un charmant garçon, mais il mangerait la France et la Navarre. Il me doit même encore mille francs du jeu... et il faut qu'il attende qu'il ait une veine pour rentrer dans mon argent ; aussi j'ai bien juré de ne jamais rejouer avec lui ami.

Le jeune homme allait continuer ses obligeantes observations, lorsque je m'aperçois que madame d'Asvéda et sa sœur se lèvent; Follard leur donne la main. Ils sortent du salon; je les suis de loin. Je vois ces dames qui vont mettre leurs châles ; elles vont partir. Je descends sans être aperçu, et je vais me placer dans la rue, dans un enfoncement obscur, mais d'où je distingue parfaitement la porte de M. de Reveillère. Follard est avec elles. Il appelle un fiacre; il y en avait plusieurs stationnés à peu de distance. La voiture arrive, ces dames montent. Follard ne les suit pas, il retourne chez M. de Reveillère, et moi je suis la voiture qui emmène Adèle et sa sœur.

On ne me fait pas courir bien loin. Le fiacre s'arrête rue Sainte-Anne. Je me mets de nouveau dans un enfoncement ; les dames descendent, frappent. La porte s'ouvre, puis se referme sur elles; et moi, après avoir examiné la maison afin d'être certain de la reconnaître, j'appelle le fiacre qui s'éloignait, et je monte dedans pour me faire reconduire chez moi.

Il y a quelques minutes que le fiacre roule ; il n'y a plus de boutiques éclairées dans les rues, il doit être plus de minuit; et dans la voiture qui m'emmène règne une obscurité qui me rappelle la citadine dans laquelle j'étais seul avec Adèle; Adèle !... qui tout à l'heure aussi occupait cette voiture... et qui ne veut plus se rappeler les moments délicieux qu'elle m'a fait passer. Cette femme est inconcevable ! si du moins elle avait mis dans sa conduite de ces formes polies qui adoucissent une disgrâce, si elle m'avait débité quelques-unes de ces histoires que les femmes savent si bien inventer pour nous prouver que ce n'est pas tout ce qu'il est et qu'elles ne nous aiment plus. j'aurais pu lui pardonner. Mais me traiter avec une hauteur insultante, nier ce qui s'est passé entre nous, s'offenser de ce que je lui parle... avec intimité... voilà ce que je ne puis supporter avec patience... et ce qui redouble mon dépit, c'est que jamais je ne l'avais vue si jolie !... et, malgré ma colère, je sens que j'en suis toujours amoureux.

Irai-je chez elle?... Pourquoi ?... pour être mal reçu... pour que

l'on me dise qu'on ne me connaît pas... Oh ! elle ne l'oserait pas; d'ailleurs n'ai-je pas ses lettres que j'ai toutes conservées? mais qui me dit que c'est elle qui a écrit ces lettres?... Ne peut-elle pas s'être servie d'une main étrangère ? Après tout, quand même elle aurait écrit ces billets , je n'en veux faire aucun usage : je ne puis pas forcer cette femme à m'aimer. et je suis un sot de l'aimer encore. Je ferai beaucoup mieux de ne point me présenter chez elle.

En faisant ces réflexions, mon main vient de se porter sur le coussin près de moi; je sens quelque chose... c'est un joli petit sac en velours avec des glands d'or, de ces jolis ridicules dans lesquels nos élégantes mettent leur mouchoir. Je me rappelle maintenant qu'Adèle en avait un sur ses genoux : plus de doute , c'est le sien qu'elle a oublié dans la voiture : ma foi, voilà un prétexte tout trouvé pour aller chez elle ; je lui reporterai le petit sac de velours... c'est le destin qui le veut ainsi, puisqu'il m'a fait prendre cette voiture et trouver ce qu'elle y a laissé.

Mais le sac ne contient pas qu'un mouchoir ; je sens quelque chose de dur... ce sont des tablettes... oui , ce doit être un petit souvenir. Oh ! quel plaisir d'examiner tout cela quand je serai chez moi. Ah! madame d'Asvéda , je vais peut-être avoir sur votre compte des renseignements plus positifs !... Ce souvenir n'est fermé que par un crayon ; et , dussé-je être coupable d'indiscrétion , je suis d'avance décidé à le visiter : lorsqu'une femme se conduit avec un homme comme Adèle vient de le faire à mon égard , je crois que l'on peut bien pardonner à celui-ci un mouvement de curiosité.

La voiture me met à ma porte, j'emporte ma précieuse trouvaille , et je me hâte de monter chez moi.

CHAPITRE XIV. — Quid femina possit.

Seul chez moi, ma première occupation est d'examiner à la lumière ce que j'ai trouvé dans la voiture. C'est un petit sac en velours violet avec des ganses et des glands d'or. Je trouve dedans un mouchoir de batiste; sur un des coins est un chiffre en lettres gothiques artistement brodé : c'est un A et un D. C'est bien cela : Adèle d'Asvéda. L'autre objet que renfermait le sac est un charmant petit souvenir tout en nacre de perles avec charnières d'or; l'intérieur est en soie ponceau. J'ôte le crayon qui le tient fermé; j'examine sur le papier, quelques lignes y sont tracées au crayon : c'est bien mal écrit : essayons de déchiffrer pourtant :

« J'ai encore prêté trente napoléons à Follard , ça fait quatre-vingts qu'il me doit... »

Ah! le cousin emprunte, non -seulement au jeu, mais encore à sa cousine, cela me semble dénoter une bien grande intimité : voilà qui ne me prévient nullement en faveur du soi-disant marquis, et ajoute , au contraire, à la mauvaise opinion que j'avais de lui. Poursuivons :
« Lord Smithon. Street-kings, London. »
C'est l'adresse d'un Anglais... avec lequel on est en correspondance !... Voyons encore :
« Faire envoyer à Londres , à ma bonne amie Thérésine , les modes les plus nouvelles, des robes, chapeaux, fleurs, rubans , ceintures, etc. M'adresser pour cela à la maison Pauchet, Duhamel et Guénier, qui fait la commission pour la France et l'étranger. Adresse, rue de Bondy , n. 64. »

Ceci n'a rapport qu'à des objets de toilette... Je ne lis plus rien qui puisse m'intéresser ; seulement , je vois fort bien que cette écriture n'est pas celle des lettres que j'ai reçues ; ainsi , comme il est présumable que ces notes ont été tracées par Adèle , ce n'est donc pas elle qui m'écrivait ces billets si aimables , si spirituels. Mais qui donc les a écrits, alors ? Ah !... dans la poche du souvenir , je sens quelques papiers... ce sont deux lettres... Les lirai-je ?... Elles sont ouvertes... Si elles étaient cachetées , certainement je les respecterais. Mais elles sont ouvertes... ce sont des billets doux probablement, et de son Anglais, je gage... Voyons seulement sur le timbre si cela vient de Londres.

Je regarde la souscription d'un des billets; l'écriture me frappe ; je la connais... je la considère quelques instants pour aider ma mémoire... Grand Dieu !... je me rappelle maintenant cette écriture que depuis longtemps je n'ai pas eu occasion de revoir... c'est celle de mon père. Un froid glacial me parcourt... mon père écrit à Adèle!... oui , la lettre est bien adressée à madame d'Asvéda. Il connaît la cousine de Follard... Ah! quel souvenir vient m'éclairer ! Je me rappelle maintenant les paroles du jeune marquis ; lorsque nous devions nous battre, il a dit au baron : En vérité , je ne vous ai jamais vu si agité , même quand vous avez pris la défense de ma jolie cousine; et ce duel que mon père a eu à Londres... ce duel pour une jolie femme... c'était pour Adèle, je n'en saurais douter à présent.

Je reste quelques instants absorbé dans mes pensées, tenant dans mes mains ce billet que je ne puis encore plus lire parce qu'il est de mon père ; je ne puis rendre l'angoisse que j'éprouve à la seule idée que j'ai peut-être été le rival de mon père... Et s'il apprenait cela ! lui qui déjà me témoigne tant d'aversion !... et pourtant suis-je coupable ?... pouvais-je deviner la liaison du baron avec Adèle ?

Je n'y tiens plus, il faut que je sache toute la vérité ; j'ouvre le billet, et je lis :

« Mon aimable et charmante amie, je suis enchanté de vous savoir de retour à Paris ; vous ne pouvez pas douter du plaisir que j'aurai à vous revoir, je profiterai souvent de la permission que vous me donnez d'aller vous tenir compagnie. Les moments que j'ai passés à vos côtés m'ont toujours semblé trop courts ; si vous pensez de même , je serai trop heureux. En attendant que quelques affaires qui m'appellent à la campagne me laissent le loisir d'aller vous voir, veuillez recevoir les hommages de votre plus sincère adorateur.

» Le baron DE HARLEVILLE. »

Cette lettre ne dit rien de bien positif, si ce n'est que mon père est du nombre des adorateurs de madame d'Asvéda ; mais une jolie femme en a toujours un grand nombre à sa suite, et cela ne prouve pas qu'ils soient tous heureux. Cependant je suis attristé de savoir que le baron connaît Adèle, s'il s'est battu pour elle , il faut qu'elle lui inspire quelque chose de plus que cet hommage banal qu'un homme galant adresse à toutes les jolies femmes. Cette idée est cruelle... S'il l'aimait vraiment, et que... Ah ! madame d'Asvéda, qu'avez-vous fait ?

Il y a encore une lettre dans la poche du souvenir ; celle-ci est toute chiffonnée ; à l'adresse seule je vois que cela ne vient pas d'un adorateur, ou il faudrait que ce fût un cuisinier. Quelle affreuse écriture !... Mais voilà qui est singulier , il me semble aussi la reconnaître...

J'ouvre la seconde lettre ; je cours à la signature... je ne m'étais pas trompé, celle-ci est de Juliette. Adèle connaît Juliette ! voilà qui pique encore plus ma curiosité. Tâchons de déchiffrer ce que madame Ulysse a voulu écrire.

« Madame, je me rendrai demain chez vous pour y causer de notre projet. Clara m'a dit que vous seriez assez bonne enfant pour m'aider à me venger. D'ailleurs les femmes doivent toutes se servir et s'entr'aider pour se moquer des hommes qui sont tous des polissons à notre égard ; c'est pourquoi il ne faut pas se gêner pour les faire aller · je compte donc sur vous , je vous donnerai tous les renseignements sur mon traître. A demain matin ; Clara m'a dit que vous m'attendriez à déjeuner, et si ça vous est égal, j'aime mieux un beefsteak.

» Votre très-humble et dévouée,

» JULIETTE, dite femme ULYSSE. »

Cette lettre m'intrigue. Juliette va chez Adèle... depuis quand ? Sa lettre semble ancienne , mais elle n'est pas datée. Quel est ce projet dont on doit s'occuper ? cet homme dont on veut se venger ? Je ne sais pourquoi il me semble que je dois être mêlé dans cette affaire. Maintenant, partout où je vois Juliette je redoute quelque perfidie ; la lecture de cette lettre fait travailler mon imagination ; je me couche en cherchant à deviner pourquoi Juliette voulait aller prier Adèle de l'aider dans sa vengeance. Je ne puis débrouiller les fils de cette intrigue, et le souvenir de mon père, qui vient se joindre à tout cela, augmente encore mon anxiété. Mais je suis décidé à aller le lendemain chez madame d'Asvéda ; je lui reporterai ce que j'ai trouvé dans la voiture : voilà un motif pour me présenter ; et chez elle peut-être daignera-t-elle m'expliquer enfin sa conduite.

Je m'endors avec ce désir permanent chez les hommes d'arriver au lendemain, qui doit toujours être meilleur que la veille, et ce désir, quand il est bien vif, a le grand inconvénient de nous laisser dormir. Je suis donc éveillé de bonne heure ; je sens bien qu'il n'est pas l'heure de me présenter chez une petite-maîtresse ; et mon inconnue, que je connais maintenant, m'a paru en avoir toutes les habitudes ; mais, comme je ne me sens nullement disposé à travailler, je me hâte de m'habiller, je déjeune, puis je sors après avoir eu soin de mettre le petit sac de velours dans une des poches de mon habit.

Le temps est beau, je vais me promener aux Tuileries : ce n'est pas encore l'heure où il y a du monde, et c'est précisément celle où ce beau jardin me plaît le plus. Je puis marcher, rêver tout à mon aise sans craindre d'être coudoyé ni de me jeter dans le nez de quelqu'un : j'y attendrai le moment de me rendre chez Adèle, tout en faisant de nouvelles conjectures sur les deux lettres que renfermait son souvenir.

Il y a déjà longtemps que je suis aux Tuileries, lorsqu'un petit garçon vient se jeter dans mes jambes, en me disant : — Prenez garde monsieur, vous allez marcher dans mon cerceau.

Je m'arrête pour que l'enfant ramasse son jouet, et je regarde cette petite tête qui est presque à mes pieds. L'enfant lève les yeux en ramassant son cerceau. Je connais la figure de ce petit garçon, et, pendant que je cherche à me rappeler où je l'ai vu , le petit bonhomme me sourit en s'écriant : — Ah ! monsieur, je vous reconnais !... c'est vous qui m'aviez donné de beaux boutons de chemise... en or... et que maman a vendus le lendemain.

Se pourrait-il ! C'est le petit Oscar, le fils de Juliette ! mais, au lieu d'être déguenillé comme autrefois, il est habillé tout à neuf et avec élégance. Pendant que je considère l'enfant, il reprend :

— Est-ce que vous ne me reconnaissez pas , monsieur ?... vous êtes pourtant venu à ma pension... C'était pendant l'heure de la récréation, et mes camarades ne voulaient pas jouer avec moi parce que j'étais trop sale... — Oui, je vous reconnais, mon ami, je me rappelle fort

bien tout cela ; mais il me paraît qu'il s'est fait un grand changement dans votre position, et maintenant vos camarades ne refuseraient plus de jouer avec vous. — Ah , dame ! je suis beau à présent.... n'est-ce pas?... je suis bien heureux, je ne suis plus avec maman ; j'ai retrouvé mon papa, et je suis avec lui ; oh ! j'aime mieux ça !... je mange de bonnes choses à présent !... — Votre papa?... Comment !... vous êtes chez votre papa !... — Oui, tenez... Le voilà là-bas... Ah ! le voilà qui vient me chercher ; j'en ai un peu peur de papa. parce qu'il ne rit jamais... mais c'est égal , je suis bien heureux chez lui... et je ne mange pas que des pommes de terre à présent.

Pendant que le petit Oscar parlait, je regardais ce monsieur qui venait à nous : c'est M. Moncarville. Juliette ne m'a pas trompé en me disant que c'était le père de son enfant.

M. Moncarville qui venait chercher son fils ne m'avait pas encore envisagé ; mais il vient de me reconnaître sans doute, car tout à coup je le vois qui s'arrête à une dizaine de pas de nous , sa figure devient sombre, ses épais sourcils se rapprochent, et il s'écrie d'un ton de colère : — Oscar, venez... venez donc, monsieur !... — O mon Dieu !... comme papa a l'air fâché ! dit l'enfant; est-ce que c'est ma faute si mon cerceau a roulé par ici... Adieu, monsieur. — Adieu, mon ami.

Oscar me fait un gracieux sourire , puis court près de son père qui lui prend la main et l'emmène brusquement sans lui permettre de rejouer au cerceau.

Voilà une rencontre qui me jette dans un nouvel étonnement. M. Moncarville a pris son fils avec lui : cela me semble bien singulier ; comment aurait-il présenté cet enfant à sa femme? . Si c'était comme un orphelin confié à ses soins, le petit Oscar ne l'appellerait pas son papa : je n'y comprends plus rien... Je sais bien que Clémence est assez bonne pour traiter comme son fils un enfant naturel de son mari ; mais cependant, par respect pour les convenances, pour sa famille, M. Moncarville n'aurait pas agi si ouvertement... tout cela m'inquiète ; je voudrais être maintenant avoir des nouvelles de Clémence, savoir par elle toute la vérité ; mais elle ne m'écrit plus , et je sens que je l'ai bien mérité. Pourtant je me plais à penser qu'elle m'aime toujours ; j'ai pu être infidèle , moi ; mais elle, il me semble qu'elle n'a peut pas. Ces réflexions m'ont presque fait oublier madame d'Asvéda : le petit sac de velours, que je sens dans ma poche, me rappelle le but de ma sortie ; je puis maintenant, sans indiscrétion , me présenter chez la cousine de M. de Follard , et je me rends rue Sainte-Anne.

C'est bien singulier, je n'éprouve plus la même émotion qu'hier, en songeant que je vais revoir Adèle... Hier, en la regardant danser, en la voyant brillante de grâces, de parure, je l'adorais même après ses dédains ; malgré la fierté, l'indifférence de ses regards, j'aurais donné tout au monde pour me retrouver seul avec elle , pour la presser encore une fois dans mes bras ; mais depuis que je sais qu'elle a reçu les hommages de mon père, il me semble que mon amour s'est dissipé... mes souvenirs sont mêlés de craintes, mes désirs sont évanouis. Si j'étais le rival du baron !... Cette idée me glace... m'obsède... et se place toujours entre Adèle et moi : mon amour pour cette femme me semble maintenant un crime, et je donnerais tout au monde pour ne l'avoir pas connue.

C'est dans ces dispositions, qui ne sont rien moins qu'amoureuses, que j'arrive à la demeure d'Adèle. Je demande au portier madame d'Asvéda ; on m'indique le logement au second, et je vais sonner chez cette dame.

Une domestique m'ouvre :
— Madame d'Asvéda ? — C'est ici, monsieur. — Y est-elle ? — Oui , monsieur. — Puis-je la voir ? — Votre nom , monsieur ? — Arthur. — Si vous voulez attendre dans ce salon, je vais aller prévenir madame.

Je passe dans un salon assez élégant où l'on me laisse seul. Je m'assieds et je réfléchis. Comment va-t-elle me recevoir ?... et voudra-t-elle me recevoir ?. Oui. sa bonne m'ayant dit qu'elle était chez elle, elle n'osera pas refuser de me voir ; je vais lui rendre son sac de velours, mais je ne puis lui parler ni de mon père, ni de Juliette ; ce serait avouer que j'ai ouvert son souvenir, et , à moins qu'elle ne me fournisse elle-même l'occasion d'aborder ce sujet, je ne saurai rien sur ce dont je suis si curieux de m'éclaircir. Mais si Adèle voulait être avec moi franche, sincère... si elle voulait me parler avec cet abandon qu'elle avait cette nuit où nous nous sommes tant promenés, je saurais toutes ses liaisons, tous ses secrets... mais pour cela il faudrait qu'elle ne fût plus la dame que j'ai vue chez M. de Reveillère et qu'elle redevint mon aimable inconnue.

Je me suis dit tout cela et bien autre chose encore ; car il y a fort longtemps que je suis dans le salon et on m'y laisse seul. Je regarde ma montre, il me semble qu'il y a près d'un quart d'heure que je suis là. Mais probablement Adèle n'a pas terminé sa toilette ; elle est très-coquette , elle doit rester beaucoup de temps devant son miroir : patientons. Je m'étonne pourtant que l'on prenne tant de soin pour être jolie quand c'est pour recevoir quelqu'un que l'on n'aime plus, et certainement je dois penser cela d'après la manière dont on m'a traité la veille.

Un autre quart d'heure s'écoule ; je me lève je me promène dans le salon, je tousse, je chante ; on m'a peut-être oublié, et en faisant du bruit j'espère qu'on se rappellera que je suis là. Mais non , il est impossible qu'on m'ait oublié; ma visite doit être un événement pour madame d'Asvéda, et me laisser attendre ainsi !... Je vois là-dedans de l'impertinence, de la méchanceté; le sang me monte au visage... si l'on craint que je vienne encore parler de mon amour, on se trompe bien ! ce n'est plus ce sentiment qui m'anime. On espère peut-être que je lasse d'attendre je m'en irai : mais pas du tout; je resterai toute la journée, s'il le faut : j'y mettrai aussi de l'entêtement.

J'entends marcher dans l'antichambre par laquelle je suis entré; je cours ouvrir la porte du salon; j'aperçois la domestique qui m'a reçu. — Mademoiselle, voilà bien longtemps que j'attends pour parler à votre maîtresse; est-ce que vous ne lui avez pas dit que j'étais là? — Pardonnez-moi, monsieur, c'est que madame n'était pas habillée... — L'est-elle maintenant?... — Je crois que oui, monsieur... — Vais-je la voir enfin? — Dans un petit moment, monsieur. — Ecoutez, mademoiselle, si votre maîtresse espère que, lassé d'attendre, je quitterai la place, dites-lui bien qu'elle se trompe, je suis très-décidé à ne pas m'en aller sans l'avoir vue. D'ailleurs j'ai quelque chose à lui remettre que je ne donnerai qu'à elle-même. — Oh! monsieur, ce n'est pas là l'idée de madame, certainement... elle veut vous recevoir... dans un petit moment, monsieur. — A la bonne heure ! j'attendrai alors.

Je retourne dans le salon; je me jette sur une ottomane, et j'y attends qu'il plaise à la maîtresse du logis de se montrer à mes regards.

Dix minutes s'écoulent encore : enfin on ouvre la porte du salon... mais c'est toujours la domestique qui paraît.

— Monsieur, si vous voulez me suivre, je vais vous conduire près de madame... — Comment !... est-ce que madame n'est pas levée !... — Oh ! si, monsieur; mais c'est qu'elle vous attend dans son boudoir. — Allons, mademoiselle, je vous suis.

— Ah ! madame veut me recevoir dans son boudoir... Qu'est-ce que cela veut dire?... j'aurais fort bien deviné il y a quelques jours, mais à présent... n'importe, allons au boudoir de madame.

La domestique ouvre une autre porte du salon, me fait traverser une pièce, puis un couloir; puis ouvre une porte, et me fait passer devant elle en disant : Madame, voilà monsieur, et referme aussitôt la porte sur moi.

Je me trouve alors dans une toute petite pièce, où il fait si peu jour, que dans le premier moment je ne vois pas autour de moi. Cependant ce boudoir a une croisée; mais, en dehors, les persiennes sont fermées, et en dedans de doubles rideaux blancs et cramoisis absorbent tellement la lumière, qu'elle n'arrive plus que sombre et incertaine. Je sais que la beauté aime le demi-jour, mais celui-ci me semble outré. Cependant je me frotte les yeux; au bout d'un moment j'y vois un peu plus, et j'entends une voix me dire : Eh bien ! monsieur, venez donc vous asseoir près de moi.

J'ai reconnu la voix d'Adèle, elle est redevenue douce comme la nuit où je fus si heureux. J'aperçois à ma droite, dans un petit renfoncement, au fond duquel est une glace, une dame assise sur un divan. Mais quelle est ma surprise en la trouvant mise comme elle l'était la nuit où nous nous sommes promenés ensemble! même robe, même châle, même chapeau, même voile rabattu sur sa figure !... elle a donc voulu que je la retrouvasse telle que je la vis lorsqu'elle me rendit heureux... Cette attention à reprendre ce costume me semble une marque d'amour; je me sens tout ému, troublé, et je reste debout devant elle, ne sachant plus que lui dire.

Elle me fait encore signe de m'asseoir près d'elle, je vais me placer sur le divan. Elle me donne sa main et serre tendrement la mienne. — Mais, madame, quelle singulière femme êtes-vous donc? dis-je en m'approchant d'elle, hier vous ne vouliez plus me reconnaître, vous vous offensiez de ce que je vous rappelais une nuit charmante, aujourd'hui vous offrez à moi celle que j'ai tant regretté cette nuit-là ! — Hier... devant le monde, j'étais forcée de me conduire ainsi !... — Forcée... oh ! rien ne vous empêchait de m'adresser tout bas quelques mots de consolation, d'amitié; et d'ailleurs votre oubli, votre silence avec moi depuis cette nuit... — Les circonstances m'y obligeaient. — Par exemple, je ne sais pas si ce sont encore les circonstances qui vous obligent à porter ce voile et à me cacher votre visage; mais vous me permettrez, j'espère, de le voir ailleurs que dans le monde... — Oh ! monsieur, pas encore, je vous en prie... — Pourquoi donc cela, madame?... que signifie ce voile dans ce boudoir déjà si sombre?... — Je l'ôterai tout à l'heure... — Non... sur-le-champ.

Cette obstination à me cacher ses traits me semble singulière, je vais lui enlever son voile... lorsqu'on ouvre tout à coup une porte en face de nous. Au même instant les rideaux sont tirés, les persiennes ouvertes, une vive clarté a remplacé l'obscurité qui nous environnait, et une dame entre en riant dans le boudoir.

Je l'ai regardée... et je reste immobile, ne sachant si je rêve... Cette femme, c'est madame d'Asvéda... c'est Adèle... Je reporte enfin les yeux sur celle qui est assise à côté de moi... la domestique m'a soit disparu, et je reconnais Clara... la hideuse Clara !... Ah ! je comprends maintenant toute la vérité; une espèce de perfidie j'ai été la dupe, et Juliette, qui paraît aussi à l'entrée du boudoir et mêle ses éclats de rire à ceux d'Adèle, achève de me donner par sa présence l'explication de sa lettre et le nœud de toute cette intrigue.

— Eh bien ! monsieur, me dit Adèle lorsque sa gaieté est un peu calmée, avais-je tort hier de vous assurer que vous vous mépreniez ;

lorsque vous me parliez de la nuit délicieuse que vous aviez passée avec moi?... Ah !... si vous aviez dit cela à ma sœur !... à la bonne heure... elle aurait pu vous répondre, car il est probable qu'elle n'a pas oublié tout l'amour que vous lui avez témoigné cette nuit-là... Ah ! ah ! ah ! convenez, monsieur, que voilà une intrigue qui a été parfaitement menée ?... Tenez, voilà l'auteur du complot... car moi je ne vous connaissais pas, et je n'avais aucune raison pour vous jouer cette plaisanterie; mais madame vous en veut beaucoup !... et puis ma pauvre sœur était passionnément amoureuse de vous !... vos romans lui avaient tourné la tête !... J'ai servi l'amour de l'une et la haine de l'autre... est-ce que je n'ai pas bien fait, monsieur ?

Je ne trouve rien à répondre, je suis atterré par ce qui m'arrive; je porte tour à tour mes yeux sur Adèle et sur Juliette; quant à Clara, j'évite au contraire de rencontrer ses regards; mais de son côté la pauvre fille semble plus honteuse que triomphante, elle tient sa tête baissée et ne souffle pas mot.

Juliette s'approche de moi et me dit d'un ton moqueur : — Est-ce que vous m'en voulez, monsieur, de vous avoir rendu amoureux de madame d'Asvéda? Oh ! j'étais bien certaine qu'il vous suffirait de voir une fois madame pour vous passionner pour elle !... A la vérité madame ne vous aime pas et s'est moquée de vous !... mais Clara vous adore, cela doit vous dédommager; cependant lorsque à la sortie du spectacle elle a pris la place de sa sœur, et a consenti à se promener avec vous, elle ne pensait pas qu'il s'ensuivrait des choses... si tendres ! mais aussi vous êtes terrible, monsieur, avec vous une femme de soixante ans ne serait pas en sûreté !...

Les éclats de rire recommencent; mais ils ne me blessent plus. Une réflexion, un souvenir viennent de rendre la paix à mon âme: je me lève et je dis à Juliette d'un air fort tranquille :

— Vous venez, madame, de me rendre un bien grand service, de soulager mon âme d'un poids qui l'oppressait, de lui faire retrouver le calme qu'elle avait perdu. Loin de vous faire aucun reproche, ce serait des remercîments que j'aurais à vous adresser; mais vous pourriez ne pas le comprendre, c'est pourquoi je m'en abstiendrai.

Madame d'Asvéda s'est amusée à mes dépens parce que j'osais être amoureux d'elle, je sens maintenant que j'avais grand tort; et c'est une faute dans laquelle je lui jure de ne plus retomber. Quant à mademoiselle Clara, elle doit être l'auteur des lettres spirituelles que j'ai reçues, et je n'ai aucun regret de la promenade que nous avons faite ensemble, et pendant laquelle je n'ai pas éprouvé un moment d'ennui, ce qui me serait probablement arrivé avec une femme plus jolie et moins aimable. Maintenant je vais rendre à madame d'Asvéda un petit sac qu'elle a oublié hier dans sa voiture; car c'est dans le seul but de le lui rapporter que je m'étais présenté chez elle, et non pas, comme elle pourrait le croire, dans l'intention de lui faire ma cour.

Ces dames sont toutes décontenancées à leur tour. Adèle rougit de dépit, Juliette se mord les lèvres de colère, la pauvre Clara me regarde en-dessous. On s'attendait probablement à me voir furieux, indigné du tour qu'on m'avait joué, on se serait moqué de ma colère; mais mon air tranquille dérange tous leurs plans, et Adèle reçoit d'un air troublé le petit sac que je lui présente. Cependant elle l'ouvre, prend son souvenir, regarde les lettres qui sont dedans et me dit :

— Il est probable que vous aurez lu les petits vers que renfermaient mes notes; mais cela m'est bien égal !... l'une est de madame, et vous devez comprendre maintenant son contenu; quant à l'autre, elle est d'une personne que vous ne connaissez pas et ne saurait vous intéresser... puisque vous n'êtes plus amoureux de moi.

Je m'incline d'un air fort respectueux, et je vais m'éloigner, lorsque Juliette m'arrête en me disant : — Pardon, monsieur Arthur, encore un mot... Y a-t-il longtemps que vous n'avez vu la sentimentale Clémence ?...

— Que vous importe, madame ?

— Oh ! rien !... seulement s'il y a longtemps qu'elle n'a été chez vous, c'est qu'elle ne s'en est pas souciée; car elle a à présent libre comme l'air et maîtresse de ses actions depuis que son mari, M. Moncarville, l'a chassée de chez lui.

Mon cœur se serre, et je balbutie en regardant Juliette : — Chassée par son mari, madame Moncarville !... Oh ! vous en imposez, madame !... cela n'est pas... cela ne peut pas être...

— Non; monsieur, non, je n'en impose pas ! M. Moncarville a renvoyé sa femme, parce que, grâce à mes avis, il l'avait fait suivre, épier la dernière fois qu'elle est sortie le soir, et on a vu qu'elle allait chez vous. Ecoutez donc, tous les maris ne sont pas satisfaits d'être cocus ! il y en a à qui ça plaît, d'autres à qui ça ne plaît pas : M. Moncarville était du nombre de ces derniers; et comme il ne pouvait plus douter de son affaire, il a sur-le-champ mis madame à la porte en lui faisant une pension, juste de quoi manger des lentilles toute l'année; ensuite il m'a fait demander mon fils, mon Oscar, qui est aussi le sien; il a voulu le prendre avec lui, ça m'a fait bien de la peine de me séparer de mon enfant, mais c'est pour son bien-être; j'ai imposé silence à mes sentiments maternels. Ce n'est pas que, si j'avais voulu, j'aurais été demeurer chez M. Moncarville, remplacer sa femme; il me l'a proposé. Ce vieux renard, il voulait me ravoir; mais j'ai mieux aimé rester avec mon petit Dodolphe, qui est fou de moi, qui m'idolâtre, et qui m'épousera dès que son père sera mort. Eh bien !... vous ne dites plus rien, monsieur Arthur; mon Dieu! comme vous êtes pâle... est-ce que vous vous trouvez mal?... Clara! fais donc un verre d'eau à ton amant.

Je ne peux plus parler; je pousse brusquement toutes les portes qui se trouvent devant moi, et je me hâte de sortir de cette maison, de fuir la présence de ces femmes.

CHAPITRE XV. — Une friture à l'île Saint-Denis.

Clémence chassée de chez son mari!... pour être venue chez moi, pour avoir voulu me voir!... Ce soir où elle s'est bien aperçue que j'étais occupé d'une autre, elle le disait bien: Je brave tout pour venir te dire que je t'aime toujours!... Ainsi, c'est pour moi qu'elle a perdu fortune, rang, réputation! et dans son malheur, elle n'a pas même la consolation d'être aimée comme elle aimait, de retrouver dans la retraite tout ce qu'elle perdait aux yeux du monde; ah! cette pensée me désole!... elle me déchire le cœur! j'ai négligé, oublié une femme qui m'adorait, qui me sacrifiait tout!... et pour qui? je rougis de me l'avouer... pour une femme entretenue qui s'est moquée de moi! Du reste, je le méritais bien.

Mais cette Juliette!... je ne cesserai donc pas d'éprouver les effets de sa vengeance!... Comme ses yeux brillaient de méchanceté en m'apprenant le déshonneur de Clémence!... Comme elle jouissait du mal qu'elle me faisait!... Oublions ces femmes!... Puissé-je ne plus les rencontrer. Ne pensons qu'à Clémence. La nouvelle de son malheur a fait renaître tout mon amour, ou plutôt il me semble que ce sentiment que j'ai pour elle ne s'est jamais entièrement éteint; il n'était qu'endormi au fond de mon cœur.

Si elle est séparée de son mari depuis le jour où je l'ai vue, voilà déjà plusieurs mois qu'elle vit seule... Ah! si je l'avais su, j'aurais été la consoler. Son mari ne lui fait qu'une bien modique pension d'après ce que j'ai compris. Clémence se sera contentée de ce que cet homme aura voulu lui donner; sans doute elle travaille pour augmenter son faible revenu... peut-être vit-elle de privations... Et elle ne me l'a pas fait savoir!... elle ne m'a pas écrit son changement de situation!... Mais Clémence est trop fière pour m'avouer son indigence!... Et d'ailleurs méritais-je sa confiance, méritais-je qu'elle me regardât encore comme son meilleur ami?

Maintenant il faut absolument que je découvre la demeure de Clémence; je sens que je n'aurai plus de repos que lorsque je l'aurai vue, que je l'aurai pressée dans mes bras et suppliée de me pardonner. D'ailleurs, j'ai causé son malheur; il est de mon devoir de faire ce qui dépendra de moi pour adoucir ses peines. J'ai pendant longtemps couru tout Paris pour retrouver cette Adèle!... Ah! je sens que je mettrai plus d'ardeur à chercher Clémence! Ce n'est plus une passion folle, bizarre, qui me fera agir; c'est un sentiment plus durable, car il est né de son malheur; et ceux-là sont plus vrais que ceux qu'enfante le plaisir.

Comment obtenir quelques renseignements qui puissent me mettre sur ses traces?... En allant dans le monde, aux spectacles, je pouvais espérer de rencontrer une femme coquette qui voulait faire admirer sa figure et sa toilette; mais Clémence n'est point de ces femmes-là; elle ne recherche point les hommages des hommes; elle semble ignorer le charme qu'elle inspire, et, loin d'aller dans le monde, elle le fuit sans doute et vit très-retirée, au fond d'un modeste appartement, dans quelque quartier peu fréquenté. Il est bien plus difficile de trouver quelqu'un qui sort peu, qui ne se livre à aucun plaisir... Comment donc faire pour savoir son adresse?

Son mari doit connaître sa demeure... mais ce n'est pas à lui que je puis m'adresser pour le savoir. Cette méchante Juliette la sait sans doute aussi... mais elle ne me la dirait pas; d'ailleurs, je ne veux jamais reparler à cette femme: il ne faut donc compter que sur mes recherches et le hasard qui peut-être me servira.

Pendant quinze jours, je recommence à me promener dans Paris. Je m'informe, je demande madame Moncarville dans plus de trois cents maisons. Je n'obtiens aucune réponse satisfaisante.

— Qu'est-ce qu'elle fait, cette dame? voilà ce qu'ils me disent tous. Eh! morbleu! si elle avait un état, je la chercherais dans l'Almanach du commerce et non pas chez les portiers.

Je réfléchis ensuite que, probablement, Clémence aura changé de nom en cessant de vivre avec son mari; j'ignore celui qu'elle aura pris. Ainsi, mes informations sur madame Moncarville ne peuvent me mener à rien. Cette pensée achève de me désoler; elle m'ôte tout mon courage pour continuer mes recherches.

Je tente un dernier moyen; je sais où demeure M. Moncarville: je me rends dans sa maison, je m'adresse au portier; avec une pièce de cent sous, je le mets sur-le-champ en très-bonnes dispositions à mon égard.

— C'est ici que loge M. Moncarville? — Oui, monsieur, au second, la porte à gauche; il y a une grosse sonnette à gland bleu. Si monsieur le désire, je vais le conduire... M. Moncarville est justement chez lui. Déjà le portier s'apprête à sortir de sa loge pour me servir de guide; je le retiens:

— Ce n'est pas à M. Moncarville précisément que j'ai affaire... c'est à sa femme... — Sa femme!...

Le portier fait un sourire qu'il veut rendre malin, et reprend:

— Sa femme!... oh bah! c'est qu'il y a une petite difficulté; la femme ne demeure plus avec son mari... ils se sont séparés... je ne sais pas si c'est juridiclement.... mais je sais ben qu'ils ne sont plus ensemble. — Eh bien! indiquez-moi la demeure de madame Moncarville... vingt francs pour vous si je le sais. — Pardi, monsieur, si je la connaissais, je vous la dirais ben vite!... Vous entendez bien que, moi, je n'ai pas de raison pour empêcher les connaissances de cette dame de la fréquenter... et je l'estimais assez, moi! Mais elle ne m'a pas dit sa demeure... — Pourtant, on a dû emporter ses meubles à elle?... — Rien du tout... elle est partie comme une fusée!... avec une malle, des cartons, et puis un mouchoir qu'elle tenait sur ses yeux.... Je soupçonne qu'elle pleurait, la pauvre dame... Enfin, elle avait fait venir un fiacre; elle est montée dedans, mais pour aller où... voilà!... — Et depuis ce jour elle n'est pas revenue? — Jamais... — Et M. Moncarville n'a pas quelquefois envoyé chez elle, vous... ou quelque commissionnaire?... — Rien du tout... je crois ben qu'il n'y pense plus; il a pris avec lui un petit garçon dont il se dit le père et qui lui vient on ne sait d'où... L'enfant est gentil, mais il ne lui ressemble pas du tout.

Je m'éloigne désespéré. Je n'entrevois plus aucun moyen de découvrir la demeure de Clémence; un seul espoir me reste encore, c'est qu'elle-même daignera m'écrire, me donner de ses nouvelles; c'est qu'elle voudra encore me voir; mais cette espérance est bien faible: si elle a su que j'en aimais une autre (et les femmes savent toujours ces choses-là), son amour-propre arrêtera son amour et l'empêchera de revenir à moi.

Je tâche de prendre mon parti et de me distraire; mais le souvenir de Clémence malheureuse, et ne voulant plus me voir, me laisse un fonds de tristesse que j'ai peine à vaincre et qui souvent m'arrache un soupir au milieu des plaisirs que je cherche à goûter.

Dans mes courses, je rencontre fréquemment M. Théodore. Sa mise est plus élégante que d'autrefois, aussi se donne-t-il des airs, une tournure, des manières qui forcent tout le monde à faire attention à lui. C'est ce que ce monsieur ambitionne sans doute; mais quand je passe près de lui je ne lui donne pas le plaisir de le regarder; de son côté, il n'a plus l'air de me reconnaître: je lui en sais infiniment de gré.

Je n'ai pas aperçu Adolphe depuis la soirée du spectacle. Je présume qu'il m'évite; de mon côté, je ne le cherche pas.

Nous sommes en été, les jours sont longs, le soleil est brûlant. Un matin, un auteur avec lequel je suis en train de faire une pièce vient me trouver de bonne heure et me dit:

— Arthur, as-tu quelque chose à faire aujourd'hui? — Ma foi, non. — Le temps est superbe, ce serait un meurtre de rester enfermé dans Paris quand on n'est pas commis de bureau. Nous autres hommes de lettres, qui sommes libres comme les oiseaux, nous pouvons, quand cela nous plaît, humer l'air de la campagne. — Et tu as envie de te promener aujourd'hui? — Oui, mais extra muros. Allons déjeuner dans un petit endroit... où l'on déjeune bien.?. Nous irons à pied, ça nous donnera de l'appétit; et, tout en marchant, nous chercherons le dénoûment de notre vaudeville que nous n'avons pas encore trouvé: ce sera le but principal de notre journée. Ça va-t-il? — Très-volontiers.

La proposition me fait d'autant plus de plaisir que mon collaborateur, qui se nomme Darbois, est un fort bon garçon qui, sous un abord froid et même grave, cache un grand fonds de gaieté et une extrême facilité à trouver un côté comique dans les aventures les plus sérieuses.

Je suis bientôt prêt, et je sors avec Darbois. Quand nous sommes dans la rue, nous pensons que nous n'avons pas encore décidé où nous irons.

— Marchons au hasard, dit Darbois, nous irons où il nous conduira. — Je le veux bien. Mais quand nous serons au bout d'une rue et qu'il y en aura une à droite et une à gauche, il faudra nous décider pourtant. — Nous demanderons notre chemin pour aller à la campagne. — On nous demandera laquelle? — Nous répondrons que nous n'en savons rien. — On nous prendra pour deux fous, ou on croira que nous voulons nous moquer du monde. — Tant mieux, tout cela nous fera peut-être trouver le dénoûment de notre vaudeville. — Ainsi soit-il.

Nous nous mettons en route. Tant qu'il y a une rue à peu près en face de celle que nous suivons, nous marchons sans nous demander. Nous finissons par arriver dans un cul-de-sac, où nos pieds ne rencontrent que de fort vilaines choses : nous nous arrêtons.

— Si c'est là le dénoûment que nous devons trouver pour notre pièce, dis-je à mon collègue, il ne me semble pas très-bien choisi. — Eh! mon cher, on ne sait pas!... Je conviens qu'il serait un peu hasardé; mais dans ce moment où on veut absolument du nouveau, du risqué, ça pourrait faire de l'effet. — En attendant, hâtons-nous de sortir de ce cul-de-sac.

Arrivés dans la rue voisine où il y en a deux qui se croisent, Darbois demande fort sérieusement à un commissionnaire le chemin de la campagne.

— C'est le chemin de la barrière que vous voulez dire! — La barrière, soit. — A laquelle voulez-vous aller? — Celle que vous voudrez?...

Le commissionnaire nous regarde, comme quelqu'un qui ne sait pas s'il doit se fâcher; il prend le parti de rire :
— Allons, vous êtes deux farceurs!... — C'est vrai, c'est notre état. — Ah! je vois ça tout de suite, vous voulez aller vous réjouir à la guinguette. — Nous voulons trouver notre dénoûment. — Vous avez perdu queuque chose? — Non, nous ne l'avons pas perdu, mais nous voulons le trouver. — Oh! les farceurs!... Suivez la rue à gauche, et puis tout droit, vous serez à la barrière.

J'entraîne Darbois, en lui disant : — Avec les folies, tu nous attireras quelque mauvaise affaire. — Pourquoi donc? Ai-je menti à cet homme en lui disant que nous cherchions un dénoûment? — Tiens, j'ai peur que le hasard ne nous conduise pas bien, je crois qu'en toutes choses il ne faut pas s'en rapporter à lui.

Nous arrivons à une barrière que je ne connais pas, nous la passons, et nous continuons d'aller tout droit devant nous. Bientôt je reconnais à notre droite la plaine Saint-Denis.
— Le hasard nous conduira à Saint-Denis, dis-je à Darbois, traversons cette plaine, nous irons ensuite déjeuner dans l'île, et nous chercherons notre dénoûment entre une matelote et une friture. — Va pour l'île Saint- Denis... Nous pourrons même nous baigner avant de déjeuner.

Nous poursuivons notre route, et, suivant son habitude, Darbois me conte mille folies au lieu de me parler de notre pièce. Quand je veux entamer ce sujet, il ne m'écoute pas ou s'écrie : — Nous nous en occupperons en déjeunant.

Nous arrivons à Saint-Denis. Darbois remarque un vieux couple qui vient de notre côté, tournure province comme si nous étions à cent lieues de Paris. La femme porte un épagneul, le monsieur tient deux pliants sous son bras gauche. Darbois me quitte, s'arrête devant une maison et se met à regarder par terre en se baissant : le vieux couple arrive près de lui, et, le voyant si occupé à regarder à ses pieds, la dame lui dit : — Monsieur cherche quelque chose? — Oui, madame, répond Darbois d'un air affairé et sans lever les yeux. — Attendez, dit l'homme, je vais mettre mes lunettes et vous aider, je suis assez heureux pour trouver... Il paraît que c'est précieux, car vous paraissez bien contrarié?... — Oh! oui, monsieur, c'est quelque chose d'impayable, surtout lorsque c'est bon!

Pendant que Darbois parlait, le vieux bonhomme a posé ses pliants à terre et tiré ses lunettes de son étui; il les met sur son nez, et lui dit : — Si vous voulez maintenant me dire ce que vous cherchez? — Monsieur, c'est le dénoûment d'un vaudeville en trois actes que je suis en train de faire avec ce monsieur que vous voyez là-bas et qui rit comme un fou en ce moment!

Le vieux bonhomme ôte ses lunettes, reprend ses pliants et le bras de sa femme, et le couple s'éloigne en murmurant : — Les jeunes gens se conduisent bien indécemment, depuis qu'on fait des révolutions!...

Darbois revient vers moi; je ris trop pour le gronder; mais je l'entraîne vers l'île Saint-Denis en le priant de ne pas se moquer du traiteur, parce que je tiens à bien déjeuner.

En approchant du bord de l'eau, nous apercevons un monsieur et une dame qui se dirigent vers un batelet, et probablement veulent aussi se faire passer dans l'île. Nous nous hâtons pour profiter du même bateau. Le couple que nous apercevons ne ressemble pas à celui que Darbois a fait arrêter dans Saint-Denis : l'homme est un petit-maître, la femme une élégante; ce sont probablement des jeunes gens.
— C'est une partie fine, me dit Darbois, je gage que ceux-là se rendent dans l'île Saint-Denis avec d'autres idées que celle de manger une friture. — Ils ont raison... Ah! mon Dieu! — Eh bien! qu'est-ce qui te prend? — Est-ce que tu trouves un dénoûment? — Je reconnais cet homme et cette femme!... — Tant mieux, ce sera plus drôle. — Dépêchons-nous, le batelier nous fait signe.

C'est Juliette que je viens de reconnaître dans cette dame élégante, et le monsieur qui l'accompagne est le grand Théodore. Mais Adolphe n'est pas avec eux... que signifie cela?... Rien qui me surprenne beaucoup de la part de Juliette!... Cependant j'hésite... je ne sais si je veux avancer... mais Darbois m'entraîne, et après tout je ne vois pas pourquoi j'aurais peur de contrarier madame Ulysse.

Nous sautons dans le bateau. Juliette et Théodore y étaient déjà, ils me reconnaissent, ils se parlent bas. M. Théodore semble contrarié, mais Juliette ne tarde pas à rire très-fort, suivant son habitude. Je ne cherche pas à entendre ce qu'ils se disent; je me suis assis à l'autre extrémité du bateau. Darbois me dit à l'oreille :
— Je te parie le déjeuner qu'elle n'est pas avec son mari? — Parbleu! — Et pas même avec son entreteneur? — Tu as gagné. — Et pas même avec son amant habituel? — À quoi vois-tu cela? — C'est qu'elle a des yeux extrêmement libéraux, cette dame.

Madame Ulysse se met à parler si haut qu'il nous serait difficile de ne pas l'entendre; elle ne cesse de répéter :
— Adolphe est bien en retard... mais il nous retrouvera, il sait où nous sommes. — Oui, oui, il ne peut tarder à nous rejoindre.

Ces mots, répétés plusieurs fois pour que nous les entendions, me font penser au contraire que mon ami Adolphe ne se doute pas que sa maîtresse et son Théodore sont ensemble à la campagne; mais comme maintenant cela m'importe fort peu, je trouve que Juliette prend une peine inutile en répétant cela toutes les minutes.

Le trajet qui sépare de l'île est bien vite fait.
— Il faut aller chez le traiteur où l'on mange les meilleures fritures, dit Juliette en sautant hors du bateau, car Adolphe m'a bien recommandé de commander une friture, il les aime beaucoup. — Je vais vous conduire, belle dame, je connais tous les bons endroits!...

En disant ces mots, le beau Théodore offre son bras à sa dame, tous deux gravissent lestement la pente un peu raide qui mène près des maisons de l'île.
— Moi aussi, j'aime la friture, dit Darbois; suivons ce monsieur qui connaît les bons endroits... il m'a l'air d'un gaillard capable de faire avaler des goujons à toutes ses connaissances. — Laissons aller ces gens-là; comme je les connais, ils croiraient que je les épie, et c'est ce que je ne veux pas. — Comment? est-ce que nous ne sommes pas libres d'aller manger aussi chez le traiteur où ce monsieur et cette dame y vont? — Mais nous ne voulons pas encore déjeuner. — Mais ici, pour être certain d'avoir ce qu'on veut, il faut le commander d'avance; ce joli couple serait capable de ne nous laisser que du fretin, et cela ne m'arrangerait pas. — Eh bien! va commander le déjeuner, je t'attends ici. — C'est ça... cherche un dénoûment.

Darbois suit de loin Juliette et Théodore, moi je m'assieds sur l'herbe en attendant son retour, et je pense qu'il faut qu'il soit arrivé quelque événement heureux à Adolphe, pour que Juliette soit aussi élégante; à moins qu'en renvoyant sa femme de chez lui, M. Moncarville n'ait augmenté la pension qu'il faisait à sa maîtresse.

Darbois ne tarde pas à revenir. Il me crie de loin :
— Nous aurons un petit déjeuner soigné, sotelettes, matelote, friture et du vin frais; notre couvert sera mis dans un petit salon qui donne sur le bord de l'eau. — Et notre couple? — Ils étaient entrés bien avant moi, s'étaient sur-le-champ réfugiés dans un cabinet... ils ne m'ont pas vu; je suis persuadé qu'ils cherchent aussi un dénoûment. À présent allons-nous baigner... — Mais notre pièce, dont nous devions principalement nous occuper dans cette promenade? — Nous nous en occuperons en nageant.

Je vois bien qu'il n'y a pas moyen de travailler aujourd'hui avec Darbois, et je prends mon parti. Nous tournons l'île, et nous arrivons dans une partie plus déserte où l'on se baigne habituellement. Pendant que nous nous déshabillons, nous apercevons plusieurs jeunes gens qui nagent et s'amusent à se donner des passades. En peu d'instants nous sommes aussi dans l'eau. Bientôt je me trouve nez à nez avec un des nageurs : c'est Adolphe, qui souffle tant qu'il peut de l'eau par la bouche et par les narines. Je me dis en moi-même que mes conjectures étaient fausses, et que Juliette ne mentait pas dans le bateau ainsi que je le supposais.
— Tiens! c'est vous, monsieur Arthur, dit Adolphe en nageant près de moi. Ah, que c'est drôle de se retrouver dans l'eau! Je suis très-fort maintenant... Voulez-vous que je vous donne une passade?... — Non, je vous remercie... Il y a bien longtemps que nous ne nous sommes vus... Elle est très-bonne, l'eau!... — Délicieuse. J'ai hérité de mon oncle depuis ce temps-là... une quarantaine de mille francs... c'est gentil... Vous savez que je suis remis avec Juliette... Que voulez-vous? cette femme-là m'adorait... Et vous péchés miséricorde! Quelle est la femme qui n'a pas un petit peu péché?... On dit même que c'est une garantie de leur sagesse à venir... Je me suis aussi raccommodé avec Théodore; je vous assure que dans le fond c'est un fort bon enfant qui a beaucoup de moyens... il a de nouveaux projets, il veut construire un chemin sous la Seine, dans le genre de celui de Londres sous la Tamise; un tunnel qu'on appelle ça, je crois... il cherche des actionnaires... Ah! vous ne vous attendiez pas à me rencontrer ici, je gage?... — Pardonnez-moi, puisque j'ai passé l'eau avec votre monde; je sais même que vous êtes venu pour manger une friture. — Comment!... mon monde? De quel monde me parlez-vous? — Parbleu! de celui qui vous attend chez le traiteur, votre maîtresse et votre ami Théodore.

Adolphe fait une cabriole qui me couvre d'eau, en s'écriant :
— Vous avez passé dans l'île avec Juliette et Théodore? — Certainement. — Ils sont dans l'île? — Sans doute ils vous attendent... est-ce que ce n'était pas convenu entre vous?

Adolphe fait encore une cabriole, en s'écriant :
— Oh! c'est bien drôle!... Figurez-vous que je suis ici en cachette de Juliette; c'était une partie montée avec ces messieurs que vous voyez là-bas; mais comme Juliette ne veut jamais me laisser aller nulle part sans elle, au lieu de lui dire que je venais m'amuser à l'île Saint-Denis, j'ai prétexté une affaire, un rendez-vous chez un notaire pour la suite de l'héritage de mon oncle... Il faut que Juliette ait découvert la vérité... je ne sais pas comment!... elle m'aura suivi avec Théodore... Où! le bonne plaisanterie! et où sont-ils maintenant? — Chez le traiteur où nous allons déjeuner, répond Darbois. — Oh! c'est très-drôle!... voilà une surprise à laquelle je ne m'attendais pas... Je sors de l'eau, je veux aller manger de la friture. — J'ai dans l'idée que les autres ne s'attendent pas non plus à le rencontrer ici, me dit tout bas Darbois. — Je le crains, et je suis fâché de lui avoir parlé d'eux. — Tu es bien bon... cela va peut-être nous fournir un dénoûment comique.

Nous sortons aussi de l'eau. Adolphe dit à ses amis :

— Ma petite dame est venue me trouver ici, je suis obligé d'aller la rejoindre... mais je viendrai vous revoir... nous quitterons l'île tous ensemble.

Nous sommes habillés et nous nous dirigeons vers notre traiteur. Adolphe marche à côté de nous, tout en répétant :

— Oh! je voudrais bien pouvoir leur faire aussi une bonne farce... pour leur prouver que je suis instruit de leur arrivée... Qu'est-ce que je pourrais donc faire?...

Je ne lui réponds pas; nous entrons chez le traiteur; nous allons nous asseoir à notre couvert qui est dressé dans le petit salon. Adolphe y entre aussi, en disant au garçon :

— Où sont ce monsieur et cette dame qui m'attendent?...

Le garçon regarde Adolphe d'un air étonné en murmurant :

— Il y a un monsieur et une dame qui vous attendent?... — Certainement... n'avez-vous pas le jeune dame... bien mise... très-jolie... en châle rouge?... Monsieur Arthur, a-t-elle son châle rouge? — Ah, ma foi! je n'y ai pas fait attention. Laissez-nous déjeuner, Adolphe, vous savez que je ne veux plus me mêler de ce qui vous regarde. — Il me semble que vous pouvez bien me répondre si elle a un châle rouge?... Enfin c'est égal. Une dame et un grand jeune homme sont ici... ils m'attendent. — Nous avons bien une dame et un monsieur dans un cabinet; mais je ne crois pas qu'ils attendent personne... — Je vous répète qu'ils m'attendent; moi... vous êtes bien entêté, garçon! N'ont-ils pas commandé une friture?... — Oui, monsieur, ils ont même déjà mangé du poulet, de la matelote?... et je dois monter la friture quand ils me sonneront... — Ils ont déjà mangé le poulet et la matelote?... c'est très-mal cela... Si je pouvais leur faire croire qu'ils n'auront pas de friture... Juliette qui en est folle... Ah! une idée délicieuse!... Garçon, prêtez-moi votre tablier, votre veste, votre bonnet de coton... Oh! que ça sera drôle!... — Est-ce que vous avez trouvé votre dénoûment? dit Darbois en regardant Adolphe ôter son habit, vous êtes bien heureux! — J'ai trouvé un moyen pour m'amuser à leurs dépens... Je vais me déguiser en marmiton, et j'irai leur dire qu'il n'y a plus de goujons; ils seront furieux, Juliette surtout, qui est passionnée pour le goujon. Ensuite, quand je les aurai mis bien en colère, quand ils m'auront bien dit des sottises, je me mettrai à rire et je me ferai reconnaître. Hein! que dites-vous de mon projet? — C'est fort ingénieux, et j'ai dans l'idée que cela amènera en effet une scène plaisante. Mais il faut bien vous déguiser pour qu'on ne vous reconnaisse pas. — Oh! c'est ce que je veux faire. — Je me couvrir le visage de farine... j'aurai l'air d'un gille. — Alors vous serez tout à fait dans l'esprit de votre personnage.

Cependant le garçon regardait Adolphe qui se promenait dans le salon sans habit, mais il ne paraissait pas décidé à lui prêter son tablier et sa veste. Darbois fait un signe à Adolphe, celui-ci le comprend, il met une pièce de cent sous dans la main du marmiton. Alors celui-ci ôte sa veste, ôte son bonnet, ôte son tablier, il veut même ôter son pantalon; mais Adolphe le remercie; il pense que, sous le tablier, le sien pourra servir. En peu de temps la toilette est terminée; Adolphe s'est saupoudré le visage de farine, ce qui en effet le rend méconnaissable. Le garçon, qui veut que rien ne manque à son remplaçant, lui passe la ceinture du grand couteau de cuisine qui était à son côté; enfin la métamorphose est complète, et Adolphe saute de joie en s'écriant : Oh! comme je vais les attraper!... Qu'est-ce que je sens dans la poche de votre tablier? dit Adolphe au moment de monter. — Monsieur, c'est la clef du cabinet où dînent ce monsieur et cette dame... — Très-bien, ça les surprendrai bien plus inopinément!... — Mais ils m'avaient bien ordonné de ne monter que lorsque j'entendrais sonner... — C'était bon pour vous?... mais moi qui veux les surprendre je n'ai pas besoin d'attendre qu'ils sonnent... je vais prendre les assiettes sous mon bras pour que mon entrée soit plus naturelle... Votre friture est-elle bientôt prête?... — Oui, monsieur. — Tenez-vous prêt à l'apporter quelques minutes après que je serai entré... ce sera le bouquet... Vous dites au premier, la porte au fond du couloir?... — Oui, monsieur; c'est le cabinet qui donne sur le jardin que vous voyez... là derrière. — Très-bien, je monte... Oh! je ne peux pas me regarder sans rire... J'ai l'air d'un vrai faiseur de boulettes... Au revoir, messieurs; je gage que vous nous entendrez rire. — Oui, je pense que nous entendrons quelque chose.

Adolphe sort du salon avec ses assiettes sous le bras; nous nous regardons Darbois et moi; mon collègue ne peut conserver son sérieux; moi, j'avoue que je crains pour Adolphe quelque surprise fâcheuse. Le garçon est allé à la cuisine en disant :

— Je vais chercher la friture pour le premier.

Nous ne mangeons plus, nous écoutons... Nous nous attendons à quelque chose. Bientôt en effet un grand bruit se fait entendre au premier, comme si on venait de renverser une pile d'assiettes.

— Voilà le nouveau garçon qui fait des siennes, dit Darbois; il commence par casser la vaisselle... c'est l'introduction, sans doute!...

A ce bruit en succède bientôt un autre : un homme vient de sauter par une fenêtre du premier dans le jardin. Il entre comme un effaré dans la pièce où nous mangeons; c'est le beau Théodore, dont la toilette est dans un grand désordre, il y a même une partie indispensable de ses vêtements qui ne tient qu'à fort peu de chose.

Il court dans le salon, tenant sa serviette à la main, et ne pouvant parvenir à tourner assez vite la clef de la porte qui donne sur la route, il ouvre une des fenêtres, enjambe, et disparaît par le chemin, sans écouter Darbois qui lui crie :

— Monsieur, mettez donc au moins un bouton de plus... C'est beaucoup risquer de vous promener comme cela!

Théodore est à peine sorti par la fenêtre que des cris, des jurements, parviennent jusqu'à nous. Je reconnais la voix d'Adolphe.

— Il paraît que son dénoûment a lieu, dit Darbois : si nous montions pour savoir ce qui se passe là-haut? — Oh! quant à moi, je ne veux pas bouger.

Mais Adolphe nous en évite la peine; il arrive, le visage renversé, l'air furibond... la main sur son grand couteau de cuisine : ajoutez à cela la farine qui lui couvre encore le visage, et on concevra qu'à son entrée je ne puis m'empêcher de rire avec Darbois, qui me dit :

— C'est absolument comme dans les *Fureurs de l'amour*.

— Où est-il, le lâche!... le scélérat! s'écrie Adolphe en entrant dans notre salle. — Ah! messieurs... si vous saviez ce que j'ai vu... Il a fui le misérable! il a eu peur de moi... il a bien fait!... Tenez... tenez... le voyez-vous!... le voilà qui passe l'eau... — C'est vrai il emporte même une serviette au traiteur... — Oh! je le retrouverai, grand traître!...

M. Théodore passait en effet la rivière, il s'était hâté de quitter l'île. Adolphe frappe sur notre table avec colère en disant :

— Être trompé par ses amis!... Ces choses-là n'arrivent qu'à moi! — Oh! pardonnez-moi, lui répond Darbois, cela arrive à beaucoup de monde. — Un homme en qui j'avais confiance... une femme que je croyais revenue sur toutes ces choses-là!... Quelle infamie!... — Prenez garde, vous allez renverser la poivrière dans votre matelote!... — Savez-vous ce que j'ai vu en entrant dans le cabinet?... — Nous nous en doutons. — Ma maîtresse et cet homme... qui... que... qui... enfin dans une position à ne pas pouvoir douter!... — Est-ce que vous leur avez jeté les assiettes à la tête alors? — Non... je n'en ai pas eu la force... Elles me sont tombées des mains. Dans le premier moment, je me suis senti bouleversé, anéanti... et le plus infâme... car voilà le plus atroce de l'affaire, c'est que, comme ils me re-connaissaient pas, ils se sont mis à me dire : Veux-tu t'en aller, imbécile!... avions-nous sonné?... cruche que tu es!... tu n'auras rien pour boire; tu ne sais pas ton métier.

Darbois et moi nous n'y tenons plus. Nous éclatons de rire, et, pour nous achever, le véritable garçon traiteur arrive avec son plat de friture en disant :

— Monsieur, voilà le bouquet... est-ce le moment de le monter?... — Allez au diable avec vos goujons! dit Adolphe en repoussant le garçon avec colère. Celui-ci, ne sachant ce que cela signifie, prend le parti de se retirer, lui et sa friture.

Cependant nous sommes parvenus avec Darbois à reprendre notre sérieux. Adolphe s'est assis dans un coin de la salle; il ne dit plus rien, mais il se serre les poings. Je vais tâcher de le calmer un peu lorsque tout à coup il se lève, tire de sa ceinture le grand couteau de cuisine, et s'écrie : — Il faut que ça finisse!

Il se dispose à sortir du salon; je cours à lui et l'arrête : — Où allez-vous, Adolphe? — Je remonte au cabinet... — Qu'allez-vous y faire?... — Je vais tuer Juliette! — Tuer Juliette!... que dites-vous là?... quelle horrible pensée!... — C'est une indigne catin!... vous le savez bien d'ailleurs... vous m'aviez averti qu'elle me tromperait encore... Oh! vous aviez raison... si je vous avais écouté... mais c'est fini... Laissez-moi; je veux la tuer... j'ai la tête montée.

Au lieu de le laisser, j'entoure Adolphe de mes bras. Darbois lui dit alors bien tranquillement :

— Monsieur, pourquoi voulez-vous tuer cette dame? — Parce que voilà deux fois qu'elle me fait cocu et ça finit par me pousser à bout. — Dans ces choses-là, monsieur, je croyais qu'il n'y avait que la première fois qui pouvait fâcher... Moi, ça me fâche toutes les fois; je ne m'y ferai jamais!... — Et quand vous aurez tué cette dame, en aurez-vous moins été trompé?...

Adolphe paraît frappé de cette réflexion, il se calme et balbutie : — Au fait, quand vous dites là est très-vrai!... Quand je la tuerais... je n'en serais pas moins trompé.

Je profite de ce moment et je lui ôte son couteau de cuisine, puis je vais me remettre à table à côté de Darbois.

Après s'être promené quelque temps dans la salle, Adolphe dit : — Malgré cela, je veux aller la revoir, la perfide! je veux la confondre de mes regards... jouir de sa confusion... de sa honte... car dans le premier moment où je me suis fait reconnaître, vous sentez bien que je n'étais plus à moi... je ne sais pas ce qui s'est passé... j'ai seulement vu l'autre sauter par la fenêtre... je la tue... Messieurs, soyez tranquilles, je n'ai plus aucune intention hostile; je vous le jure; je sens bien que ça ne remédierait à rien. D'ailleurs, si vous voulez me fouiller... je n'ai pas même un canif sur moi.

— C'est inutile! dit Darbois, nous vous croyons sur parole. Allez, monsieur, et rappelez-vous ces deux vers :

Le bruit est pour le fat; la plainte est pour le sot!
L'honnête homme trompé s'éloigne et ne dit mot.

— Ne dit mot !... c'est bien aisé à dire, reprend Adolphe ; mais je vous promets de me modérer. Je ne veux que jouir de la confusion de mon infidèle... C'est bien le moins que je me donne cette petite consolation.

Adolphe quitte le salon. — Tu as été bien bon de te donner tant de mal pour le retenir, me dit Darbois. — Comment ! Aurais-tu voulu que je le laissasse se porter à d'indignes excès ?... — Lui !... se porter à des excès !... mais, mon cher Arthur, tu ne vois donc pas que ce gaillard-là, avec dix couteaux de cuisine, n'aurait pas coupé un cheveu à sa maîtresse ? vraiment, tu ne le connais guère !... Je te réponds que sa fureur n'est pas dangereuse !... — C'est possible ; mais j'aime mieux lui avoir ôté son tranche-lard.

Nous achevons tranquillement notre déjeuner, nous n'entendons pas de bruit au premier.

— Tu vois qu'il ne casse même plus une seule assiette ! dit Darbois ; dans ce moment il demande peut-être pardon à sa dame... — Oh ! ce serait trop fort. — Il y a des hommes de cette pâte-là... Mais on descend... nous allons savoir quelque chose. — Darbois, si c'est Adolphe, fais-moi un plaisir : tâche de ne pas lui rire au nez...—C'est parfois difficile ! mais j'y ferai mes efforts...

Mon ami Darbois le vaudevilliste.

On ouvre la porte. Adolphe entre d'un air consterné et mélancolique. Il fait quelques pas autour de notre table en poussant de gros soupirs. Darbois prend la parole.

— Eh bien ! monsieur, êtes-vous un peu vengé ?... avez-vous bien joui de la honte de votre perfide ?... Vous l'avez sans doute trouvée pleurant sur sa faute ? — Ah ! oui... C'est étonnant comme elle pleurait !... je l'ai trouvée mangeant la friture que le garçon lui avait montée, et ayant déjà fait disparaître les deux tiers du plat !...—C'est une femme qui aime à faire quelque chose, à ce qu'il me paraît ; mais enfin, à votre arrivée, elle s'est précipitée à vos pieds... vous a demandé pardon ?... — C'est-à-dire qu'elle a pris une poignée de goujons qu'elle m'a lancée au visage, en me criant : Vous êtes bien hardi de vous présenter encore devant moi !... vous êtes un monstre !... Je vous déteste... je ne veux plus vous voir !... et mille autres choses dans ce genre-là.

— Voilà qui est beaucoup plus original que je ne pensais !... — Moi, je vous avoue que je m'attendais si peu à cet accueil que je n'ai plus trouvé une parole... Mais Juliette en trouvait toujours... Au milieu de ce feu de reproches qu'elle m'adressait, voici ce qu'il m'a semblé comprendre : c'est que, suivant elle, ce grand lâche de Théodore la prenait de force... et qu'au lieu de le laisser fuir j'aurais dû l'arrêter et le rosser... voilà ce qu'elle me reproche !

— Diable ! mais ceci change la thèse ! dit Darbois en se pinçant les lèvres pour ne pas rire. Si cette dame a été prise de force, ce n'est plus elle qui est dans son tort ; il s'agirait maintenant de rappeler vos

— Est-ce que je sais !... Est-ce qu'on peut bien juger ces choses-là.... — Et lorsqu'on vous a pris pour le garçon traiteur et qu'on vous a appelé cruche, que faisait cette dame ?... — Je ne sais plus... je crois qu'elle criait... Je n'en suis pas bien sûr...—Ah ! mon Dieu ! je donnerais six doigts de ma main pour savoir à quoi m'en tenir.

Darbois manque de s'étouffer pour ne pas éclater, et me dit à l'oreille : — Comment trouves-tu ce monsieur qui surprend sa maîtresse dans une position non équivoque avec un autre, et qui se désole de ne pas savoir à quoi s'en tenir ?... — Chut !... ne ris pas... je t'en prie... — Je suis enchanté de ton ami Adolphe, il vaut son pesant de fromage.

Darbois demande du café, des liqueurs ; il engage Designy à prendre du café avec nous, celui-ci refuse et vient se mettre à table, où, tout en continuant de refuser, il en est à son quatrième petit verre, lorsque tout à coup en regardant la rivière, il se met à crier :

— Ah ! mon Dieu... elle s'en va... tenez, messieurs, la voyez-vous dans ce batelet qui traverse l'eau ?... c'est elle... c'est la perfide....elle s'éloigne... Il me semble que c'est qu'elle avait de mieux à faire après ce qui est arrivé... Est-ce que vous vouliez partir avec elle ? — Oh non ! bien certainement, je n'irai plus jamais avec elle !... pour cette fois je vous jure bien que c'est fini... je ne donne pas dans les contes qu'elle me fait. — Malgré cela, convenez que vous êtes bien aise de ne pas l'avoir tuée. — Oh ! certainement... parce qu'enfin si on tuait toutes les femmes infidèles... où s'arrêterait-on ?... — Encore un petit verre, monsieur Designy ; vous seriez bien fou de vous chagriner pour une telle aventure. Je ne me chagrine pas... je suis vexé, voilà tout... c'est que j'étais habitué à cette femme-là. Je vous assure que vous en trouverez beaucoup qui lui ressembleront.

J'appelle le garçon ; Darbois et moi payons notre déjeuner, et nous nous disposons à partir, pendant que Designy se frotte le visage avec son mouchoir pour ôter la farine qui est restée sur sa figure.

— Je pars avec vous, nous dit Adolphe. — Vous n'allez pas retrouver vos amis ?... — Oh ! non, je n'ai plus envie de m'amuser. — En ai-je encore ? — De quoi ? — De la farine. — Un peu sur le nez...— Je me souviendrai de mon déguisement en garçon traiteur ! — Ma foi vous étiez très-bien.

Nous sortions de chez le traiteur, lorsque le garçon court après nous et arrête Adolphe en lui criant :

— Eh ben ! monsieur, vous oubliez de payer votre dépense... — Ma dépense ?... mais je n'ai rien pris chez vous, moi. — Mais votre dame et votre ami ont pris, eux ; et puisqu'ils n'ont pas payé, il faut bien que ce soit vous. — Qu'est-ce que vous dites, garçon ? vous radotez. — Non, monsieur ; eh ben ! ça serait commode... personne ne payerait... N'avez-vous pas dit que le monsieur et la dame du cabinet vous attendaient ? — Ce n'est pas une raison pour que je paye pour eux... — Si fait , puisque vous les avez laissés partir sans compter... Pour le grand monsieur, je ne sais pas par où il est sorti, nous ne l'avons pas vu ; mais la dame, oh ! elle nous a bien dit en s'en allant : C'est le monsieur qui s'est déguisé en farine qui payera tout. — Elle a dit cela ? — Oui, monsieur. — Cette femme-là... abuse de moi jusqu'à la corde !... je ne veux pas payer !... — Alors, monsieur, venez vous expliquer avec la bourgeoise ; mais je ne vous laisserai pas partir comme ça.

Le garçon prend le bras d'Adolphe ; celui-ci le repousse ; cela va finir par des coups ; je me mets entre eux. Darbois dit à Adolphe :

— Mon cher monsieur, quand vous aurez battu ce garçon et reçu quelques bons coups de poing, il n'en faudra pas moins que vous finissiez par payer ; je crois qu'il serait plus sage de commencer par là, à moins que vous ne teniez absolument à boxer.

Adolphe pousse encore un soupir, et dit au garçon : — Eh bien ! voyons, qu'est-ce qu'on doit enfin ? — Voici la carte, monsieur.

Adolphe prend la carte, examine le total, et fait une grimace horrible en s'écriant : — Vingt-six francs ! pour un déjeuner de deux personnes ! c'est exorbitant ! —

— Mais, monsieur, faites donc attention qu'ils ont bu du bordeaux-laffitte et du champagne mousseux frappé de glace.

— Boire du champagne frappé, avec de la matelote !... Scélérat de Théodore !... si je te retrouve, tu payeras cher ce déjeuner-là... Qu'est-ce que c'est que ces deux francs cinquante ajoutés en bas ? — C'est pour une serviette que le monsieur a emportée par mégarde, sans doute. — Le lâche !... il avait si peur !... emporter la serviette !... indigne ami !... moi, son actionnaire !... car j'allais me mettre aussi dans son entreprise sous la Seine. Dès qu'il faisait une entreprise, il voulait à toute force me mettre dedans ! Et ces quatre francs dix sous ?... — C'est pour les assiettes que vous avez cassées, monsieur. — Ah ! quant à cela, je n'ai rien à dire... c'est trop juste... au moins, c'est moi qui ai cassé les assiettes... Allons... puisqu'il le faut ; tenez, garçon, ça fait un total de trente-trois francs.

Adolphe paye en soupirant, et Darbois lui dit : — Les fritures sont très-chères à l'île Saint-Denis.

Nous quittons l'île ; arrivés à Saint-Denis, nous prenons la voiture pour retourner à Paris. Adolphe se place au fond et n'ouvre pas la bouche pendant le chemin.

— J'irai vous voir, monsieur Arthur; j'irai écouter vos conseils.

Je ne lui réponds rien, car je préfère qu'il ne vienne pas. Je m'éloigne avec mon collaborateur, auquel je dis : — Voilà la journée écoulée, et nous n'avons pas trouvé le dénoûment de notre pièce. — C'est égal, nous n'avons pas perdu notre temps; je t'assure qu'il y a un vaudeville à faire sur la friture à l'île Saint-Denis.

CHAPITRE XVI. — La baronne de Harleville.

Le lendemain de cette aventure, je réfléchis que j'aurais dû profiter de ma rencontre avec Designy pour le questionner au sujet de Clémence. Peut-être a-t-il entendu Juliette parler de M. Moncarville et de sa femme; peut-être pourrait-il me fournir quelques renseignements pour découvrir la demeure de cette dernière. Ceci n'est qu'une

— Monsieur cherche quelque chose... je vais mettre mes lunettes et vous aider. — Oui, monsieur; je cherche le dénoûment d'un vaudeville en trois actes; si par hasard vous le trouvez, je vous serai infiniment obligé.

bien légère espérance, car il n'est guère probable que Juliette conte à Adolphe ses liaisons avec Moncarville; mais lorsqu'on ne sait plus comment découvrir un mystère qui nous intéresse, on se rattache aux plus faibles lueurs qui pourraient nous mettre sur les traces de la vérité.

Huit jours ne sont pas écoulés lorsque je reçois la visite d'Adolphe; j'en éprouve un sentiment de plaisir, parce que je compte lui parler de Clémence. Il entre chez moi d'un air fort triste; il est pâle, sa figure est allongée, et ses yeux très-rouges semblent vouloir sortir de sa tête.

Je suis bien sûr qu'il va me parler de Juliette; je ne l'écouterais pas si je n'avais dessein de l'interroger à mon tour; mais ce motif me décide à avoir de la patience.

En effet, après quelques propos insignifiants, Adolphe se jette dans un fauteuil, tire son mouchoir, s'essuie les yeux et balbutie en sanglotant :

— Monsieur Arthur, vous voyez devant vous un homme bien à plaindre !... un homme réellement malheureux.

— Qu'est-ce donc, Adolphe? est-ce qu'il vous est arrivé quelque chose de nouveau depuis notre rencontre à l'île Saint-Denis?

— Mon Dieu non !... il ne m'est rien arrivé... je voudrais bien qu'il me fût survenu quelque aventure... pour me distraire... mais non... c'est toujours la même chose qui me tuc... c'est de ne pas savoir à quoi m'en tenir relativement à l'amour de Juliette pour moi !...

— Vous êtes difficile à persuader !... à votre égard, il y a des gens qui n'auraient pas le moindre doute. — Vous croyez qu'il y a des gens qui ne douteraient pas de son innocence? — Je ne vous disais pas cela... — Ah ! je croyais. Ecoutez donc, c'est que plus j'y réfléchis, d'abord ce Théodore est un vilain garnement !... qui n'a aucun respect pour le beau sexe... il paraît quelquefois des femmes d'une façon qui révoltait Juliette ! il nous disait : Moi, on ne m'a jamais résisté. Quand une femme me plaît, je suis sûr de mon affaire... il faut que cela soit,

Hein ! dites donc?.. un homme qui ose dire : il faut que cela soit, est-ce que ça ne signifie pas : Tous les moyens me sont bons... même la violence? C'est le langage d'un satyre!

— Cela peut signifier cela si l'on veut. — Oh ! le traître?... si je l'avais bien jugé plus tôt !... Depuis quelques jours, j'ai appris de lui des traits indignes !... il y a une douzaine de traiteurs chez lesquels il allait dîner pendant un mois à crédit, et puis, bien bonjour! dès qu'on lui demandait de l'argent, ce monsieur faisait ce qu'on appelle un *pouf*; il ne revenait plus.

— Je n'ai pas besoin que vous m'appreniez que cet homme est un escroc, il y a longtemps que j'en suis persuadé.

— Mais, c'est à l'entendre, c'est toujours lui qui était la dupe des autres ! — Telle est la tactique des fripons; ils vous volent, et crient au voleur; ils vous doivent, et vous réclament de l'argent; ils vous diffament, et vous demandent des dommages pour solde de leurs infamies; j'en sais même qui commettent les actions les plus basses, les plus dégoûtantes, dans l'espoir que les personnes qu'ils outragent porteront plainte, parce qu'alors, c'est eux qui se plaindront aussi, qui attaqueront et qui viendront se dire lésés dans leurs intérêts. Que voulez-vous? la friponnerie est devenue un commerce, et, comme les fripons connaissent leur code, et toutes les ressources de la chicane, beaucoup mieux que les honnêtes gens, vous voyez les premiers en imposer à la justice, qui est trop souvent mal nommée.

— Oh! oui, monsieur Arthur! ce que vous dites là est bien vrai! Juliette n'aimait pas Théodore; elle est très fine; Juliette, elle me disait souvent : Ne prête pas ... ton argent à ton ami... ne va pas si vite... attends un peu !... il faut voi ... es entreprises... Le scélérat !... il paraît qu'elles les a ... ses ent .... prises !...

— Ecoutez, Adolph ... vous ferez ce que vous voudrez avec votre Juliette, je vous ai dé já dit que je ne vous donnerais plus aucun conseil, laissons donc ce sujet et veuillez répondre à quelque chose qui m'intéresse à mon tour.

— Vingt-six francs, c'est exorbitant. — Mais, monsieur, faites-donc attention, du bordeaux-laffitte et du champagne frappé.

— Volontiers, monsieur Arthur... tout ce que vous voudrez ! hi ! hi ! hi !... je ne mange plus !... je ne dors plus !... je suis malheureux comme les pierres !... Cette créature-là m'a jeté un sort... il n'est pas possible !... hi ! hi ! hi !...

— Avez-vous fini de pleurer, Adolphe? en vérité, vous me faites pitié ! — Je crois bien ! Je me fais pitié à moi-même... je maigris... je fonds dans mes habits...

— Voulez-vous m'écouter? — Je vous écoute, allez toujours... — Juliette vous a-t-elle parlé d'un M. Moncarville? — Moncarville... ah! oui... un vieux... un original qui a absolument voulu adopter le petit Oscar, qui l'a pris chez lui et le traite comme son fils... hi ! hi ! hi !... Quand je pense à tout cela et que je ne le trouve plus, ça me donne tout de suite mal au ventre !... — Juliette vous a-t-elle aussi vient de quitter son mari ? — Non... je n'ai jamais entendu prononcer ce nom-là... Ah ! attendez !... une fois pourtant, je me rappelle que Juliette a dit, d'un air tout joyeux : M. Moncarville a expulsé sa femme de chez lui, ça va joliment faire bisquer votre ami Arthur... — Et ensuite? — Voilà tout. — Elle n'a rien dit qui puisse indiquer la retraite de Clémence ? — Rien du tout. — Plus d'espoir ! — Comme vous dites... plus d'espoir !... car , s'il faut vous l'avouer... je lui ai écrit deux fois , moi. — A Clémence? — Eh ! non... est-ce que je connais cette dame? à Juliette. — Depuis l'aventure de la friture?... — Oui, j'ai écrit à Juliette pour lui demander des éclaircissements sur sa conduite chez le traiteur ; eh bien! croiriez-vous qu'elle a eu la barbarie de me renvoyer mes lettres sans les lire... en disant à mon commissionnaire : Je ne veux plus entendre parler de celui qui vous envoie... qu'il me laisse tranquille... je vais me retirer à la Trappe... Hi ! hi ! hi! elle veut se faire trappiste!...

Je n'écoute plus Adolphe, je ne suis occupé que de celle dont je ne puis découvrir la demeure. Après avoir encore parlé, pleuré et gémi pendant quelque temps, Designy se lève et me dit adieu ; je le laisse partir sans même lui répondre; la lâcheté de caractère de ce jeune homme a dissipé le reste d'amitié que je ressentais encore pour lui.

Il faut perdre l'espoir de revoir Clémence , à moins que sa volonté ne la ramène près de moi; mais, depuis qu'elle est libre, puisqu'elle n'a pas voulu me revoir, c'est que sans doute elle aussi m'a oublié, et lorsque je me désespère d'avoir causé ses malheurs, dans les bras d'un autre elle en a peut-être perdu le souvenir. Voilà ce que je me dis... pour me consoler; mais tout en me disant cela je n'ai pas envie de me croire.

J'ai cessé d'aller dans le monde, où je ne m'amusais pas ; je cherche des distractions dans le travail, dans l'étude, et je me dis encore : Heureux celui qui cultive les lettres ! avec le goût de la littérature il n'est point d'entière solitude, de total abandon ; les plaisirs des sens passent vite, ceux du cœur se changent souvent en peines, mais ceux de l'esprit nous restent fidèles jusqu'à la fin de notre carrière.

Un soir cependant je ne sais quelle fantaisie me prend d'aller chez M. de Reveillère. Dans cette maison il m'est presque toujours arrivé quelque événement qui a influé sur ma vie, et pourtant j'éprouve le désir d'y retourner. Il y a près de trois mois que je n'y suis allé; je suis curieux de voir s'il m'y arrivera encore quelque chose d'extraordinaire, car je n'y cherche plus personne, et je ne vois pas quelle rencontre pourrait maintenant y troubler mon repos.

Je cède à l'idée qui m'est venue ; qui sait d'ailleurs si ce n'est point le destin qui le veut ainsi, et qui me pousse vers des événements que je voudrais en vain éviter ? Sommes-nous bien réellement les arbitres de notre volonté, et n'y en a-t-il pas une plus forte qui nous fait agir? Je n'ose décider cette question; mais en bien des occasions il m'a semblé que les hommes n'étaient que des machines.

J'arrive chez M. de Reveillère, mes yeux parcourent les salons ; aux tables de jeu, je cherche M. Moncarville et Follard; au piano , à la danse je regarde si j'apercevrai madame d'Asvéda, que je verrais maintenant sans éprouver aucune émotion , car depuis ma visite chez elle cette dame m'est devenue totalement indifférente; je m'étonne même d'avoir pu éprouver une passion violente pour elle : singulier sentiment que l'amour !... qui s'empare brusquement de tout notre être, qui semble indélébile dans nous, que nous croyons devoir durer éternellement, quoique l'expérience soit là pour nous prouver le contraire . et qui souvent, en s'éteignant, ne laisse aucune trace de son passage !

Mais je ne vois aucun visage de connaissance, si ce n'est le jeune homme qui se plaignait d'avoir prêté de l'argent à M. Follard. Il vient à moi, il aime à causer; ses observations, ses remarques caustiques me font rire, et il y a déjà quelque temps que je l'écoute, lorsque j'entends annoncer : — Monsieur le baron et madame la baronne de Harleville.

J'avoue que cette annonce me fait tressaillir : la baronne de Harleville! Mon père se serait-il remarié?... cela serait possible; et bien certainement ce ne sera pas cru obligé de me faire part de son mariage.

Je me retourne pour voir entrer les personnes que l'on vient d'annoncer. Quel est mon étonnement, lorsque dans la dame que mon père tient par la main je reconnais Adèle... madame d'Asvéda.

Je suis obligé de m'appuyer contre la cheminée près de laquelle j'étais debout, car je ne puis dire ce qui se passe en moi ; ce n'est pas un mouvement de jalousie qui m'a fait pâlir ; Oh! non, cette femme m'est bien entièrement indifférente! mais la retrouver épouse de mon père , c'est une chose qui me semble incroyable.

Adèle a une toilette d'une élégance à attirer tous les regards ; des diamants étincellent à son cou, à ses oreilles ; un sentiment de plaisir, ou plutôt de triomphe, anime ses traits ; de son côté, le baron semble rayonnant; il a l'air fier d'être le mari d'une aussi jolie femme.

— Eh bien! me dit mon jeune voisin en me poussant le bras pendant que je regarde encore la nouvelle baronne, que vous avais je dit la dernière fois que je vous ai vu, au sujet de la belle d'Asvéda? elle tient au solide, elle se fera épouser par quelque vieux qui aura de

l'argent... cela n'a pas manqué; le baron de Harleville s'est laissé prendre dans ses filets... pauvre cher homme ! qui a l'air tout émerveillé de sa femme!... il n'y a vraiment pas de quoi!... — Ce mariage est tout nouveau sans doute?... — Oui, malgré cela ils sont déjà venus plusieurs fois ici depuis; oh ! la baronne aime le monde... les plaisirs! elle fera joliment courir les bals à son mari, à moins qu'il ne la laisse courir avec un autre. Mais on dit le baron très-jaloux!... pauvre fou ! on dit diable s'est-il fourré alors!... ce n'est pas qu'il soit bien vieux; mais cette femme-là ne l'aime pas, je le gagerais!... elle l'a pris pour son argent; on dit que le baron a une quinzaine de mille francs de rente ; ce n'est pas assez pour faire une si grosse folie ; la jeune femme l'aura bientôt ruiné... est-ce que vous ne pensez pas comme moi? — Je vous avoue que je suis surpris de ce mariage que je ne puis encore en revenir... — Moi, il ne m'a aucunement étonné. — Cependant le baron de Harleville est un homme froid , sévère, qu'on pouvait croire moins qu'un autre capable d'une telle folie. — Fiez-vous donc aux airs froids et sévères : ceux-là sont toujours les plus chauds en dedans!... On m'a dit que le baron avait un fils de sa première femme , mais un fils avec lequel il est brouillé et qu'il ne voit pas depuis longtemps. C'est peut-être aussi pour faire niche à ce fils qu'il a eu l'idée de se remarier. — Vous pourriez avoir raison... — Je n'en tiens pas moins le pari que je vous offrais l'autre fois... — Quel pari ? — Que celui qui épouserait la belle d'Asvéda sera cocu. — Ah !... quelle idée !... — Idée très-rationnelle, surtout depuis le mariage qu'elle vient de faire. A présent qu'elle n'est plus veuve, j'ai déjà remarqué qu'elle reçoit beaucoup plus gracieusement les hommages des jeunes gens !... son affaire est faite, elle ne va plus songer qu'à s'amuser. Tenez, si vous voulez, nous lui ferons la cour tous les deux, et le premier heureux payera un dîner au café de Paris... ça y est-il?... — Non, non!... je n'ai aucune envie de faire la cour à cette dame... — Pourtant la première fois que vous l'avez aperçue ici, vous en paraissiez très-enthousiasmé; vous ne la perdiez pas de vue... j'ai même remarqué que vous m'avez quitté brusquement pour la suivre quand elle est partie... Oh ! c'est que je vois tout, moi !... — Je vous assure que vous vous êtes mépris sur mes sentiments. Je n'éprouve pour cette dame que la plus parfaite indifférence. — Diable !... comment vous les faut-il alors?... moi , depuis qu'elle est baronne, elle me séduit beaucoup , et je suis décidé à lui faire la cour. — Prenez garde ; vous savez que le baron est fort jaloux... — Oh! la jalousie d'un mari !... est-ce qu'on fait attention à cela?

Le jeune homme me quitte pour aller rôder près de madame de Harleville; moi, je m'éloigne au contraire de ma nouvelle belle-mère,, car je m'aperçois qu'elle m'a vu. Ses yeux étaient attachés sur moi, elle cherche peut-être dans les miens du dépit, de la douleur de la voir à un autre ; elle n'y trouverait pas tout cela ; mais je ne veux pas même qu'elle puisse croire que je m'occupe d'elle.

Je passe dans une pièce où l'on joue ; j'y rencontre mon père ; en m'apercevant, un sourire ironique vient effleurer ses lèvres. Croit-il donc m'avoir rendu bien malheureux en se remariant? pense-t-il que je pleure la fortune qu'il pouvait me laisser? Ah! que cette pensée est loin de mon cœur, et combien mon père me juge mal! Qu'il soit heureux avec cette femme à laquelle il vient de donner son nom, que sa vieillesse trouve près d'elle les soins , les attentions qu'il n'a pas voulu recevoir de son fils : voilà le seul désir que je forme, puisqu'il ne m'est plus permis d'espérer de contribuer moi-même à son bonheur.

Après avoir joué quelque temps, je vais m'asseoir près d'une dame assez jolie, que je connais par ses ouvrages et semble trouver quelque plaisir à causer avec moi. Il y a déjà quelque temps que je suis près de cette dame, lorsque madame de Harleville vient s'asseoir en face de nous. Sa présence me contrarie, mais je ne veux point le laisser paraître, et je continue d'entretenir mon aimable voisine. Tout en ayant l'air de ne point regarder Adèle, il m'est impossible de ne pas m'apercevoir qu'elle fait tous ses efforts pour attirer mon attention. Elle parle haut, ou bien il lui échappe une exclamation, un éclat de rire, deux fois même je lui ai entendu prononcer mon nom assez haut, et je me tourne vers la personne avec qui je cause me dit en souriant : — Voilà une jolie femme qui parle de vous.

Mais ce manége ne lui réussissant pas, madame la baronne change tout à coup de place, et vient s'asseoir tout à côté de moi en s'écriant : — Je ne sais ce que j'ai... mais ce soir je ne puis rester longtemps au même endroit.

Que signifie cette obstination à me poursuivre? elle pense sans doute que je suis désespéré de la savoir remariée, elle veut absolument que cela me désole, sa coquetterie ne peut pas supporter que son changement de situation me soit indifférent.

Si la dame avec laquelle je causais ne me parlait encore , j'aurais cédé la place à ma nouvelle belle-mère; mais en m'éloignant en ce moment, je crains de paraître malhonnête vis-à-vis de cette dame; ensuite n'aurais-je pas l'air de fuir la baronne, de ne pouvoir supporter sa vue?..... elle se tromperait sur mes motifs ; il vaut mieux rester.

Plusieurs jeunes gens viennent papillonner autour de la séduisante baronne; elle répond quelques mots sans suite aux galanteries qu'on lui adresse. Assis contre elle, il me serait difficile de ne pas entendre tout ce qu'elle dit ; mais je n'ai nullement l'air de m'en occuper ; je continue ma conversation, et je ne tourne pas la tête de son côté.

Bientôt je vois l'essaim de jeunes gens se disperser. C'est que le mari vient de s'approcher ; j'entends la voix de mon père, il s'adresse à sa femme : — Vous amusez-vous un peu, ma chère Adèle ?... — Mais oui, beaucoup... — Vous ne voulez pas jouer ?... — Non , j'en serais bien fâchée ! — Pourquoi restez-vous dans ce salon, où l'on ne fait pas de musique ?... — J'y suis très-bien , la musique me fatigue quelquefois... — Vous seriez plus gaîment là-bas... où l'on danse... — Non , je vous répète que je me trouve bien..... vous savez que je suis rarement d'avis de faire les volontés des autres, il faut au contraire que l'on fasse les miennes. — Ce sera toujours un plaisir, un devoir pour moi , de satisfaire à vos moindres désirs.

En disant ces mots, le baron prend la main de sa femme, que probablement il serre dans la sienne ; puis il va se placer à une table de jeu.

Il n'y a que quelques minutes que son mari s'est éloigné d'elle, lorsque madame de Harleville me dit à l'oreille : — Parce que je suis remariée, est-ce que vous n'osez plus ni me regarder ni me parler ?....

Je ne réponds rien. Je ne me retourne pas plus ; mais au bout de quelques instans, saisissant le premier prétexte pour me lever, je quitte la place et je sors du salon, toujours poursuivi par les regards de la baronne.

Après avoir fait encore quelques tours dans les autres pièces, je gagne l'antichambre et je m'éloigne en me disant : J'avais bien raison de m'attendre à quelque événement nouveau en venant chez M. de Reveillère ! mais jamais.... non jamais je n'aurais deviné qu'Adèle, que ma dame inconnue, deviendrait un jour ma belle-mère !

CHAPITRE XVII. — Une Adresse.

— Parce que je suis remariée , est-ce que vous n'osez plus ni me regarder ni me parler ? Ces mots que madame de Harleville m'a dit à l'oreille dans le salon de M. de Reveillère me reviennent souvent à l'esprit. Elle voudrait donc que je fusse encore amoureux d'elle , que je lui fisse la cour ?... mais pourquoi voudrait-elle cela, puisqu'elle ne m'a jamais aimé ?... pour se moquer encore de moi, c'est probable. J'en suis désolé, madame , mais il n'en sera rien. Certes vous êtes bien séduisante ! mais alors même que votre conduite à mon égard n'eût pas déjà éteint mon amour, le titre que vous portez maintenant suffirait pour faire fuir jusqu'aux plus légers souvenirs de ce sentiment. Je sais bien qu'Adèle ignore les liens qui m'attachent à son mari. Le baron lui aura sans doute dit qu'il avait un fils ; mais je suis certain qu'il ne lui aura pas appris le nom sous lequel je suis connu dans le monde.

Décidément je ne veux plus retourner chez M. de Reveillère ; je crois qu'il y a des maisons qui nous portent malheur et dans lesquelles nous finirions par nous rompre le cou.

Mais il y a aussi de ces hasards qu'on ne peut empêcher, qu'on ne saurait prévoir... maintenant que je désire ne plus me trouver avec la charmante Adèle, et que je ne vais plus dans la réunion où je pouvais la rencontrer, je ne puis faire un pas aux promenades sans y apercevoir madame de Harleville. Au spectacle , si je me mets dans une loge vide, M. le baron et sa femme arrivent et se mettent à mon côté ; que je choisisse une place près de gens étrangers, afin d'être certain qu'Adèle ne sera plus ma voisine, en levant les yeux je l'aperçois en face de moi , et ses regards, presque continuellement attachés sur ma personne , me gênent , m'embarrassent et me font souvent quitter le spectacle.

Ce jeune homme avait raison en disant que la nouvelle épouse du baron mènerait grand train la fortune de son mari. Il me paraît qu'elle lui fait continuellement courir les spectacles , les concerts , les bals. Eh bien ! pendant quelque temps je me priverai de tout cela, et nous verrons si le destin me rapprochera encore de madame de Harleville.

Je vais quelquefois me promener aux Tuileries , mais de grand matin , et à l'heure où la belle société repose encore. J'ai revu deux fois le petit Oscar, lorsque j'étais aux Tuileries avec son père. Lorsque ce enfant m'aperçoit , il me fait un aimable sourire, mais il a l'air de ne pas oser s'approcher de moi , sans doute on lui aura défendu ; je suis fâché de ne plus pouvoir lui parler. Chez son père, il entend peut-être prononcer le nom de Clémence, et je voudrais tant avoir de ses nouvelles ! Si je l'avais pu , j'aurais questionné cet enfant... je rôde quelquefois autour de lui, lorsque sa balle ou son cerceau l'entraînent un peu loin ; mais M. Moncarville ne le perd pas de vue, et dès qu'il m'aperçoit, il appelle l'enfant d'une voix sévère, et ne tarde pas à s'éloigner avec lui.

Un matin , j'étais aux Tuileries, et je regardais de loin le fils de Juliette, qui son père tenait par la main, lorsqu'un homme passa près de M. Moncarville , le salue très-humblement , et après lui avoir dit quelques mots, continue son chemin de mon côté.

J'ai suivi cet homme de mes regards... il ne m'est pas inconnu... singulier hasard ! c'est M. Lubin, l'homme de lettres; son costume,

toujours aussi râpé, n'annonce point de changement heureux dans sa fortune ; cependant il y a dans sa tournure une gravité prétentieuse. Je cours à lui , je l'arrête par le bras.

— Bonjour, monsieur Lubin... vous venez comme moi jouir de bonne heure de cette promenade ?...

M. Lubin me regarde , semble tout surpris de me voir l'aborder et me répond d'un air assez peu aimable :

— En effet , monsieur, il fallait que je passasse dans ce jardin, et que je le traversasse... mais non pas pour que je m'y promenasse...

Je me rappelle alors que j'ai assez mal reçu ce pauvre homme la dernière fois que je l'ai trouvé chez ma portière, et je m'écrie :

— Tenez , monsieur Lubin , je vois que vous m'en voulez un peu parce que la dernière fois que je vous vis, je m'y suis pas le temps de vous écouter... j'ai eu tort, j'en conviens, car je vous avais donné rendez-vous ; mais que voulez-vous ? ce soir-là il était tard... j'étais fatigué... je ne sais trop ce que je vous ai dit !...

La figure de M. Lubin se déride, et il sourit presque en me répondant :

— Monsieur, du moment que vous aviez envie de dormir, tout est oublié ; certainement, je ne blâme pas que vous tombassiez de sommeil pour m'être incivil..... Entre confrères, on n'a pas l'habitude de se mal recevoir !...

— Vous avez parfaitement raison, monsieur Lubin ; mais nous autres hommes de lettres, nous avons souvent des maux de nerfs, des vapeurs , comme les jolies femmes. Ces jours-là un rien nous donne de l'humeur, nous contrarie... nous ne sommes ni en état de travailler ni de causer...

— Je sais cela, monsieur, je l'ai éprouvé très-souvent moi-même : il y a des jours où je suis stupide !... nul !... quelquefois cela dure des semaines entières !... alors il me serait impossible de composer... de versifier ; je ne trouverais pas une rime à communément ! mais cela se dissipe, et ensuite on reprend tous ses avantages...

— Monsieur Lubin , je viens de vous voir saluer un monsieur qui s'éloigne là-bas... avec un petit garçon... c'est , je crois , M. Moncarville.

— Vous ne vous abusâtes point. C'est M. Moncarville et son fils, le jeune Oscar... je dis fils quoique l'enfant ne soit pas naturel, et que la loi dise : Pater est quem nuptiæ demonstrant.

— Oui , oui , je le sais... Vous connaissez ce M. Moncarville ?

— Je le connais , si vous voulez... c'est plutôt à son petit bâtard que je suis attaché. Je lui montre les langues mortes et autres, l'écriture et les quatre règles...

— Ah ! vous êtes précepteur du petit Oscar ? — Précepteur... si vous voulez !... vous sentez bien que ma vocation m'appelle à autre chose, et lorsque par mes ouvrages je devrais espérer une place à l'Académie, il m'est bien pénible d'être forcé de faire conjuguer un petit garçon... de perdre mon temps à lui apprendre alpha, béta, gamma, delta, et cætera !... mais enfin... puisque les hommes ne veulent pas m'entendre, je me suis dit : Parlons aux enfants...

— Cela fait votre éloge, monsieur Lubin ; est-ce que vous logez chez M. Moncarville ?

— Non , je n'y loge pas... j'en suis fâché... cela m'arrangerait d'avoir la table comprise dans mes honoraires... mais M. Moncarville ne l'a point voulu. Je ne vais lui donner des leçons tous les jours, excepté le dimanche et la fête... Je ne suis point mécontent de mon élève ; il mord au grec... dès qu'il me voit, il s'écrie : Alpha ! béta ! béta ! béta !... et je ne peux plus l'arrêter.

— Mais il faut pourtant que vous soyez assez intime avec M. Moncarville pour qu'il vous ait appris que son fils n'était pas...

— Oh ! j'ai deviné cela par un mot d'un côté... un mot d'un autre... Le petit garçon est très-bavard... et puis je sais très-bien que M. Moncarville est jeune, et qu'il vient de se séparer d'avec sa femme, qui n'est point la mère du jeune Oscar.

— Ah ! vous savez tout cela... Je croyais que M. Moncarville n'aimait pas à parler de toutes ces affaires... — Il n'en parle point non plus... mais un jour je fus à même de lui rendre un léger service ; il me reçut pour me rendre chez moi quelque chose de plus légitime ; c'est là légitime, quoique sa conduite...

— Il serait possible , monsieur Lubin ! vous auriez été chez Clémence, vous savez où elle demeure ?...

— Clémence... qu'est-ce que c'est que Clémence ? — La femme de M. Moncarville. — J'ignorais qu'elle se nommât ainsi... Mais pardon, une autre leçon m'appelle... c'est la versification que je vais enseigner à un jeune garçon confiseur qui se destine aux devises. — Monsieur Lubin, encore un mot, de grâce !... L'adresse de madame Moncarville. — L'adresse de madame Moncarville... attendez donc... c'est dans une rue... que je ne connaissais pas... dans un quartier qui m'était étranger... Vous allez me le rappelasse... il faudrait que je le revisse... — Ah ! cherchez... je vous en supplie... cherchez... — Je chercherai chez moi, j'ai l'adresse écrite sur une carte. M. Moncarville me l'avait donnée. — Chez vous? eh bien ! courons-y... prenons un cabriolet... — Je ne puis, mon élève m'attend. Ce malheureux jeune homme n'avait aucune idée de la poésie, il ferait rimer amour avec charbon. Il avait voulu faire une chanson pour la fête de son confiseur, et tous les vers finissaient par le même mot..... Je puis vous en citer un couplet :

> Vous qui faites bien les dragées,
> Vous dont on aime les dragées,
> Si je vous donnais des dragées,
> Vous diriez : ce sont mes dragées;
> Mais je veux...

— Ah! monsieur Lubin! si vous saviez quel prix j'attache à connaître l'adresse de cette dame... quel service vous me rendriez!...

— Monsieur, je suis tout disposé à vous être agréable... quoique vous n'ayez point voulu m'aider à faire jouer mon *Chaos!*... ouvrage qui aurait eu un succès fou! surtout dans ce moment où l'on veut trouver de l'actualité dans les pièces de théâtre...

— J'ai eu tort, sans doute, monsieur Lubin; mais vous me relirez votre *Chaos*... votre *Déluge*, tout ce que vous voudrez... après que vous m'aurez dit l'adresse de cette dame...

— Monsieur, demain matin si vous vouliez que je passasse chez vous?... j'aurai recherché cette adresse, et je l'aurai infailliblement retrouvée!...

— Eh bien! soit... demain matin... puisque vous ne pouvez me la dire tout de suite... Comme j'ai eu l'honneur de vous le mentionner, il faut que j'aille trouver un élève à qui j'apprends la versification. Je lui ai déjà dit qu'il mettait beaucoup trop de douceur dans ses quatrains; mais avec mes leçons et mes exemples... A demain matin, monsieur Lubin, je compte sur vous, ne l'oubliez pas!... Ah! j'ai la mémoire de *Mnémosyne!*... j'apporterai mon manuscrit du *Chaos* avec les additions que j'y ai faites... Tout ce que vous voudrez, monsieur Lubin... Ah!... pardon, monsieur Arthur, encore un mot, s'il vous plaît... dois-je me rendre chez vous avant ou après déjeuner?...

— Avant, monsieur Lubin, avant, cela va sans dire!... nous déjeunerons ensemble. — Cela m'arrange; vu que je préfère sortir à jeun... A demain donc... — Avec l'adresse que je vous demande... — Oui, monsieur... et le manuscrit du *Chaos*... J'ai bien l'honneur de vous saluer.

Monsieur Lubin s'éloigne, et moi je quitte les Tuileries tout joyeux de ma rencontre, le cœur plein de l'espoir qui vient de m'être rendu, me flattant de revoir bientôt cette femme que j'aime tant, que j'adore... surtout depuis que j'ai causé ses malheurs et qu'elle ne m'a plus donné de ses nouvelles; mais il faut presque toujours être privé d'un bien pour en apprécier toute la valeur.

On doit penser avec quelle impatience j'attends le lendemain, moi qui ne sais point sentir froidement ni être heureux ou malheureux à demi; moi dont l'imagination va toujours au delà du probable, qu'un rien abat, qu'un rien enchante, et dont le cœur n'a jamais su raisonner! On prétend que c'est fort malheureux d'être ainsi fait, que les caractères froids, réfléchis, supportent beaucoup mieux les peines, y sont moins sensibles; oui, c'est présumable; mais, comme tout doit être compensé, je crois que ceux-là ne sentent pas si vivement les plaisirs.

J'ai fait apporter un copieux déjeuner; c'est le moins que je tâche de bien traiter ce pauvre homme que je suis sûr de retrouver aujourd'hui; il est terriblement ennuyeux avec ses ouvrages!... mais il va m'aider à revoir Clémence; je le supporterai, s'il le faut, la lecture entière de son *Chaos*. Dans le monde il y a bien des gens qui ennuient sans qu'il y ait de compensation.

A neuf heures précises, mon convive se présente avec je ne sais combien de rouleaux sous les bras.

— Je craignais de me présenter trop tôt, dit M. Lubin en me saluant jusqu'à terre.

— Oh! il y a longtemps que je suis levé et que je vous attends; asseyez-vous, il faut d'abord déjeuner...

— C'est juste, comme le dit... je ne sais plus quel auteur... mais je ne sais plus quel poème : *Un déjeuner réchauffé ne vaut jamais rien.*

— Oui, c'est cela, avec un pied de trop... *Un pied... comment?*...

— Laissons les citations, monsieur Lubin, permettez que je vous serve... — Monsieur, je suis confus... — Mais pardonnez-moi si je vous adresse tout de suite une question... Vous êtes-vous rappelé votre promesse? — Oui, monsieur, je n'avais garde de l'oublier!... Ainsi, vous m'avez apporté... — Mon *Chaos*, avec toutes les variantes, six dénoûments de plus... il m'a semblé que ce serait à la fois neuf et agréable pour un théâtre, de pouvoir, en jouant une pièce toute une semaine, par exemple, en changer chaque soir le dénoûment. Ainsi, on mettrait sur l'affiche : Hier, cela finissait bien, ce soir, cela finira mal... demain, ça finira mieux... ou... — Ah! monsieur Lubin, ce n'est pas de cela que je vous parlais; votre *Chaos* est fort intéressant, j'en suis persuadé, mais vous ne pouvez m'en vouloir de désirer, avant tout, connaître l'adresse de madame Moncarville! — L'adresse de madame Moncarville!... oh! j'y ai pensé aussi, monsieur; car je n'ai point oublié le vif désir que m'avez témoigné de la savoir... j'ai infiniment de mémoire... J'ai l'honneur de boire à votre santé... — Vous êtes un homme charmant, monsieur Lubin, eh bien, cette adresse?... — Je vous demanderai encore un peu de ces rognons, ils sont parfaits! — Enchanté que vous les trouviez bons... Cette adresse...

— Monsieur, j'ai passé toute ma soirée d'hier à la chercher. En quittant mon élève le confiseur, je suis sur-le-champ rentré chez moi, j'y ai visité tous mes meubles... ce qui n'a pas été long; j'ai fouillé dans mes cartons... dans mes cahiers... jusque dans les poches de mon carrick, qui me sert de robe de chambre l'été et de manteau l'hiver...

— Enfin, monsieur Lubin... — J'ai l'honneur de boire à votre santé... enfin, monsieur, je n'ai pu parvenir à mettre la main sur cette adresse... — Vous ne l'avez pas retrouvée!... — Non, monsieur... mais à présent je me rappelle un fait important... — Qu'est-ce donc? — C'est qu'il y a quinze jours environ, ayant eu la fantaisie de me régaler d'une omelette, j'ai brûlé beaucoup de papiers pour faire flamber mon feu, et l'adresse de cette dame se sera trouvée dedans.

Je frappe avec tant de colère sur la table, que les petits rognons sautent hors de l'assiette de M. Lubin, qui les repique avec sa fourchette et continue de manger avec beaucoup de sang-froid. Je ne puis rendre ce que j'éprouve : le chagrin de voir mon espoir déçu, le dépit que me cause la tranquillité de mon convive vont me faire perdre patience; je suis sur le point de l'apostropher assez vivement... lorsqu'en levant les yeux sur lui je vois sa figure toute couverte d'éclaboussures de sauce qui s'est échappée en même temps que les rognons, et M. Lubin cherchant sous la table une partie de ce qui était dans son assiette. A cette vue, il n'y a pas moyen de conserver son sérieux; ma colère cède au besoin de rire, et M. Lubin, après avoir repiqué avec sa fourchette tout ce qui était à terre, prend son verre et en répétant : — J'ai l'honneur de boire à votre santé.

— Monsieur Lubin, je suis vraiment bien malheureux que vous ayez perdu cette adresse... mais enfin l'espèce que le mal n'est point irréparable... Vous avez été chez cette dame... n'est-ce pas? — Oui, monsieur, j'y suis allé en fiacre, vu qu'il y avait une malle à remettre!... oh! je ne l'oublierai jamais; c'est la seule fois de ma vie que je sois allé en voiture. — Eh bien! il n'est pas possible que vous ayez entièrement perdu le souvenir du quartier, de la rue où vous avez été... — Certainement, monsieur, je ne l'ai pas perdu. — Le quartier, c'était le Marais... oui, c'était bien au Marais. — A merveille, et de quel côté environ?... — Du côté... ce doit être aux environs de la place Royale; car en quittant ma voiture je traversai cette promenade. — Très-bien, nous irons après déjeuner à la place Royale; nous parcourrons, si cela est nécessaire, toutes les rues environnantes, et il faudra bien que vous reconnaissiez la maison où vous avez été. — Je la reconnaîtrai d'autant mieux que je me rappelle maintenant qu'il y avait un tas de paille contre la porte. — Je ne crois pas qu'il y sera resté, mais vos yeux aideront votre mémoire. Maintenant, monsieur Lubin, veuillez me dire par quel hasard M. Moncarville vous avait envoyé chez sa femme, qu'alliez-vous y faire? — Je vais vous le dire, monsieur... je vous demanderai encore un peu de beefsteak... — Tout ce que vous voudrez... — Monsieur, j'étais allé donner une leçon au petit Oscar... il ne fait pas encore de vers comme mon confiseur, mais je l'y pousserai... Je donnais donc ma leçon... mon élève déclinait *musa rosa*, et moi, j'examinais une malle qui était au milieu de la chambre, et M. Moncarville, qui, après avoir plusieurs fois passé près de nous, avait regardé la susdite malle avec humeur en murmurant : Je voudrais qu'elle fût au diable!... Ces paroles me frappèrent, et présumant que c'était la malle qui contrariait le père de mon élève, je me hasardai à lui dire : Si ce meuble vous gêne, monsieur, je l'emporterai volontiers chez moi... cela m'arrangera même, car je n'en ai pas, et cela me servira de bureau. Là-dessus M. Moncarville me regarda quelque temps, puis me dit : Ce qui m'ennuie, c'est qu'il faut que j'envoie cette malle chez une dame... je ne veux pas y aller moi-même... mais il y a là-dedans des effets qui lui appartiennent, et je voudrais qu'elle me signât un reçu... mais vous-vous chargerez de cette commission?... je vais faire venir un fiacre, vous monterez dedans avec la malle. J'acceptai la proposition, et pendant que M. Moncarville écrivait le reçu pour que je n'eusse plus qu'à le faire signer, le petit Oscar, qui est bavard comme une pie, me dit à l'oreille : Je sais bien chez quelle dame vous allez... c'est la femme de papa... ce sont ses robes, ses effets qui sont dans cette malle; mais ne dites pas que je vous ai appris ça, car on me taperait! Je me tus... et je gardai mes réflexions pour moi, mais j'observai que sur l'adresse qu'on me donna il n'y avait pas le nom de madame Moncarville... — C'était un autre nom!... ah! je me doutais bien qu'elle n'aurait pas conservé celui de son mari... et quel nom a-t-elle pris?... — Madame... madame... diable... c'est singulier... il ne me revient pas non plus... ce qu'il y a de certain, c'est que cela commençait par madame... — Enfin vous avez trouvé Clémence... vous l'avez vue... que vous a-t-elle dit? Comment est-elle logée? — Je trouvai cette dame... je fis monter la malle par le portier... il y a un portier dans la maison... cette dame loge... au troisième... ou au quatrième... mais c'est bien un étage plus haut... je ne vis que deux pièces de son local... j'ignore si c'est tout... L'ameublement est modeste... mais je m'en arrangerais encore volontiers! Cette dame me reçut très-poliment... elle m'offrit un siège, que j'acceptai; elle signa le reçu que je lui présentai, mais elle ne me dit pas un mot de plus que : Je suis fâchée de vous causer un peu... Je glissai un mot sur M. Moncarville, elle ne me répondit pas. Pour que je m'obstinasse alors à rester, il aurait fallu que je n'eusse aucun usage; je saluai cette dame et repartis. J'ai l'honneur de boire à votre santé.

J'ai écouté avec intérêt ce qui a rapport à Clémence ; je voudrais en entendre encore parler, mais je vois que M. Lubin m'a dit tout ce qu'il savait, et je perdrais ma peine à le questionner.

— Mais, dis-je au bout d'un moment, si vous redemandiez à M. Moncarville l'adresse de cette dame chez laquelle il vous a envoyé sans vous dire que c'était sa femme. — Oh ! je m'en garderai bien, monsieur ; le père naturel du petit Oscar n'est pas du tout aimable. Un jour, je ne sais plus à quel propos, j'avais ramené la conversation sur la dame chez laquelle il m'a envoyé ; M. Moncarville m'a interrompu avec colère, en me disant : Brisons sur ce sujet, je vous ai payé votre commission, qu'il ne soit plus question de tout cela ! Je me tus... mais, après tout, il ne m'a donné qu'un cachet de plus pour ma commission... c'est trente sous... Belle poussée pour ma mission délicate ! Je vois, monsieur Lubin, qu'il nous faudra visiter les environs de la place Royale, et dès que vous aurez déjeuné... — Oui, monsieur... je suis en appétit ce matin... Monsieur Arthur n'a pas non plus oublié qu'il m'a promis d'entendre mon *Chaos* avec les variantes ?

Je sens qu'il ne faut pas froisser encore l'amour-propre de M. Lubin. J'aurai besoin de lui, ayons de la patience.

L'homme de lettres a pris un de ses rouleaux : je lui fais signe de commencer. Il lit pendant trois quarts d'heure au moins, ne s'arrêtant que pour boire. Moi, je n'ai entendu à mes oreilles qu'un bourdonnement uniforme ; mais, comme je ne pensais qu'à Clémence, il me serait bien difficile de dire ce qu'on m'a lu.

Cependant M. Lubin s'arrête et me regarde fixement en me disant :
— Eh bien ! monsieur, que pensez-vous de cela ?... Ma foi, monsieur Lubin, je pense que c'est très-bien... en mêlant un peu d'amour à votre intrigue. — De l'amour ! mais il n'y a que cela, monsieur ! — Alors, il faudrait en ôter. — On m'avait engagé à transporter mon sujet à une autre époque ; au lieu de titans, de dieux, de déesses, à faire de tout cela une petite révolution populaire... des ouvriers avec des nobles, par exemple. — En effet, monsieur Lubin, votre sujet peut être traité à la moderne : montrez les choses les plus saintes tournées en ridicule, les droits les plus légitimes usurpés, méconnus ; les vieilles réputations attaquées par de jeunes ignorants ; tout ce qui attirait nos respects devenu le domaine de la caricature ; le dévergondage dans les arts, l'exaltation dans les esprits, la licence au lieu de la liberté, alors vous aurez écrit un véritable chaos, et celui-là aura de l'actualité.

M. Lubin s'incline, mange, boit, puis se dispose à prendre un autre rouleau ; je l'arrête :
— Monsieur Lubin, notre café est chaud, il faut le prendre et aller ensuite place Royale... Vous me lirez vos variantes un autre jour. — Cela m'arrange, monsieur, car je m'enroue en lisant... — Et moi, je suis pressé de partir.

Je lui verse du café, de la liqueur ; il avale coup sur coup trois petits verres ; enfin il a tout pris, tout bu, je lui présente son chapeau et nous sortons.

M. Lubin a eu si souvent *l'honneur de boire à ma santé*, qu'il n'est plus dans cet état naturel ; je m'aperçois que le cher homme n'a pas la marche bien sûre ; je le fais monter en fiacre, et je dis au cocher de nous mener place Royale.

Malheureusement le mouvement de la voiture, auquel M. Lubin n'est point habitué, puisque c'est seulement la seconde fois qu'il y monte, augmente encore le vague de ses idées ; mon convive ne sait plus où il en est ; tantôt il se penche par la portière, de manière à me faire craindre qu'il ne passe au travers, tantôt il se laisse aller en arrière et paraît disposé à s'endormir. Je suis au supplice ! cet homme me fait payer bien cher un service qu'il ne me rendra peut-être pas.

Nous sommes arrivés à la place Royale. Le cocher s'arrête, je descends et je dis à M. Lubin d'en faire autant ; il reste sur la banquette du fond en balbutiant : — Je préfère aller encore en voiture.

Il faut que je me fâche, que je le tire par la jambe pour lui faire quitter le fiacre, enfin j'en viens à bout. Je renvoie la voiture, et me voilà au milieu de la place Royale avec M. Lubin, qui regarde autour de lui d'un air hébété, en me disant :
— Où sommes-nous donc, monsieur ?... — Sur la place Royale, monsieur Lubin. — Ah ! diable... et qu'est-ce que nous venons faire ici ?...

Comme je battrais de bon cœur ce maudit homme... pour le punir de son intempérance ! Mais, au lieu de cela, il me faut encore lui parler avec douceur... pour tâcher de m'en faire entendre. Après tout, c'est un peu ma faute, s'il est dans cet état, je l'ai peut-être fait boire et manger trop vite.

Je lui prends le bras, que je passe sous le mien, en lui disant :
— Appuyez-vous sur moi, monsieur Lubin. — Avec plaisir, monsieur... cela m'arrange, car je me sens tout étourdi... — Cela va se dissiper, je l'espère. — Ce sont les petits rognons qui m'ont porté à la tête. — Je crois plutôt que ce sont les petits verres de liqueur... ou la lecture de votre pièce qui vous a échauffé. — Oui... c'est la lecture... j'y mets tant de feu ! — Maintenant, monsieur Lubin, il s'agirait de retrouver la rue dans laquelle demeure cette dame chez qui vous avez reporté une malle... — Quelle malle ?... quelle dame ?...

Ah ! mon Dieu ! où me suis-je fourré ? J'entraîne M. Lubin vers un café, et je l'y fais entrer en lui disant :

— Vous allez prendre de l'eau sucrée, cela vous remettra. — Volontiers... j'aimerais mieux du punch que de l'eau sucrée... — Dieu nous en garde !... du punch ! cela achèverait de vous étourdir !... — Je ne suis pas étourdi, je vous assure. — N'importe. Oh ! quand nous aurons trouvé la demeure de cette dame, je vous ferai prendre du punch tant que vous en voudrez !

On nous apporte de l'eau sucrée ; j'en fais boire à M. Lubin. Nous restons un quart d'heure au café ; au bout de ce temps, le voyant un peu remis, je l'emmène, en ayant soin pourtant de lui tenir toujours le bras.

Nous parcourons plusieurs rues. Nous nous arrêtons souvent, et je dis à mon compagnon : — Regardez bien.... est-ce une de ces maisons ?...

M. Lubin regarde, secoue la tête négativement, et termine toujours en disant : — D'ailleurs, il y avait beaucoup de paille à la porte... et je n'en vois pas par ici... — Mais, monsieur, ne vous attachez pas à cela... cette paille aura été balayée, enlevée depuis que vous êtes venu... Il y a trois mois, je crois, que vous avez fait cette commission ? — Oh ! oui... il y a au moins cela... — Comment voulez-vous donc que cette paille soit restée ?... — Si c'était de la neige, je sais très-bien qu'elle serait fondue.... mais la paille ne fond pas.... il en reste souvent des vestiges.

Il y a près d'une heure que nous explorons le quartier ; je commence à perdre toute espérance ; pourtant, M. Lubin, qui a recouvré toutes ses facultés, examine avec plus de soin les maisons devant lesquelles nous passons. Nous sommes alors dans une rue qui donne d'un côté sur le boulevard, de l'autre sur la rue Saint-Louis, lorsque M. Lubin me dit : — Il me semble bien, monsieur, que c'est par ici que je me suis trouvé lorsque je suis sorti de chez cette dame... — Vous croyez... ah ! monsieur Lubin, regardez... examinez avec attention chaque porte... il est impossible que vous ne reconnaissiez pas la maison...

Pendant que mon compagnon s'arrête, examine, et probablement cherche encore quelques brins de paille, moi, je regarde aux fenêtres si je n'y apercevrai pas Clémence ; je les passe toutes en revue, et je reste quelquefois en contemplation devant un rideau derrière lequel j'ai cru apercevoir une tête de femme.

J'étais depuis quelques minutes arrêté devant une maison de modeste apparence, et M. Lubin regardait une porte à quelques pas de moi, lorsqu'un monsieur et une dame sortent de la maison devant laquelle j'étais arrêté.

D'abord, je prête peu attention à eux ; mais la dame a tourné la tête... et je reconnais Clémence.

Clémence !... qui donne le bras à un autre homme !... Cet homme est jeune... il est bien... il lui parle... lui sourit... elle le regarde... elle sourit aussi... Ah ! je ne puis rendre tout ce que j'éprouve... je suis resté immobile... j'ai senti mes jambes faiblir sous moi ; je m'appuie contre une borne... je les suis des yeux... ma figure me brûle... pourtant je tremble et j'étouffe tout à la fois... jamais je ne me suis trouvé si malheureux !...

Ils ont monté du côté du boulevard ; au bout de la rue, il m'a semblé que Clémence tournait la tête et regardait de mon côté, puis ils ont disparu.

Clémence ne m'aime plus... c'est un autre qui a son amour... je ne puis me faire à cette idée ! il me semblait que cette femme-là ne pourrait aimer que moi... qu'elle me pardonnerait toujours mes infidélités et qu'elle ne m'en ferait jamais.

Savoir qu'elle en aime un autre m'accable, me tue... ! je perds tout ce qui charmait mon cœur. Dès cet instant, plus d'amante, plus d'amie, plus rien de ces illusions qui consolent, qui laissent encore du bonheur pour l'avenir.

Je suis resté à la même place ; ma tête est retombée sur ma poitrine ; je ne sais plus si je pense, lorsque M. Lubin accourt à moi en tenant un chalumeau de paille à la main :
— Tenez, monsieur... qu'est-ce que je vous disais que j'en trouverais encore ?... je vous le disais... c'est en face, monsieur... c'est cette maison... j'en suis certain, à présent !...
— Oui... je le sais, monsieur Lubin, c'est là qu'elle demeure... je l'ai vue sortir... je vous remercie... je suis satisfait, maintenant...
— Ah ! nous avons trouvé, enfin !... mais votre figure est altérée, monsieur... c'est que les rognons vous feraient mal aussi ?... — Non... ce n'est rien... adieu, monsieur Lubin... — Monsieur me quitte !... je croyais que nous irions prendre du punch si nous trouvions la demeure en question. — Je ne puis... ayez la complaisance d'en prendre sans moi, monsieur Lubin, et excusez-moi...

En disant cela, je glisse vingt francs dans la main de M. Lubin, qui les reçoit en balbutiant que cela l'arrange, et je m'éloigne sans écouter ses remercîments.

CHAPITRE XVIII. — Un Rendez-Vous.

Je voudrais pouvoir oublier, perdre tous mes anciens souvenirs d'amour ; je voudrais m'imaginer que le passé n'a point existé, que je n'ai pas connu ces femmes qui m'ont trompé ; que je n'ai point aimé celle qui ne m'aime plus ; enfin, je voudrais recommencer ma vie de jeune homme et ne conserver aucun souvenir de mes premières intrigues amoureuses.

Mais, malgré moi, je pense sans cesse à Clémence, à cette femme que j'ai négligée, oubliée, tandis qu'elle m'aimait, et que j'adore, que j'idolâtre à présent qu'elle ne m'aime plus un autre.

Je la vois sans cesse au bras de cet homme... elle s'appuyait sur lui sans doute; il y a une manière si particulière de donner le bras à quelqu'un que l'on aime !... j'ai bien peu sorti avec elle... mais il fut un temps où j'étais si heureux de sentir son bras sur le mien !... Ah! si j'avais encore pensé comme cela le dernier soir qu'elle vint chez moi, je ne l'aurais pas laissée partir seule... seule, et les yeux pleins de larmes !... Je me suis bien mal conduit, je le sens, et c'est ce qui me désespère... Je suis cause de son changement... Pourtant, si elle m'avait aimé autant qu'elle le disait, en aurait-elle écouté un autre?

Cet autre, je ne l'ai vu qu'un moment, mais je le reconnaîtrai toujours; ce doit être un homme de mon âge, à peu près; il est mieux que moi... et d'ailleurs, elle doit le trouver cent fois mieux, puisque c'est lui qu'elle aime à présent. Elle m'a bien vu en passant... elle a tourné la tête... pour que je ne puisse douter que c'était elle. Elle semblait contente de passer sous mes yeux avec un autre; et cependant elle devait bien penser que cela me ferait mal... et moi, alors même que je lui étais infidèle, j'aurais toujours voulu le lui cacher.

Si j'allais me placer près de la demeure de Clémence pour guetter cet homme que j'ai vu avec elle, pour lui parler, lui chercher querelle... mais tout cela me rendrait-il l'amour de Clémence? Non, je serais ridicule, et voilà tout ! un amant qu'on n'aime plus est aussi ennuyeux qu'un mari jaloux; et, avec le premier, on a moins de ménagements à garder... Non, je ne m'offrirai plus aux regards de Clémence! je ne chercherai pas à troubler son bonheur; et je la fuirai avec autant de soin que j'en mettais à la chercher.

Il est assez singulier que ce soit maintenant ma seule occupation avec les personnes que j'ai aimées.

C'est une triste chose que d'être désabusé sur tout, que de ne plus croire ni à l'amour, ni à l'amitié ! J'aimais tant à me faire des illusions !... et, tout en trompant les autres, il est si agréable de penser ne pas l'être !... Il y a pourtant des gens qui prétendent qu'on est plus heureux en ne croyant à rien; mais la gaieté de ces gens-là n'est jamais franche, leur sourire est toujours amer.

Huit jours se sont écoulés depuis ma promenade aux environs de la place Royale, huit jours qui m'ont paru huit siècles et pendant lesquels je n'ai pu ni travailler, ni m'amuser un instant. J'existe, mais comme un automate, comme une machine, ne voulant plus avoir de souvenirs de la veille, ni de désirs pour le lendemain.

Dans la soirée du dernier jour, ma portière me remet une lettre. Je regarde l'écriture... elle m'est inconnue; j'ouvre la lettre avec indifférence; je ne suis plus disposé à m'enflammer pour une anonyme.

Le billet, dont l'écriture est à peine lisible, contient ces mots :

« On veut vous voir seul, on veut se réconcilier avec vous, car on vous aime plus que vous ne le méritez; allez demain soir, sur les neuf heures, tout au bout du boulevard Saint-Antoine, près de la place de la Bastille; une personne vous attendra et vous conduira secrètement tout près de là, dans une maison où je serai. N'y manquez pas... je ne sais à quel excès me porterait mon désespoir si vous me pardonniez pas. »

Pas de signature !... Qui peut m'écrire ce billet?... veut on encore se jouer de moi... Ah! grand Dieu! quelle pensée... celle qui m'écrit veut que je lui pardonne, elle veut se réconcilier avec moi... C'est donc Clémence... oui, ce ne peut être que Clémence... elle a deviné tout le mal qu'elle m'a fait... et elle désire me voir encore... mais que me dira-t-elle?... Ah ! si elle pouvait s'excuser... si elle pouvait détruire la conviction que j'ai de son inconstance, je serais encore trop heureux.

Pourtant ce n'est pas là l'écriture de Clémence... Pourquoi n'avoir pas elle-même tracé ces lignes?... peut-être un motif de prudence que je ne puis deviner et qu'elle m'expliquera... Peut-être est-elle malade?... Mais quelque autre femme que Clémence peut vouloir que je lui pardonne. C'est elle qui m'attendra... elle veut me voir encore !... Que pourra-t-elle me dire?... Je l'ignore; mais je voudrais déjà être près d'elle... je brûle d'impatience... je ne puis rester en place... je n'espère pas retrouver le bonheur, mais du moins j'éprouve des sensations, mon cœur est violemment agité... Je ne suis plus une machine, j'existe de nouveau.

Jusqu'au moment indiqué pour le rendez-vous, je n'ai pas été un quart d'heure sans relire le billet mystérieux; plus je le parcours, plus il me semble impossible qu'il ne vienne pas de Clémence; le lieu du rendez-vous me le ferait croire encore; on me dit d'attendre au bout du boulevard Saint-Antoine, qu'une personne me conduira dans une maison tout près de là; en effet, la rue où demeure Clémence est tout près de là... c'est dans cette rue qu'on me conduira.

Une journée éternelle s'est écoulée. Je me dirige vers le boulevard que l'on m'a indiqué; mais il n'est que huit heures, et le rendez-vous est pour neuf; n'importe ! je me promènerai en attendant.

Nous sommes en automne, la nuit est venue depuis longtemps. Le temps est beau, mais déjà frais, et dans ce quartier les promeneurs rentrent au déclin du jour. Rien ne me gêne pour arpenter ces boulevards, que des arbres séculaires ombragent encore jusqu'à ce qu'une nouvelle guerre civile vienne les faire tomber ; triste privilège des révolutions, qui commencent par détruire !

Il y a bien une heure que je me promène... Je commence à me fatiguer de cet exercice... Il y a un banc de pierre à quelques pas de moi... mais je n'ai pas assez de philosophie pour m'y asseoir seul ; cependant, je crois que c'est ce même banc où je me suis reposé une certaine nuit que je croyais être avec Adèle... Oui... c'était bien là... quand je songe que c'est à Clara que j'adressais mes déclarations... que ce sont ses mains que je pressais tendrement dans les miennes, j'éprouve encore des mouvements de colère... éloignons-nous de ce banc... il me porterait malheur.

Il est neuf heures sonnées, je me rapproche de la place de la Bastille ; j'attends... j'examine avec attention chaque personne qui passe près de moi... Je gage que je viens de faire peur à une vieille servante qui s'avançait de mon côté... En me voyant m'arrêter au milieu du boulevard, elle a rebroussé chemin et s'est mise à fuir à toutes jambes. Rien ne ressemble plus à un voleur qu'un homme en bonnes fortunes.

Une autre personne s'avance, c'est une jeune bonne, elle passe près de moi, me regarde, s'arrête et m'aborde enfin.

— Êtes-vous monsieur Arthur ? — Oui, et j'attendais depuis longtemps. — Venez avec moi, monsieur.

La jeune bonne retourne vers la rue Saint-Antoine ; je l'arrête au bout de quelques pas, car je vois que nous nous éloignons de la rue où demeure Clémence.

— Où me conduisez-vous, mademoiselle ? — Dans une maison où vous verrez cette dame qui veut vous parler. — Ce n'est donc pas chez elle que nous allons ? — Chez elle... non, monsieur ; elle n'aurait pas pu vous recevoir chez elle. — Pourquoi cela ?... — Mon Dieu ! monsieur, je ne sais pas... je ne puis répondre à vos questions... Tout ce que je sais, c'est que je vous conduis dans une maison bien honnête... Mais si vous ne voulez pas me suivre, vous êtes le maître... — Je vous suis...

Je ne comprends pas pourquoi Clémence ne pourrait point me recevoir chez elle, mais je veux avoir l'explication de tout ceci, et je suis la jeune fille sans rien dire de plus.

Ma conductrice est entrée dans la rue Saint-Antoine ; après y avoir fait une centaine de pas, nous nous arrêtons devant une porte d'allée ; elle est ouverte. Cette entrée est bien sombre, mais la jeune bonne me prend la main en me disant : — Venez, je vais vous guider, monsieur...

Nous trouvons bientôt un escalier ; on m'engage à prendre la rampe et on monte devant moi ; nous nous arrêtons au second. Alors ma conductrice prend une clef qu'elle portait, elle ouvre une porte, et nous ne sommes plus dans l'obscurité.

Nous entrons dans une petite salle à manger, meublée modestement, mais assez bien tenue ; un flambeau brûle sur une table. La domestique prend le flambeau, et me priant toujours de la suivre, me fait traverser une autre pièce, puis m'introduit dans une chambre à coucher, meublée avec un peu plus d'élégance et éclairée par la lueur douce d'une lampe sur laquelle un abat-jour est placé.

— Monsieur, cette dame va venir, me dit la jeune bonne en me présentant un siège, veuillez l'attendre un moment... — J'espère qu'on ne me laissera pas ici aussi longtemps que sur le boulevard. — Oh ! non, monsieur... Cette dame est arrivée, mais c'est qu'elle redonne un coup d'œil à sa toilette. Ce sera bientôt fait.

La jeune fille sourit, prend son flambeau et me laisse seul. Je regarde avec curiosité autour de moi ; c'est un appartement de femme, j'en suis certain ; mais chez qui suis-je ?... Je ne sais plus que penser, et je commence à craindre de m'être trompé dans mes conjectures. Je ne puis m'empêcher de sourire en regardant ce lit qui est devant moi... Un rendez-vous dans une chambre à coucher !... il serait difficile de se méprendre sur ce que l'on attend du résultat de l'entretien.

Je m'approche du lit, les volets sont fermés, et les rideaux tirés encore par-dessus ; à coup sûr, de la rue on ne doit pas voir de la lumière dans cette chambre. Pourquoi tant de précautions et de mystère, si c'est Clémence qui veut me voir ? Depuis qu'elle est séparée d'avec son mari, croit-elle devoir mettre plus de circonspection dans ses démarches que lorsqu'elle était avec M. Moncarville ? Ou serait-ce à cause de cet homme que j'ai vu avec elle... est-ce lui dont elle craint les regards... la jalousie ? Ah ! si j'étais certain que ce fût là la cause de tout ce mystère j'ouvrirais ces volets, je me mettrais à la fenêtre... et lorsqu'elle serait avec moi je ne la quitterais plus avant que son nouvel amant l'eût vue dans mes bras.

Cette idée m'a fait mal... Je me promène avec impatience dans le petit espace où je suis ; enfin on ouvre une porte que je n'avais pas aperçue vers le pied du lit. Une femme paraît ; mais ce n'est pas Clémence. C'est Adèle ? c'est madame de Harleville.

La baronne referme la porte et s'avance vers moi, cherchant dans mes yeux quelle impression je cause sa vue. A son aspect, j'ai été tellement trompé dans mes espérances, tellement fâché de ne retrouver que j'étais celle-là, que tout cela se peint sur ma physionomie, car Adèle me dit d'un ton chagrin : —Vous ne vous attendiez donc pas à me voir ?... — Oh ! non, madame, je vous le jure !...

Un sentiment de dépit se montre sur son visage ; elle fait quel qnes pas dans la chambre , puis va s'asseoir sur une ottomane, où elle reste qu'lques moments d'un air boudeur. Moi , je suis absorbé dans mes réflexions, désolé de ne pas revoir celle avec qui je désirais si ardemment une entrevue, et désolé aussi de me retrouver avec la femme de mon père.

La voix de madame de Harleville me tire de mes réflexions.

— Comment, monsieur, d'après la lettre que vous avez reçue, vous n'aviez pas deviné que c'était moi qui désirais vous voir ? — Non , madame , j'étais bien loin de le penser ! car si je l'avais deviné... — Vous ne seriez pas venu à ce rendez-vous , peut-être? — C'est vrai , madame. — Ce que vous me dites là est bien peu galant ! — Je ne dois plus l'être avec vous , madame. — Vous ne devez plus !... Eh , mon Dieu ! parce que j'ai fait un mariage... de raison... il semblerait, à vous entendre, que je dois être morte pour le monde, pour ses plaisirs , que mon cœur et mes oreilles doivent être fermés à tous propos flatteurs!... Ah ! monsieur , je n'ai jamais pensé que le mariage dût être pour une jeune femme la fin de ses triomphes dans le monde!... Ce n'est pas comme cela que je l'ai envisagé !... Mais vous restez debout à une lieue de moi... est-ce que vous ne daignerez pas vous asseoir un moment pour m'écouter ?

Adèle m'indiquait une place près d'elle sur l'ottomane; mais je me contente de prendre un siége , et je m'assieds en silence à quelques pas d'elle.

Nous restons ainsi pendant quelques minutes l'un devant l'autre sans parler ; je tiens mes regards attachés sur le parquet ; je veux éviter de rencontrer ceux d'Adèle, non que je redoute encore leur puissance, mais pour lui prouver que je ne les cherche plus.

C'est encore madame de Harleville qui rompt le silence, sa voix est altérée, et elle semble embarrassée pour s'expliquer.

— Monsieur Arthur... — Madame. — Vous m'en voulez beaucoup, n'est-ce pas ? — Non, madame. Je vous assure que vous vous méprenez sur la cause de mon silence. — Oh ! si vous êtes toujours irrité contre moi, vous n'avez pas tort !... je sens que j'ai bien mérité votre haine... votre colère... ma conduite fut indigne... Mais si vous saviez comment cette intrigue fut ourdie... on ne me laissa pas le temps de la réflexion... Cette Juliette est une bien méchante femme !... Elle vous déteste... elle prétendait que se venger de vous était une justice... que toutes les femmes devaient se liguer entre elles pour vous punir de ce que vous lui avez fait... que sais-je !... Moi, je suis folle, étourdie, coquette... mais je ne suis pas méchante... Malheureusement ma sœur, qui brûlait du désir de vous connaître , trouva délicieux le projet de Juliette... Ma sœur a de l'esprit... elle écrit très-bien... ses lettres vous plurent... même... en me voyant... vous m'avez aimée... vous en avez eu l'air, du moins...

Adèle s'arrête ici comme pour voir si je répondrai , mais je ne dis pas un mot; elle reprend bientôt :

— Moi... je trouvais agréable de me laisser faire la cour... J'aurais dû vous détromper, je devais vous apprendre que je n'étais pas l'auteur de ces lettres qui vous avaient charmé d'abord... je ne fis pas. Ensuite... je ne sais ce que j'éprouvais alors... cette Juliette vous avait peint à mes yeux comme un homme si dangereux pour les femmes, que je me figurais partager sa haine et trouver du plaisir à vous rendre mon esclave... Mon esclave... mon Dieu ! que j'étais folle !... Votre amour pour moi... ne tint pas contre la découverte de la vérité... vous cependant... puisque je reconnais tous mes torts... puisque aujourd'hui je sollicite de vous... un pardon généreux... l'entier oubli de cette intrigue... me garderez-vous toujours rancune ?...

— Non, madame, non, je vous le répète... je vous le jure ; et c'est pour entendre de moi-même cette assurance que vous avez désiré cet entretien, recevez-la, madame, et croyez à ma sincérité. J'ai entièrement oublié l'aventure dont vous venez de me parler ; je n'en conserve aucun ressentiment contre vous... vous savoir heureuse, madame, est maintenant le seul vœu que je forme. En apprenant les nouveaux nœuds qui vous engagent, mon cœur n'a éprouvé ni dépit, ni colère... et si vous pouviez lire au fond de mon âme , vous n'y verriez pour vous que le plus profond respect, le plus entier dévouement.

Madame de Harleville ne semble pas encore satisfaite de ma réponse ; elle balbutie avec agitation :

— Votre profond respect... votre dévouement .. je vous remercie, monsieur... je vous remercie beaucoup... mais , en vérité , il semblerait que vous parlez à votre grand'tante...

Je me lève en disant : — Comme je pense, madame, avoir détruit tous les doutes que vous conserviez sur mon ressentiment, je vais prendre congé de vous...

On me retient vivement par le bras en me disant d'une voix plus émue : Non... restez , de grâce... j'ai à vous parler encore.

Je me rassieds, mais je suis mal à mon aise; je tremble... je crains d'écouter cette femme qui me retient, qui me supplie ; cette femme dont la voix est devenue touchante au lieu d'altière qu'elle était autrefois. En me levant , mes yeux s'étaient involontairement portés sur elle... j'ai frémi de sa beauté, de la séduction répandue dans toute sa toilette, dans toute sa personne. Jamais peut-être Adèle ne fut aussi ravissante, et cependant elle n'est point comme je l'ai vue dans le monde, couverte de bijoux, de plumes, de fleurs; elle n'a qu'une simple robe blanche attachée par une ceinture bleue; ses cheveux

noirs sont relevés sur sa tête sans aucun ornement étranger. Mais quelle grâce dans cette coiffure !... quelle volupté dans chaque pli de cette robe! et s'il faut alors rencontrer les regards d'Adèle; ses grands yeux bruns, dans lesquels se peignent les sentiments les plus vifs et les plus doux, comment rester sans trouble seul auprès d'elle, dans un réduit solitaire où tout semble respirer l'amour ?

Heureusement il est un souvenir qui soutiendra toujours mon courage, qui me préservera du péril... j'en suis bien certain, mais je n'en suis pas moins désolé d'être là.

Je suis retombé sur ma chaise après qu'Adèle m'a empêché de m'éloigner; j'y reste les yeux baissés comme un criminel qui attendrait son arrêt; nous sommes encore fort longtemps sans parler, ce n'est pas moi qui romprai le silence. Tout à coup Adèle s'écrie avec emportement :

— Mon Dieu !... que le cœur d'une femme est bizarre !... comment peut-il changer à ce point !... Arthur... vous m'avez devinée... vous savez ce que j'ai à vous dire... mais vous n'avez aucune pitié de moi... des tourments que je souffre... vous voulez me forcer à un aveu... qu'une femme ne devrait point avoir besoin de faire... Eh bien ! soyez satisfait !... je vous aime, Arthur... oui , je vous aime !... et comme je ne l'avais jamais aimé !... moi qui d'abord n'avais éprouvé pour vous que de l'indifférence !... moi qui riais de vos déclarations, de vos soupirs !... qui me croyais bien certaine que jamais vous ne parviendriez à toucher mon cœur... moi que vos assiduités... que vos poursuites fatiguaient presque... je ne sais ce qui s'est passé en moi !... en vous revoyant dans ta maison, je m'attendais à lire encore dans vos yeux de l'amour , de la jalousie... je n'y ai plus trouvé que de la froideur, de l'indifférence. J'ai cherché à me rapprocher de vous... vous m'avez fuie... vous avez mis tous vos soins à m'éviter... Habituée à vous entendre me dire que vous m'aimiez, je n'ai pu supporter le calme de vos regards... je me suis sentie blessée... mon cœur a éprouvé un nouveau sentiment... nuit et jour vous m'occupiez... Je suis devenue indifférente à tout autre hommage... ennuyée de ce qui me charmait... je n'ai plus pensé qu'à vous... à vous seul, Arthur, dont je veux être aimée... sans qui je ne puis plus vivre... pour qui je suis prête à tout sacrifier; enfin ne pouvant plus résister à la passion qui me domine, je vous ai écrit, je vous ai donné ce rendez-vous... Clara m'a prêté son logement... Nous sommes ici chez elle... nous y sommes loin de tous les regards jaloux... J'espérais que vous seriez heureux de vous y trouver avec moi... je me trompais... Eh bien , êtes-vous satisfait ?... êtes-vous assez vengé ?... Arthur, c'est moi qui vous supplie de m'aimer !...

Je ne puis rendre ce que je souffre pendant qu'elle parle... Ah ! que ne donnerais-je pas pour être loin... bien loin de cette femme ! Elle s'est levée ; elle est venue près de moi , elle m'a pris la main qu'elle serre convulsivement dans les siennes en me répétant :

— Eh bien !... vous ne me répondez pas ?... de grâce, répondez-moi au moins !...

— Madame... si vous pouviez savoir... ce qui fait en ce moment que je ne puis... que je ne dois plus...

— Vous ne pouvez... vous ne devez !... je ne vous comprends pas , Arthur !

— Madame... il existe un secret qu'il m'est défendu de dévoiler à qui que ce soit... une barrière insurmontable est désormais élevée entre nous,-je ne puis plus avoir pour vous que des sentiments de respect... de...

— Ah ! c'en est trop !... croyez-vous que je sois votre dupe !... Il existe , dites-vous , un secret... et c'est ce secret qui vous empêche de m'aimer... Que signifie ce mystère ? Parlez, monsieur , je le veux , je l'exige...

— Non, madame, il ne m'est pas permis de parler... De grâce, daignez ne plus me voir que comme un ami, et croyez que de mon côté...

— Quelle humiliation !... il repousse mon amour ! il me dédaigne ! il me méprise à présent... Arthur, vous vouliez donc me faire mourir ?... ne suis-je plus cette Adèle que vous aimiez tant... que vous juriez d'adorer toujours... à laquelle vous demandiez avec tant d'instance un rendez-vous ?... Eh bien ! regardez-moi donc, monsieur... cette fois, c'est elle... c'est bien elle qui est près de vous !...

Je repousse doucement une main qui s'appuie sur mon bras... Je veux fuir, m'éloigner... Adèle m'enlace, me retient encore... En ce moment un bruit violent se fait entendre; il semble que l'on ait forcé une porte... Adèle reste saisie d'effroi , moi je prête l'oreille.

On parle avec force dans une pièce voisine... on semble se disputer... je cherche à mieux entendre. Tout à coup Adèle s'écrie :

— Je suis perdue! C'est mon mari... — Monsieur de Harleville!... ah ! s'il me trouve avec vous... Ah ! madame, qu'avez-vous fait ?... — Il m'aura fait suivre... épier... Que devenir ? Si vous pouviez vous cacher !... — Me cacher !... devant le baron... — Je vous en supplie, monsieur... vous ne voudriez pas me perdre !... — Mais, madame... — Tenez... derrière ce lit... caché par ces draperies... allez... vite...

Adèle me pousse contre la ruelle du lit, me fait glisser entre le mur et les rideaux : à peine suis-je là , que la porte par laquelle je suis entré est ouverte avec violence, et le baron de Harleville pénètre dans la pièce où nous sommes.

CHAPITRE XIX. — Séjour à Boissy-Saint-Léger.

Mon père est entré en poussant la porte avec violence, la fureur se peint sur son visage; cependant, en n'apercevant qu'Adèle dans la chambre, il s'arrête et semble surpris. Mais ses regards se promènent avec défiance par tout l'appartement.

— Mon Dieu! qu'est-ce donc, monsieur? dit Adèle en tâchant de paraître calme; que signifient ce bruit, ces menaces que j'ai entendus?... à qui en avez-vous?... et ne puis-je venir voir ma sœur sans que cela excite ainsi votre courroux?

— Êtes-vous monsieur Arthur? dit la jeune bonne. — Oui, et j'attendais depuis longtemps. — Alors, venez avec moi, monsieur.

— Votre sœur!... votre sœur!... murmure le baron d'une voix altérée. Oui... je sais bien que vous êtes ici chez votre sœur... mais ce soir, quand je vous ai proposé de sortir avec moi, de m'accompagner au spectacle ou en société, vous m'avez refusé; vous étiez fort indisposée, à ce que vous m'avez dit; vous ne pouviez quitter votre chambre... et après mon départ vous êtes sortie cependant!

— Eh bien! monsieur, qu'y a-t-il là d'extraordinaire? est-ce qu'une femme ne peut pas changer d'avis... avoir des fantaisies, des caprices?... moi j'en ai beaucoup, monsieur, et je n'ai point cherché à vous le cacher lorsque vous m'avez demandé ma main. Je vous ai dit aussi que je haïssais la jalousie, que je ne voulais pas être espionnée... suivie... Vous en souvenez-vous, monsieur?

— Oui, madame, mais moi je ne veux pas être trompé!... Depuis quelque temps votre conduite me paraît singulière... Il est plus d'une circonstance qui m'a frappé... et quoique je ne vous en aie rien dit, j'ai tout observé. Enfin, madame, si vous êtes venue ici pour voir votre sœur, où donc est-elle?... si elle est absente, que faites-vous seule chez elle?

— Je l'attends, monsieur; on m'a dit qu'elle rentrerait... rien ne me pressait!

— Et pourquoi êtes-vous sortie seule, le soir, sans votre femme de chambre... sans aucun de vos gens?... pourquoi, lorsque je veux pénétrer ici, me refuse-t-on la porte, me dit-on qu'on ne vous a point vue?... Cette domestique avait le mot sans doute?... oh! tout cela n'est pas naturel... vous aviez un rendez-vous en ces lieux... votre sœur vous prête son logement!... c'est une personne complaisante!... Mais, morbleu! je saurai s'il y avait un homme ici!... et qu'il tremble! sa vie me fera raison de son offense!

— Ah! c'en est trop, monsieur, je ne puis supporter de pareils outrages... votre conduite est indigne... Après si peu de temps de mariage, me soupçonner... me tyranniser!... suis-je assez à plaindre!... quel avenir me préparez-vous?... Mais je ne supporterai pas plus longtemps vos fureurs, votre jalousie... Je vous quitterai, monsieur; oui, dès demain je me retirerai au fond d'une retraite, où je serai

viendra; mais je ne resterai pas avec un homme qui fait mon malheur, qui se crée sans cesse des chimères, et qui paye l'amour que j'avais pour lui par la plus affreuse méfiance.

En achevant ces paroles, Adèle a porté son mouchoir à ses yeux. Je crois même entendre ses sanglots; le baron est troublé, ému, comme tout homme qui voit pleurer une femme qu'il aime. Il ne sait plus que penser; il se rapproche de sa femme en balbutiant quelques mots que l'on entend à peine. Adèle se lève en disant :

— Partons, monsieur; il est inutile que nous attendions ma sœur plus longtemps; je ne veux pas d'ailleurs qu'elle voie les pleurs que vous me faites verser.

M. de Harleville présente la main à Adèle et va sortir avec elle, lorsque ses yeux se portent sur un gant qui est au pied d'une chaise : ce gant m'appartient; mais en me cachant je n'ai pas eu le temps de le chercher!

— Il y a un homme ici! s'écrie le baron avec l'accent de la fureur et en ramassant le gant qu'il présente à sa femme.

— Ce gant n'est pas le vôtre, madame!... Ah! vous ne savez plus que dire!... vous êtes confondue!... Mais où est-il donc celui pour qui vous venez mystérieusement chez votre sœur?... il a beau se cacher... je le trouverai.

Et le baron parcourait la chambre, tapant avec sa canne dessous et sur les meubles, contre les boiseries, arrachant avec violence les rideaux de la croisée. Il s'approchait du lit; je ne juge pas convenable d'attendre qu'il m'y trouve blotti comme un coupable; j'écarte moi-même les draperies qui me dérobaient à ses yeux, et je m'avance vers lui en disant d'un ton calme :

— Ne cherchez pas davantage, monsieur le baron; si madame ne m'en avait pas prié, je n'aurais pas évité vos regards, car je n'ai rien fait pour les craindre.

En me voyant, mon père est demeuré comme frappé de la foudre; mais au bout d'un moment il s'écrie avec plus d'emportement encore :

— Mes soupçons étaient fondés!..... c'est lui qu'elle aime!.... lui.... qu'elle cherchait en tous lieux!... qu'elle voit en secret!.... misérable! et tu oses soutenir mes regards?

La tante de Darbois, madame Dubinet, est le type des bonnes femmes, sans pour cela être une bête.

Le baron a levé sa canne sur moi; je reste immobile, ne faisant aucun mouvement ni pour fuir ni pour me défendre. Adèle se précipite entre son époux et moi en poussant un grand cri.

— Fuyez... fuyez de ma présence!... reprend le baron d'une voix entrecoupée. Mais que ce soit la dernière fois que vous vous présentiez devant moi!..... Rappelez-vous cet ordre; n'affrontez plus mon courroux... car je sens que je ne pourrais plus en être le maître.

Mon père me montrait du doigt la porte; Adèle me poussait pour me faire sortir; je sens qu'il est inutile de résister.... Que pourrais-je dire d'ailleurs?... les apparences sont contre moi, et le baron est trop irrité pour vouloir m'entendre. Je m'éloigne, mais le désespoir dans père pour le plus vil des hommes; et n'était-ce donc pas assez d'être privé de son amitié sans être encore pour lui un objet de mépris et d'aversion?

Je me retrouve chez moi; je ne sais comment j'y suis revenu, ni quel chemin j'ai pris, ma tête est bouleversée par ce qui vient de m'arriver. Je n'ai plus qu'une pensée, qu'une idée qui se représente sans cesse à mon imagination : si cette femme trouvait encore moyen de me voir... de me parler en secret !... et elle est capable de le vouloir; les obstacles ne sont rien pour une femme de ce caractère. Elle ignore toujours les liens qui m'unissent à son époux : et malgré tout ce qui vient de se passer, je gagerais que le baron ne lui aura point appris ce mystère; il faut donc la fuir... il faut m'éloigner pendant quelque temps. Lorsque son caprice sera passé, lorsqu'elle m'aura oublié, je reviendrai à Paris; mais en ce moment je crois que j'irais au bout du monde pour éviter la rencontre de la baronne de Harleville.

Dès le lendemain, je fais à la hâte mes préparatifs de départ; je ne sais pas encore où j'irai, mais n'importe, le principal est que je quitte Paris.

Ah! je me rappelle maintenant que Darbois a une tante qui habite Boissy-Saint-Léger; c'est bien près de Paris, mais je puis y vivre tout aussi solitaire que si j'étais à deux cents lieues de la capitale. J'ai déjà été une fois avec Darbois passer deux journées chez sa tante. C'est une très-bonne dame qui m'a parfaitement reçu et beaucoup engagé à venir dans la belle saison passer quelque temps chez elle. La saison est un peu avancée, n'importe, je travaillerai; c'est bien décidé, je vais me cacher à Boissy-Saint-Léger.

Je fais descendre ma malle contenant des effets, et je la fais porter chez Darbois; mon portier me demande où je vais.

— A la campagne. — Je comprends; mais à quelle campagne? — Je ne me soucie pas qu'on vienne m'y déranger; ainsi, dans le cas où l'on vous demanderait où je suis, vous répondriez que vous ne le savez pas. — Je le répondrai d'autant mieux que monsieur ne me le dit pas. — Cela vous épargnera la peine de garder un secret. — Pourtant, s'il vient des lettres pour monsieur... — Darbois passera quelquefois par ici, et je vous autorise à lui remettre tout ce qu'on apportera pour moi. — Ah! c'est à M. Darbois que...

Je n'en écoute pas plus; je pars, laissant mon portier et sa femme très-mécontents de ma discrétion.

Je cours chez Darbois, et je me hâte de lui demander s'il pense que je puis, sans indiscrétion, aller passer un, deux, et peut-être trois mois chez sa tante.

Darbois me regarde d'un air surpris et s'écrie :

— Trois mois chez ma tante !... chez la respectable madame Dubinet !... est-ce que tu as envie de devenir mon oncle? — Non... j'ai tout bonnement envie d'aller travailler et passer quelque temps à la campagne !... — Tu t'y prends un peu tard ! — Enfin, mon cher ami, j'ai des raisons pour quitter Paris... pour me tenir quelques mois dans la retraite... — Est-ce que tu es proscrit ?... est-ce que tu conspires?... nous ferons un drame-vaudeville sur ta position... trois actes... avec deux couplets dans chaque acte; c'est assez maintenant pour un vaudeville. — Non, je ne suis pas poursuivi, mais j'ai cependant des raisons pour me cacher. — Alors ce sera plus gai, nous ferons une comédie-vaudeville sur toi, avec trois couplets à chaque acte. — Darbois, tu es bien terrible avec tes plans !... — Je ne connais que mon théâtre... mon bon petit théâtre! je vois des sujets de pièces dans la moindre chose. Un homme qu'on pousse dans la rue et auquel on fait tomber son chapeau, sujet de pièce; une jeune fille que l'on suit

parce qu'elle est jolie, qu'elle a les yeux gros, le nez rouge, ce qui fait penser qu'elle éprouve un grand chagrin, tandis qu'elle est tout simplement enrhumée du cerveau, sujet de pièce; une dame qui en se retroussant laisse voir ses mollets et quelquefois la couleur de sa jarretière, sujet de pièce; un jobard qui ramasse avec joie un papier plié en quatre, qu'il fourre dans sa poche, double le pas et entre furtivement dans une allée pour y développer sa trouvaille, qui se trouve n'être qu'un prospectus de vente au rabais pour cause de cessation de commerce... toujours sujet de pièce; avec des couplets, des mots heureux et quelques détails locaux, ça fait un charmant petit tableau de mœurs; il n'y a que les dénoûments qu'il y a plus de peine à trouver.

— Darbois, as-tu fini? — Oh! si je voulais je te donnerais bien d'autres sujets de pièces... mais j'aimerais mieux retrouver ton jeune ami qui va se baigner à l'île Saint-Denis pendant que sa maîtresse y mange une friture... c'est celui-là qui est un garçon précieux!... il y a dix pièces à faire sur lui... je gage qu'il est plus amoureux que jamais de sa Juliette... Est-il remis avec elle?...

— Darbois, tu ne veux pas m'écouter ?... adieu, alors.

— Mais si... si; je t'écoute... Voyons, est-ce que c'est vraiment une affaire sérieuse qui te force à quitter Paris... as-tu besoin d'argent?... je vais en emprunter pour toi...

— Non, mais, je te le répète, j'ai besoin de vivre pendant quelque temps éloigné du monde, à l'abri des poursuites d'une personne... que je ne veux pas revoir.

— Je comprends... une femme qui t'aime trop... qui croit qu'une liaison galante doit durer toute la vie... qui te ferait un procès au criminel pour t'obliger à l'adorer!...

— Chez ta tante, madame Dubinet, je pense qu'on ne voit pas grand monde? — Un chat, deux chiens, une servante, des lapins, un vieux voisin et des poules : voilà la société habituelle de ma tante. — C'est tout ce que je désire : le monde m'ennuie... me déplaît. — Tu feras un petit misanthrope de village fort gentil... — Les femmes ne me causent que des peines... — C'est dommage qu'on ait fait le vaudeville de Haine aux Femmes... comme tu aurais traité cela! — Enfin, il me semble que je vais être le plus heureux des hommes en me promenant seul dans les bois...

— Veux-tu un cigare, j'en ai encore trois? — Ah ouais ! va te faire fiche avec tes cigares... c'est bon pour des musqués dans ton genre.

— Tu auras justement ceux de Gros-Bois et les Camaldules tout près de toi. — Tu auras la complaisance de passer quelquefois chez moi, demander à mon portier s'il y a des lettres. — C'est convenu, et je te les porterai, car j'irai te voir... travailler avec toi... ça te fera-t-il plaisir? — Assurément! mais je gage d'avance que tu ne viendras pas. — Si fait!... Je ne veux pas aller me cacher dans un village, mais j'irais volontiers passer un jour chez ma tante. La domestique fait très-bien les gâteaux au riz... et je les aime passionnément. — A propos... penses-tu que cela ne déplaira pas à la tante de me voir arriver inopinément pour m'installer chez elle?... — Bien au contraire, tu ne saurais lui faire un plus grand plaisir. Madame Dubinet est folle des auteurs, des poëtes... elle se persuade qu'ils ne sont pas faits comme les autres hommes... Pauvre chère femme! elle se trompe bien... mais il faut la laisser dans son erreur; avec cela, que tu caresses son chat, que tu flattes ses chiens, et tu seras un homme charmant. — C'est bien facile. Adieu donc... je vais chez ta tante. — Beaucoup de plaisir.

Je monte en fiacre avec ma valise, je me fais conduire aux voitures de Boissy-Saint-Léger, et, sur le midi, j'arrive chez la bonne madame Dubinet.

La tante de Darbois est le type des bonnes femmes, sans pour cela être une bête; elle habite une assez belle maison, où il y aurait de quoi loger deux familles et où elle vit seule avec sa domestique et une grande quantité d'animaux ; mais elle est bien aise d'avoir plusieurs chambres d'amis toutes prêtes pour recevoir ceux qui voudraient venir lui tenir compagnie. Comme la bonne dame n'est plus ni jeune, ni jolie ; comme sa table, quoique très-suffisante, n'est pas servie avec profusion ; comme enfin il n'y a point de billard dans la maison, ses chambres d'amis sont presque toujours vides.

Madame Dubinet me reçoit avec joie, et lorsque je lui demande si je ne la gênerai point en restant quelque temps chez elle, sa joie semble augmenter encore, puis elle me dit en secouant la tête :

— Vous m'annoncez que vous resterez longtemps avec moi ; mais vous ferez comme les autres, comme mon neveu, au bout de quelques jours vous vous ennuierez et vous voudrez partir. — Non, madame, car je suis venu ici pour être loin du monde et pour travailler. — A la bonne heure, nous verrons si cette belle résolution tiendra.

Me voilà donc installé chez madame Dubinet, où l'on mène une vie bien calme, bien douce, bien uniforme, où le plus simple événement, une poule qui pond, un oiseau qui chante, un fruit qui tombe, sont pour deux heures un sujet de conversation ; où l'on fait le jour ce qu'on a fait la veille et ce qu'on fera le lendemain ; mais en ce moment cette vie me semble délicieuse ; madame de Harleville m'a fait prendre Paris en horreur.

Et puis il y a aussi une autre femme que j'aime encore, que je ne puis entièrement oublier : celle que je croyais trouver au dernier rendez-vous que l'on m'a donné, et pour laquelle il m'est cruel de voir que je ne suis pas venu ; Clémence en aime un autre, et je serais désolé maintenant de la rencontrer, de la revoir encore avec cet homme qui me remplace... que peut-être elle aime plus qu'elle ne m'a jamais aimé.

Ces pensées m'attristent souvent, et alors je ne puis travailler, je sors, je vais me promener dans les environs. Quelquefois je pousse mes excursions jusqu'à Sucy, dont le parc est charmant, où je m'enfonce sous les ombrages de Gros-Bois, et je vais jusqu'aux ruines des Camaldules. Dans ma promenade solitaire, je pense souvent à la dernière aventure qui m'est arrivée. Je crois voir encore mon père levant le bras pour me frapper et ne s'arrêtant qu'en m'ordonnant de fuir sa présence, qu'en me défendant de jamais reparaître devant lui.

Lorsqu'on ne se sent pas coupable, lorsqu'on n'a jamais manqué de respect ni même d'affection pour l'auteur de ses jours, il est cruel d'être ainsi banni de sa présence. Que maintenant le baron de Harleville croie que j'aime sa femme... l'apparence a dû le tromper ; mais avant cette soirée fatale mon père me détestait déjà... D'où peut venir cette aversion pour son fils ?... Parce que j'ai voulu écrire, m'ordonner de ne plus porter son nom !... Il y a là-dessous un mystère que je voudrais bien connaître... Mais ce n'est pas avec un homme comme le baron de Harleville que l'on ose demander des explications.

Lorsque je reviens à Boissy-Saint-Léger, ma bonne hôtesse me demande si j'ai beaucoup travaillé, elle me fait promettre de lui lire ce que je ferai, car elle aime beaucoup le théâtre, quoiqu'elle n'y ait pas été dix fois dans sa vie : c'est comme ces personnes qui adorent la musique et n'en savent pas une note.

La société qui vient chez madame Dubinet ne se compose, à ma connaissance, que d'un vieux voisin très-sourd et de deux vieilles filles qui ont chacune un catarrhe. Le vieux voisin parle si bas qu'on n'entend que la moitié de ce qu'il dit ; mais toutes les fois que les vieilles filles toussent, il se met en colère en disant :

— Je vous entends bien, ne criez pas si haut.

Je passe le soir une heure ou deux dans cette société ; la plupart du temps je n'entends pas ce que l'on y dit, parce que je suis toujours enfoncé dans mes souvenirs. Les bonnes gens qui m'entourent ont la bonté de croire que ce sont mes travaux littéraires qui m'absorbent, et lorsque je réponds tout de travers à ce qu'ils me disent, ils se regardent et sourient en disant :

— C'est que probablement il rêve à un chapitre ou à une scène !

On voit que la vie que je mène n'est pas bien gaie ; cependant elle ne me déplaît pas. L'amour d'Adèle, cet amour que j'ai désiré un moment, et que maintenant je redoute comme le plus grand des malheurs, me fait toujours aimer la retraite ; l'oubli de Clémence, son inconstance que je ne puis lui pardonner, me rendent aussi misanthrope, et je ne me sens pas le courage de retourner à Paris, de peur d'y rencontrer la femme qui m'aime et celle qui ne m'aime plus.

CHAPITRE XX. — Une Aventure singulière.

Le village de Boissy-Saint-Léger est situé sur un coteau, d'où il s'ensuit que la plupart des rues montent ou descendent : ce qui n'empêche pas qu'il n'y ait de fort jolies maisons bourgeoises. Les environs de Boissy sont variés et pittoresques ; il y a des champs, des bois, des routes, des vignes, une grande quantité d'arbres, et le château de Gros-Bois, dont le parc d'autant plus agréable qu'on n'y rencontre que fort peu de monde.

Il y a quinze jours que je suis chez madame Dubinet, Darbois n'est pas venu m'y voir une seule fois ; mais je ne l'ai jamais attendu. Un peu plus calme d'esprit que lorsque je suis arrivé dans ce village, je m'occupe du plan d'un nouvel ouvrage que je veux commencer et

peut-être finir chez la bonne tante de Darbois. Tous les matins, après le déjeuner, je sors et vais en me promenant rêver au travail que je veux entreprendre.

Un matin, après avoir marché pendant assez longtemps, je me trouve dans les bois, je ne sais trop de quel côté, mais je pense être dans les environs du château de Gros-Bois. C'est une belle journée d'automne. Les arbres ont ces teintes variées, ces feuilles nuancées qui séduisent tant les peintres, lesquels par cette raison nous font si souvent un tableau d'automne et si rarement une vue de printemps.

Je vais m'asseoir à quelques pas d'un sentier, sur une herbe qui me semble encore épaisse et douce ; et de là mes regards plongent assez loin dans la route du bois que je viens de parcourir

Il y a quelque temps que je me repose. Personne encore n'a passé près de moi et n'a troublé la solitude que je goûte. Pauvres amants qui, dans l'espoir de jouir du plaisir d'un doux tête-à-tête, allez au bois de Boulogne, à Vincennes ou à Romainville, à chaque instant quelques promeneurs curieux viennent troubler votre bonheur ; allez donc jusqu'à Gros-Bois, jusqu'à Brunoy, jusqu'à Sucy, enfoncez-vous dans ces bois épais et frais que les citadins viennent rarement visiter, c'est là que vous serez vraiment en tête-à-tête, que pour témoins de vos doux regards, de vos baisers, vous n'aurez que le gazon, le feuillage et les oiseaux.

Deux personnes que je vois venir de loin dans le sentier attirent mes regards et captivent bientôt toute mon attention. Ce sont deux hommes ; ils marchent lentement ; ils ont l'air de parler avec action et s'arrêtent souvent en parlant.

Ces deux hommes s'avancent pourtant, mais ils ne doivent pas me voir, car je suis assis hors du sentier et caché par un gros buisson qui ne m'empêche pas cependant de voir tous leurs mouvements.

Si nous étions dans un bois cité comme dangereux, il y a un de ces hommes dont la tournure pourrait me donner quelques craintes : il a une vieille redingote blanchâtre qui par son ampleur ne semble pas avoir été faite pour lui et qui est en plusieurs endroits déchirée ou mal reprisée ; sur une mauvaise casquette de loutre qui est enfoncée sur ses yeux, et pour cravate un mouchoir rouge roulé en corde qui ne laisse pas apercevoir l'apparence d'une chemise. Cet homme fume tout en marchant, et s'arrête régulièrement après avoir fait vingt pas pour ôter sa pipe de sa bouche et cracher.

L'autre homme est un peu mieux couvert, mais sa tournure est encore assez équivoque ; il a un pantalon noisette sale, à sous-pieds ; un habit bleu râpé, boutonné jusqu'au menton, terminé par un collet de velours tout taché, une cravate noire et un mauvais chapeau rond, mis en tapageur sur le côté.

A peine ai-je examiné sa figure que je reconnais en lui l'homme aux entreprises de rivières portatives, M. Théodore, l'ami d'Adolphe, qui ne me semble pas avoir fait fortune depuis qu'il s'est sauvé de l'île Saint-Denis avec la servante du traiteur.

M. Théodore a laissé croître ses cheveux à l'enfant, et repousse à chaque instant derrière les oreilles des boucles obstinées qui reviennent flotter sur ses joues. Il fume un cigare, et, tout en se dandinant suivant son habitude, semble prêter beaucoup d'attention à ce que lui dit son compagnon.

Ayant reconnu Théodore, je regarde plus attentivement l'homme qui est avec lui ; malgré sa barbe longue, ses gros favoris et sa casquette rabattue sur son visage, il me semble que ses traits ne me sont pas inconnus. Mais je ne puis me rappeler où je les ai vus, lorsque ces messieurs arrivant plus près de moi, j'entends prononcer le nom de Salomon. C'est maintenant ; l'individu à la redingote blanchâtre est M. Salomon que j'ai vu une fois au café, et reconnu la nuit où je me suis promené sur les boulevards. Voilà une singulière rencontre... Après tout, ces messieurs peuvent aimer comme moi à se promener dans les bois.

Ils s'arrêtent à une dizaine de pas de moi, et j'entends la voix de Théodore :

— Pourvu que Follard ne manque pas au rendez-vous,... il est si flâneur, le beau marquis !...

— Eh non ! il ne manquera pas... il a trop d'intérêt à venir... les eaux sont basses chez lui comme chez nous... Sacré tabac... ils n'ont rien de bon dans ce pays-ci...

— Veux-tu un cigare ?... j'en ai encore trois... — Ah ! ouais ! va te faire fiche avec tes cigares... c'est bon pour des musqués dans ton genre...

— Musqué !... tu es bien bonne... c'était bien quand Juliette me faisait présent d'huile antique aux dépens de ce jobard d'Adolphe Designy... Oh ! c'est celui-là qui est un jobard de première force !...

— Je crois que les amis m'ont changé ma pipe hier au soir, pendant que je jouais une poule pour les Polonais... la mienne était mieux culottée que ça... — Allons ! te voilà toujours grognant pour ta pipe !... il est monomane de sa pipe, cet être-là !... — Eh ben, je suis comme ça... tant pis... je suis bête... c'est pas ible ; mais enfin je suis comme ça... c'est fini !... — Sais-tu que je commence à me lasser d'arpenter le bois... je n'aime pas à marcher à pied, moi... je suis né pour une voiture... — Asseyons-nous... on ne paye pas les chaises ici.

Ces messieurs se jettent sur l'herbe, au bord du sentier, à six pas de moi tout au plus. J'avais eu d'abord l'intention de m'éloigner, mais ce qu'ils ont dit de Follard a piqué ma curiosité ; je ne bouge pas de ma place ; j'entendrai toute leur conversation, car bien certainement ils se croient seuls. S'ils venaient à me découvrir, je serais censé m'être endormi là ; mais je ne sais quoi me dit que je dois profiter du hasard qui les a conduits près de moi, et que je ferai bien de les écouter.

— Quelle heure est-il à présent, Théodore ? — Est-ce que tu crois que j'ai la prétention de porter une montre sur moi ?... Donne-moi du feu... je m'éteins... — A quelle heure Follard attend-il sa cousine à Gros-Bois ?... — A quelle heure ?... est-ce que je sais ?... je t'ai dit hier ; Follard va demain à Gros-Bois pour voir encore une fois sa cousine avant qu'elle ne parte... Le mari de la jeune femme est, à ce qu'il paraît, jaloux comme un vieil ours... il croit que sa femme a des intrigues à Paris.... il n'a peut-être pas tort... il paraît même qu'il a surpris la susdite dame dans un rendez-vous sentimental...

— Sacredié ! elle était mieux culottée que ça, j'en suis sûr ...

— Est-ce de la cousine de Follard que tu parles ? — Non, c'est de ma pipe. — Salomon, tu es bigrement ennuyeux avec ta pipe... — Va toujours... je t'écoute... fichu tabac ! il sent le foin ! — Donc le mari part de Paris avec sa femme... il l'emmène on ne sait où... il ne l'a pas même dit à Follard, dont il a l'air à présent d'être jaloux aussi... ou plutôt, je pense qu'il lui en veut, parce qu'il a découvert que le brillant Follard n'est pas plus marquis que moi... c'est ce titre qu'il s'est donné d'amitié. M'écoutes-tu, Salomon ? — Oui... oui... va toujours... sacré tabac ... — Le baron de Harleville veut donc voyager...aller courir le monde avec sa femme... Il paraîtrait que son intention n'est pas de revenir de longtemps à Paris, puisqu'il a réalisé une partie de sa fortune qu'il emporte dans son portefeuille... — On est sûr de ça ?.. — Très-sûr. — C'est que c'est le nœud gordien de la chose... — Ah ! oui... il faut flouer le baron... mais ce ne sera pas facile. — Bah !... avec des talents et une volonté bien prononcée, on mangerait des pavés !... — Je sais bien... mais il ne faut pas compter sur Follard... il n'a pas de caractère... — Nous en aurons pour lui... Fichu tabac !...

Je remercie le ciel qui m'a permis d'entendre la conversation de ces deux hommes. Autant que je puis en juger, Théodore et Salomon sont des misérables qui ont d'infâmes desseins, et c'est mon père qui doit en être victime... Ah ! que j'ai bien fait de ne pas me montrer ! Maintenant je n'ose faire un mouvement, de crainte d'être découvert, car alors je ne saurais plus rien ; je tends le cou, et je redouble d'attention ; mais je m'étends entièrement sur la terre afin de tenir moins de place et de courir moins de risque d'être aperçu.

— Avec tout ça, Salomon, le sens a mon estomac qu'il est bien l'heure de déjeuner... — Il doit être aux environs de onze heures... — As-tu quelques espèces encore ? — J'ai seize écus à ton service ! — Nous ferions un triste déjeuner avec ça !... Ce Follard ne vient pas... Voyons, Salomon, comment ferons-nous pour terminer proprement notre affaire ?... Nous voulons le portefeuille du mari de la cousine ; c'est très-bien, mais vouloir et avoir c'est deux... — Sois donc tranquille... Il y a mille manières... — Il ne faut pas que la femme voie rien. Elle ne voudrait pas que d'autres qu'elle se chargeassent du soin de mettre à sec son mari... — C'est bon... Elle ne verra rien... ne saura rien... — Mais ton moyen... — C'est simple comme une soupe à l'oignon. Follard, dès que le baron sera arrivé à l'auberge... au relais de poste... où il descendra enfin, Follard ira trouver le baron, et le priera de lui accorder un entretien.... de venir faire avec lui un tour dans le bois pour lui parler de ses affaires... — Après ? — Le baron ne fera aucune difficulté... quoique un peu jaloux de Follard, il est encore fort obligeant pour lui... — Après ? — Follard emmène l'estimable baron promener dans le bois... par ici... où il sait que nous sommes... — Après ? — Ah bien! tu ne devines pas le reste ?.. — Ah ! écoute, Salomon, s'il s'agit d'une violence, je n'en suis plus ; je t'en préviens, ne compte ni sur moi, ni sur Follard... une espiègerie, un tour d'adresse, à la bonne heure, c'est mon genre... mais attaquer un homme dans un bois... et en plein jour encore.... fi donc ! pour qui me prends-tu ?...

— C'est ça, ils veulent bien avoir le portefeuille, mais ils n'ont de courage à rien... Hum!... fichu tabac!... Toi et Follard , vous ne valez pas une pipe de vingt-cinq sous !... — Salomon, tu te perds, mon cher, tu vois mauvaise société, ça te fait perdre tes moyens... Cherchons un autre moyen... — Cherche toi-même , je n'en vois pas d'autre... — Un homme s'avance à pas précipités... c'est Follard ; courons au-devant de lui...

Déjà Théodore se levait, et je prévoyais avec douleur que je ne pourrais plus entendre leur conversation, mais Salomon retient son compagnon en lui disant :

— Reste donc... cet endroit est commode pour causer de nos affaires... attendons-y Follard.

Théodore se rassied, et au bout de quelques instants Follard est près d'eux. Ce jeune homme que j'ai vu briller dans les salons, y donner le ton et la mode, face le fini et le bon goût de sa toilette , n'a plus que les débris de son ancienne élégance, et sa figure, pâle et fatiguée , trahit aussi le désordre de sa conduite.

— Bonjour, messieurs, dit Follard en se jetant sur le gazon, vous

m'attendez depuis longtemps peut-être ?... mais le baron de Harleville et sa femme viennent seulement d'arriver à Gros-Bois... ils voyagent avec leurs chevaux attelés à une bonne berline... ils ne s'arrêteront que d'une heure ou deux... Je ne me suis pas encore présenté à eux... Je suis fort embarrassé... j'ai un très-grand besoin d'argent... Adèle m'en prêtait volontiers; mais elle n'en a plus... reste à savoir si son mari voudra encore m'obliger... Le diable, c'est que je lui dois déjà mille écus!... Vous m'avez dit que vous m'aideriez à sortir d'embarras... Pardieu ! vous seriez bien aimables... je n'ai pas besoin de vous dire que je serai reconnaissant; voyons, messieurs, comment pourrez-vous m'obliger ?

Théodore et Salomon se regardent en silence ; j'ai un moment l'idée d'aller faire avertir le baron qu'un péril le menace et qu'il doit se hâter de partir ; mais le baron croira-t-il cet avis? et si je fais un mouvement, ces hommes m'apercevront : mon secret, me laisseront-ils m'éloigner? Je n'ai pas d'arme, rien pour me défendre... Je crois qu'il est plus sage de ne pas me montrer.

— C'est embarrassant... c'est fort embarrassant dit Théodore en se frottant les mains, Salomon avait bien une idée... mais ça ne t'irait pas... — Quelle était l'idée de Salomon ? — Tout bonnement que vous emmeniez le baron promener par ici... où je lui demanderais fort honnêtement son portefeuille... — Quelle infamie!... un vol à main armée!... Pour qui me prenez-vous, messieurs ?... — C'est ce que j'ai dit! reprend Théodore, ça ne nous va pas du tout !... Salomon... plaisante quelquefois!... — Si l'on osait attaquer le mari de ma cousine... savez-vous bien que je le défendrais, au contraire !... — Vous le défendriez? répond Salomon d'un ton goguenard. Ah ! oui... avec une brosse... — Monsieur Salomon, nous allons nous fâcher... — Qu'est-ce que ça me fait... je n'y tiens pas... Fichu tabac!... pouah !...

Il se fait un assez long silence pendant lequel j'entends seulement Théodore siffler entre ses dents et Salomon cracher.

C'est Follard qui le rompt le premier, et s'écrie, en brisant une branche près de lui :

— Voilà pourtant la suite de mes folies... de mes débauches... on ne veut faire faire que s'amuser... le travail ennuie... accepter un emploi nous fait horreur... on ne serait plus libre !... libre à toute heure du jour... de la nuit... mais quand on a tout mangé... tout perdu... nos maîtresses nous trahissent, nos amis nous abandonnent...

— Mon cher Follard, dit Théodore en ôtant son cigare de sa bouche, ce que tu dis là est très-vrai, sans doute! mais c'est vieux et connu comme les carottes dans le pot au feu ! nous ne nous sommes pas donné rendez-vous ici pour faire un cours de morale .. d'abord, moi , ça ne me va pas... je suis philosophe !... je n'aime pas la morale... et toi, Salomon, tu ne dis plus rien ?... — Que veux-tu que je dise à des moutards qui ont peur de tout?.. je suis seulement fâché d'avoir quitté mon estaminet pour venir ici... on devait jouer une queue d'honneur... ça me revenait de droit !... Pouah!... quel tabac !... — Le temps se passe cependant, et il faudrait prendre un parti... Eh bien, Follard... à quoi penses-tu? — Je cherche... je réfléchis... si le baron voulait encore me prêter !... — Quand il te donnerait un billet de mille francs, tu n'irais pas loin avec ça... — Oh! non... je dois de vous côtés !... — Il doit avoir près de cent mille francs sur lui... — Je le pense.

— Tenez, messieurs, dit Salomon, vous voulez faire des monstres d'une simple babiole... quelle était mon intention ? la voici :

— Follard amenait le baron promener par ici... vous voyez qu'on y est comme chez soi, il n'y passe pas un chat. Arrivé de ce côté, Follard se donnerait une entorse qui l'empêchait d'aller plus loin... vous comprenez la malice?... Le baron , qui voit que Follard souffre... veut s'en retourner bien vite au village chercher du monde pour qu'on emporte le blessé sur elle... vous le tirez sur ses bras... Comprenez-vous ? — Va toujours... — Quand le baron est à cent pas de Follard, je l'accoste et je lui demande l'aumône... Théodore se tient un peu plus loin... un mouchoir sur la figure , comme s'il avait mal aux dents... — Très-joli !... — Ensuite, pendant que le baron fouille dans sa bourse, moi, je fouille dans sa poche, je lui escamote son portefeuille avant qu'il ait le temps de se reconnaître, et je suis bien loin avec Théodore, tandis que Follard avec son entorse fait semblant de boiter pour venir à l'aide du baron. Hein !... qu'est-ce que vous dites de cela... une espiègerie!... pas la moindre violence... d'ailleurs si vous trouvez mieux, parlez... Sacrée saloperie de tabac !...

Salomon se tait, Théodore murmure entre ses dents :

— Il est certain que la chose présentée comme cela... n'offre pas tant de difficultés... et que...

— Non, messieurs, non ! s'écrie Follard en se levant, c'est toujours un vol que vous méditez... et d'ailleurs dépouiller entièrement le baron. ce n'est pas là mon intention... Une trentaine de mille francs me suffiraient... Oh ! décidément je ne veux plus vous écouter !...

— Eh bien! allez vous faire lanlaire, monsieur le marquis, et ne dérangez plus les amis avec vos embarras... On ne fait pas faire près de cinq lieues qui peur que cela ne mène à rien.

Follard s'est éloigné de quelques pas, il va et vient avec agitation dans le sentier. Ah ! si ce jeune homme pouvait persévérer dans sa bonne résolution ! il n'est point aussi corrompu que ces deux misérables qui veulent le rendre complice d'un vol; mais il est faible et il veut avoir de l'argent. Je tremble qu'il ne cède ; mais mes yeux le suivent avec anxiété; je renais à l'espoir à chaque pas qu'il fait et qui l'éloigne de Salomon... Je frémis quand je le vois revenir ou s'arrêter.

Tout à coup Follard, qui était déjà assez éloigné, revient précipitamment vers ceux qu'il avait quittés. Le malheureux..... il consent peut-être à se déshonorer... Ecoutons bien.

— Messieurs..... je conçois un projet qui peut, ce me semble, tout concilier..... — Voyons ça, dit Théodore, nous ne demandons pas mieux, nous autres.... — Parbleu!..... si ce baron voulait jouer son portefeuille à la poule avec moi, ça serait plus gentil et bientôt bâclé !... j'en réponds! — J'amènerai le baron par ici... sous le premier prétexte venu..... j'en trouverai ensuite un autre pour le quitter quelques instants.... c'est alors que Salomon.... sans employer la violence, trouvera moyen de s'emparer du précieux portefeuille.... Mais moi j'accourrai aux cris que jettera M. de Harleville.... je me mettrai sur les traces de son voleur..... Salomon m'attendra dans ce côté du bois... là-bas dans ce fourré..... je reprendrai le portefeuille et je reviendrai en triomphe le rendre au baron, qui n'aura aucun soupçon, et me remerciera au contraire comme son sauveur... Par exemple, le portefeuille ne sera pas intact..... on aura déjà enlevé trente mille francs !.... ce sera un malheur!.... mais M. de Harleville s'estimera encore fort heureux de n'avoir pas perdu tout. Eh bien ! que dites-vous de mon projet?...

Théodore murmure quelques mots et paraît indécis, mais Salomon s'écrie bientôt :

— Superbe, le projet !... superbe !... je l'approuve dans son entier !...

Cependant, reprend Théodore, il sera assez singulier qu'on ait déjà ôté du portefeuille une partie de la somme... et que... — Pourquoi donc ?..... est-ce que je n'ai pas pu déjà partager avec toi ?..... d'ailleurs, le baron ne fera pas toutes ces réflexions..... Allons, Follard... hâtez-vous de nous amener le voyageur : c'est ici que nous serons... vous reconnaîtrez l'endroit ?.... — Très-bien.... — Ensuite vous vous sauverez de ce côté.... — Oui.... — Et je vous attendrai sous ces gros arbres là-bas... Allez, allez... ne laissez pas repartir votre homme...

— Mais encore une fois, Salomon, pas le moindre mal au baron, sans quoi... — N'ayez donc pas peur... On dit qu'il n'y verra que du feu... Un tour de gobelet, voilà tout !.... — Je pars alors, et vais me hâter.

Follard s'éloigne, et Salomon dit à Théodore : — Faut-il qu'il soit borné, ce Follard !... qui pense que je l'attendrai pour me faire reprendre le portefeuille... Ah! ah! le plus souvent!.... — J'avoue que ça me semblait extraordinaire de te voir consentir à cela..... — Nigaud !... tu ne m'avais pas saisi non plus, toi ?.... Nous fuirons tous deux avec, et je te promets que le marquis n'achètera pas un lorgnon avec ce qu'il en aura.... — Ma foi ! approuvé !... Follard est une poule mouillée... je lui retire mon amitié.

J'en ai assez entendu; je me glisse petit à petit en arrière ; puis, quand je suis assez loin de ces deux misérables, je me lève et cours, sans rentrer dans le sentier battu, jusqu'au village de Gros-Bois.

J'arrive devant l'auberge où doit être M. de Harleville avec sa femme. J'entre dans la cour une berline de voyage à laquelle on remet les chevaux; je m'arrête, je ne sais encore ce que je dois faire... mais je suis bien résolu à ne pas laisser aller mon père dans le bois avec Follard.

Une servante traverse la cour; je vais à elle.

— Vous avez des voyageurs ici ?.... — Oui, monsieur.... une jeune et jolie dame avec son mari... un vieux... — Où sont-ils à présent ? — La dame est au premier... le mari était là tout à l'heure... et il est dans la salle en bas... il cause avec un jeune homme qui vient d'arriver tout en courant. — Est-ce qu'ils ne repartent pas bientôt ? — Dame, je ne sais pas.

Je songe que mon père m'a défendu de reparaître devant lui... défendu sous peine d'encourir toute sa colère... N'importe !... je n'ai que ce moyen pour le sauver du piège dans lequel on veut l'entraîner... mais ce moyen me paraît infaillible.

Je me promène avec agitation devant la porte de l'auberge. Enfin on sort de la salle du rez-de-chaussée. C'est mon père et Follard; ce dernier, pâle, tremblant, la figure bouleversée, marche, les yeux baissés, auprès du baron. Ils vont sortir de la maison, lorsque je me présente devant eux, comme ayant l'air de vouloir entrer dans l'auberge.

Follard me regarde et semble seulement surpris de me trouver là; mais le baron a pâli; ses yeux se sont fixés sur moi, la fureur les anime, et je l'entends murmurer :

— Encore !... quelle audace !... il la suit partout !...

Quittant aussitôt Follard, et rentrant dans la cour de l'auberge :

— Les chevaux !.... vite... vite les chevaux !..... nous repartons sur-le-champ ! crie le baron à un domestique. Allez... vite... prévenir madame qu'elle descende... la voiture est prête.... Allez !... je ne m'arrête pas plus longtemps ici.

Je suis resté devant la porte de l'auberge, d'où je regarde avec joie les préparatifs du départ. Follard, étonné de voir le baron le quitter brusquement, retourne près de lui en balbutiant :

— Comment !... vous partez si vite ?... mais vous aviez consenti... à m'accorder un entretien dans..... la campagne..... quel motif vous presse si fort ?

— Oh ! je suis fâché de n'avoir plus de temps à vous donner, monsieur de Follard; mais je vois bien que je ne dois pas m'arrêter ici davantage... j'aurais dû même partir plus tôt... j'aurais évité une rencontre... L'insolent !... après ma défense !... Laissez-moi partir, Follard, sans quoi il pourrait arriver quelque malheur.

Adèle vient de descendre ; son mari la fait sur-le-champ monter dans la berline; il s'y place près d'elle, avant même que les chevaux ne soient entièrement attelés. Enfin tout est terminé, le postillon monte en selle, fait claquer son fouet; la voiture part; Adèle fait un signe d'adieu à Follard, qui est resté dans la cour stupéfait de ce brusque départ, et moi, arrêté à quelques pas de l'auberge, je rencontre de nouveau le regard foudroyant de mon père.

Il s'éloigne encore plus irrité contre moi..... mais je n'avais que ce moyen pour le sauver !

Lorsque la voiture est éloignée, que le bruit des roues ne parvient même plus jusqu'à nous, et que nous sommes entièrement rassuré, je ne crains pas que Follard et ses amis rejoignent mon père. On ignore où il va, et comme ce malheureux jeune homme, qui allait commettre une action si vile, est resté immobile dans la cour de l'auberge; le départ subit de M. de Harleville lui a peut-être fait croire que le baron avait deviné le piège qui l'attendait. Pâle, troublé, il ne semble plus rien voir de ce qui se passe autour de lui. Je viens de lui épargner un crime, des remords éternels... mais le souvenir de cette matinée lui servira-t-il de leçon? hélas ! je ne serai pas toujours là.

Je m'éloigne, je n'ai plus rien qui me retienne dans ce village ; mais je remercie le ciel qui a dirigé mes pas de ce côté et m'a permis de déjouer l'indigne complot dont mon père aurait été la victime; je me sens heureux et fier de l'avoir sauvé. Qu'importe qu'il me croie encore épris de sa femme? Ma conscience me dit que j'ai agi comme je le devais.

Je retourne à Boissy-Saint-Léger, et sans doute ma physionomie exprime la satisfaction intérieure que j'éprouve, car ma bonne hôtesse me dit : — Je gage que vous avez bien travaillé aujourd'hui, monsieur Arthur ? — Pourquoi cela, madame ? — Parce que vous avez l'air content de vous. — Je le suis aussi, madame, et je puis même comme Titus : Je n'ai pas perdu ma journée ! — Ni moi non plus, car j'ai fait des conserves de tomates.

Le lendemain, pendant que je déjeune, je m'aperçois que la domestique va et vient dans la chambre d'un air très-affairé, laissant échapper de temps à autre quelques exclamations, comme quelqu'un qui a bien envie qu'on l'interroge et qui brûle de raconter une nouvelle. Je ne tenais pas à connaître l'histoire de la domestique; mais madame Dubinet s'étant mise à pousser aussi des hélas comme sa servante, je pense qu'il serait malhonnête de continuer à n'y pas faire attention, et laissant le livre que je tenais, je m'adresse à mon hôtesse :

— Vous paraissez-il survenu quelque accident fâcheux? lui dis-je; vous paraissez bien attristée..... — Ah ! mon cher monsieur Arthur !.... ce n'est pas à moi qu'il est rien arrivé... mais c'est égal, ces choses-là font toujours de la peine !.... et puis, grâce au ciel, dans ce pays, ça ne s'était jamais vu de mon temps... — Qu'est-ce donc, madame ? — C'est Louise qui vient de me conter ça, qui l'a su chez l'épicier en achetant du poivre tout à l'heure... N'est-ce pas, Louise ? — Oui, madame : oh ! pardi... on ne parle que de ça dans tout le village et les environs, ça m'a tout mis en rumeur... Il y en a déjà tout plein de Boissy qui sont allés à Gros-Bois pour mieux connaître la chose.

— Mais est-ce que je ne pourrais pas aussi connaître la chose?... dis-je, un peu impatienté du bavardage de la servante. — Comment! est-ce que madame n'a pas raconté l'histoire à monsieur?... — Je ne sais rien. — C'est un jeune homme... un beau monsieur de Paris, à ce qu'on présume, qui s'est tué hier à Gros-Bois... — Tué !... à Gros-Bois... ah! mon Dieu !... serait-il possible ?... — Oh ! c'est fait certain... la garde champêtre l'a vu... — Mais où... à quel endroit ?... sait-on qui était ce jeune homme ? — C'est dans le village même... Il est tué !... — Ah ! mon Dieu !... — Un jeune homme... on ne sait pas du tout ce qu'il était... on n'a trouvé sur lui que des pistolets... mais il paraît qu'avant de faire son coup il a laissé une lettre... — Une lettre !... pour qui?... — Ah ! pour qui! je n'en sais rien!... Le garde champêtre n'a jamais pu retenir le nom... — L'infortuné !... ah ! si j'avais pu prévoir... — Comment, monsieur Arthur, est-ce que vous croyez connaître ce jeune homme?... — Peut-être, madame. Hier... en me promenant, je suis allé jusqu'à Gros-Bois... j'y ai aperçu un jeune homme... que j'ai eu occasion de voir quelquefois à Paris... et tout me fait craindre que ce ne soit lui qui ait mis fin à ses jours... — Ah! mon Dieu !... et quels motifs ont pu le porter à ce crime?... — L'inconduite, l'amour du jeu, des plaisirs... l'horreur du travail... et ce malheureux esprit de vertige qui tourne maintenant la tête des jeunes gens... ces messieurs veulent, à vingt ans, avoir savouré toutes les jouissances; il leur faut des orgies, des passions, de la renommée; ils se croient des grands hommes parce qu'ils ont tourné en ridicule les affections, les usages, les croyances qui étaient respectés de nos pères ; puis, quand ils n'ont plus les moyens de continuer leur existence voluptueuse dans laquelle l'amour filial, l'amitié fraternelle et les plus doux sentiments de la nature n'ont point été connus, ils se détruisent, espérant faire parler d'eux et acquérir, après leur mort, cette célébrité qu'ils ont en vain poursuivie de leur vivant. — Serait-il possible, les jeunes gens d'aujourd'hui sont aussi fous !... et celui que vous connaissez était du nombre ?... — Peut-être pour celui-là est-il plus heureux qu'il ait fini ainsi... mais je vais me rendre sur-le-champ à Gros-Bois afin de savoir si mes soupçons sont fondés. — Ah ! oui, allez, monsieur Arthur, tâchez de savoir de ses nouvelles... d'apprendre ce qui a pu porter ce malheureux jeune homme à se livrer à cet acte de désespoir... ce n'est peut-être pas celui que vous connaissez... Il faut espérer que ce n'est pas celui-là... Vous reviendrez nous conter tout ce que vous aurez appris ? — Oui, madame.

Je pars, le cœur serré par la nouvelle que je viens d'apprendre : tout me dit que c'est Follard qui a mis fin à ses jours. Il n'avait plus de quoi satisfaire ses désirs, ses folles habitudes. Il voulait de l'argent... il lui en fallait à tout prix... Pour en obtenir, le malheureux allait aider à dépouiller un homme qui l'avait obligé plusieurs fois !... En voyant s'évanouir sa coupable espérance, il n'a pas eu le courage de vivre. Si j'avais deviné son dessein, je lui aurais offert ma bourse... mes services... mais il m'aurait refusé peut-être ! Il y avait encore un reste de fierté dans l'âme de ce jeune homme qui ne pouvait se décider à commettre une bassesse ; il est fâcheux pour lui qu'il ne soit pas mort un jour plus tôt. Cependant les deux misérables qui l'avaient entraîné à commettre un vol sont bien plus criminels que lui ; et je gage que ceux-là n'ont point envie de l'imiter.

Me voici à Gros-Bois ; je me dirige vers l'auberge où mon père s'est arrêté la veille. Je vois beaucoup de paysans rassemblés sur la petite place qui est devant le relais de poste. Ces bonnes gens parlent entre eux, mais à demi-voix, d'un air affligé, et tout consternés encore de l'événement qui est arrivé dans leur village et qui va faire pendant longtemps le sujet des conversations de leurs veillées.

Mes yeux se portent vers l'auberge ; sur le même banc de pierre où la veille j'ai laissé le malheureux Follard, j'aperçois un modeste cercueil ; il contient les restes de ce jeune homme que j'ai vu dans le monde, si brillant de toilette, d'élégance, de manières !... qui fut pendant quelque temps l'arbitre de la mode, l'oracle des dames, le petit-maître le plus recherché... et qui n'a pas maintenant un ami pour le conduire à sa dernière demeure !

Je m'approche d'une vieille paysanne qui pleure tout en montrant à quelques jeunes filles le banc de pierre de la cour.

— On va donc enterrer ce jeune homme ? dis-je à la paysanne. — Oui, monsieur ; c'est un étranger... qu'on ne connaît pas du tout dans le pays et qui s'est tué hier matin ici... Pardi ! il aurait bien dû choisir un autre endroit que notre village pour faire c'te vilaine action... ça nous portera malheur... et à l'auberge donc... v'là une maison perdue !... Qui voulez-vous à présent qui aille se rafraîchir... Ah ! mon Dieu !... Oh ! c'est fini... v'là une maison ruinée !... — Le conduit-on à l'église ? — A l'église ! oh ! que nenni !... un homme qui finit comme ça, c'est un renégat, a dit M. le curé ; il n'se soucie pas qu'on le prie le bon Dieu pour lui ! — Vous avez tort de dire ça, mère Landry, dit une autre paysanne qui nous écoutait, on doit toujours prier pour les morts. Si ce jeune homme a fait une faute, ça ne nous regarde pas... c'est pas nous qui devons le juger... mais c'est ben plutôt le cas de demander la charité que la mort lui pardonne. Entendez-vous, mes enfants, vous prierez le bon Dieu pour l'étranger. — Oui, ma mère, disent deux jeunes filles qui gardaient un silence. — Mais, reprend à son tour un paysan, c'est ben drôle qu'il se soit tué comme ça sans rien dire... et un homme bien vêtu... et on lui a trouvé sept francs sur lui... donc il n'était pas dans le besoin. — Ah ! dame ! c'est queuque désespoir amoureux... on dit qu'il avait parlé à un vieux monsieur qui venait de partir en voiture avec une jeune dame... — Oh ! ben ! c'est ça... c'est le père qui venait d'emmener sa fille, dont sans doute le jeune homme était amoureux... Pauvre garçon, se tuer par amour... tu n'en ferais pas autant, toi, Eustache ? — Pardi ! on se gausserait de moi, si j'en faisais autant !

Chaque villageois faisait ses conjectures sur l'événement arrivé à l'auberge, s'approchait de la vérité. Dans ce moment, le maire dit qu'il était temps d'enlever le cercueil pour le porter au cimetière ; mais pas un prêtre n'était auprès du mort, et les paysans, qui ont l'habitude d'offrir leurs bras pour cette triste cérémonie, hésitaient et semblaient craindre de prêter leur assistance à celui que l'Église repoussait de son sein.

Le maire de l'endroit, gros paysan, qui semblait tout aussi embarrassé que les autres, allait et venait devant l'auberge, s'approchait des groupes, causait avec l'un, pérorait avec un autre, et finissait toujours par dire :

— Dame !... c' t'homme... faudrait pourtant se décider... c'est ben embarrassant !... moi, je suis le maire... c'est juste... mais je ne peux pas compromettre mon autorité !...

Je passe à travers tous ces villageois, j'entre dans l'auberge, et je m'écrie :

— Que quelqu'un vienne m'aider, et nous allons emporter ce jeune homme !

Tous les paysans me regardent avec surprise ; je ne sais si mon costume, qui n'est pas le leur, si ma voix leur impose, mais aussitôt sept ou huit grands gaillards se présentent, et, comme s'ils rougissaient de ce qu'un habitant de la ville vint leur donner une leçon d'humanité, c'est à qui maintenant s'offrira pour emporter le cercueil.

Je cède aux instances des villageois, qui m'engagent à leur laisser cette triste besogne ; mais je les suis, et, soit que mon exemple ait quelque poids sur ces habitants de la campagne, ou qu'ils soient revenus à des sentiments plus charitables, presque toutes les personnes qui étaient rassemblées sur la place suivent comme moi le cercueil du malheureux Follard, dont le convoi est bientôt nombreux, car il se grossit à chaque instant de femmes, de jeunes filles et d'enfants, qui vous observent un religieux silence et s'avancent avec recueillement jusqu'au cimetière du village. Notre marche, quoique sans ordre, sans nul apprêt, avait quelque chose de solennel et de touchant : la grande pompe que l'on déploie dans un cortège n'est pas ce qui frappe toujours notre cœur ; une douleur simple et sans faste nous touche bien plus que celle où viennent se mêler l'orgueil et l'étiquette.

Nous arrivons au cimetière. Là, le cortège s'arrête, on a préparé une place dans un endroit éloigné des autres tombes ; car celui auquel on donne la sépulture a fini par un crime et ne doit pas obtenir les mêmes honneurs que les honnêtes habitants du village. Aucun discours, aucun adieu n'est prononcé sur la dernière demeure de l'étranger ; cependant j'entends prier avec ferveur autour de moi, je vois des larmes couler, larmes qui ne sont pas feintes, puisque ces paysans ne connaissaient pas celui qui n'est plus ; mais on plaint sa destinée, car il était jeune, et on croit qu'il s'est tué par amour.

Tout le monde s'est dispersé ; je m'approche du maire, qui va s'éloigner aussi.

— Monsieur, le jeune homme qui a fini si malheureusement n'a-t-il point laissé une lettre ? — Oui, monsieur, c'est la pure vérité. — Monsieur, voudriez-vous bien me dire à qui est adressée cette lettre ? — Vous le dire... mais, monsieur... pourquoi me demandez-vous cela ? — Parce que j'ai aperçu hier ici ce jeune homme, qu'il ne m'était pas entièrement inconnu, et que je pourrai peut-être vous donner quelques renseignements pour trouver la personne à laquelle il a écrit. — Ah ! vous connaissez l'étranger... alors, monsieur, pourquoi ne l'avez-vous pas réclamé ? — Je n'avais aucune raison pour le faire — Vous pouviez avertir les parents... — Je ne lui en connais pas. — Enfin, pourquoi s'est-il tué ? — Je l'ignore comme vous ! — Vous dites que vous pourrez me donner des renseignements... et vous ne savez rien du tout !...

Je m'arme de patience, car il en faut avec les maires de village, et je reprends :

— Je vous ai dit, monsieur, que je pourrais peut-être vous donner des renseignements sur la personne pour laquelle le malheureux jeune homme a laissé une lettre ; je vous prie de nouveau de me dire pour qui est cette lettre ?

M. le maire, surpris du ton d'assurance avec lequel je lui parle, fouille dans sa poche, en disant :

— Pardieu !... alors vous serez plus adroit que mon garde champêtre... que j'ai envoyé à Paris, et qui n'a jamais pu trouver celui pour qui est cette lettre... mais aussi on devrait mettre mieux une adresse... Ah ! la voici, cette lettre.

Le maire examine la suscription et lit avec beaucoup de difficultés : « A monsieur... monsieur... le baron de Har... de Cha... deville... » — De Harleville, sans doute ? — Oui... je crois que ça fait à peu près ça... mais il n'y a que ça dessus... et puis, à Paris... C'est égal, j'ai envoyé Lopard, mon garde, à Paris ; Lopard s'est informé chez cinq ou six marchands de vin, aucun ne connaissait ce baron de Harleville. — Je le crois. Au reste, la personne pour qui est cette lettre vient de partir de Paris... on ignore où elle va et si elle sera longtemps absente. Cependant, si vous vouliez me confier cette lettre, je trouverais peut-être une occasion pour la faire parvenir à son adresse. — Non, monsieur, certainement, je ne confierai pas ainsi cette lettre... je réponds, moi, que je ne la donnerai à personne... que j'ai d'avoir consulté le propriétaire du château. — Comme vous voudrez. En attendant, voici une adresse un peu plus détaillée pour trouver M. de Harleville quand il sera à Paris ; je vous conseille de la joindre à la lettre.

Le maire prend d'un air de défiance l'adresse que je viens de tracer au crayon ; il la regarde quelques instants... probablement sans pouvoir la lire, puis me fait un salut protecteur, en murmurant :

— C'est bien... c'est bien... j'irai montrer tout cela au château... je sais ce que j'ai à faire !

Le maire s'est éloigné. Je vais en faire autant, après avoir jeté un dernier regard sur la simple croix de bois que l'on a placée sur la tombe de Follard, lorsque j'aperçois deux hommes sortir d'un sentier voisin et s'avancer du côté du cimetière qui n'est point fermé, et dans lequel chacun en passant peut être libre de pénétrer.

C'est Théodore et son ami Salomon. La vue de ces deux hommes me soulève le cœur ; cependant je reste, car je veux savoir ce qu'ils viennent faire. Je m'assieds près de la tombe d'une jeune fille qui me masque entièrement.

Ils se sont arrêtés à l'entrée du cimetière ; je les entends parler à demi-voix :

— A quoi bon entrer là-dedans ?... — Je te dis que c'est lui qu'on vient d'y conduire... il s'est tué hier... — L'imbécile... il aurait bien pu nous prévenir de son dessein, nous ne l'aurions pas attendu toute la journée dans le bois. — Il se sera tué de colère de ce que le baron partait sans vouloir lui accorder un entretien... — C'est peut-être ça... ou autre chose... Il a laissé une lettre, j'espère qu'il n'y a rien dedans qui puisse nous compromettre... — Ah ! par exemple !... que diable voulais-tu qu'il écrivit contre nous !... d'ailleurs il n'était pas méchant !... — Viens donc... je suis curieux de voir ce qu'on a mis sur sa croix... ce doit être là-bas... un petit paysan m'a indiqué l'endroit .. Viens donc, Théodore !

Salomon entraîne Théodore jusqu'à la place où repose celui que la veille ils avaient poussé au crime. Tous deux se baissent pour regarder la croix ; M. Salomon y lâche une bouffée de fumée.

— Il n'y a rien, dit Théodore, allons-nous-en... les cimetières, ça me fait de la peine.

— Ah Dieu !... tu es bien sensible... Après tout, Follard a aussi bien fait de se tuer !... c'était un homme dépourvu de moyens !... — Voyons, Salomon, partons-nous ?... — Fichu tabac !... heureusement c'est le reste !

Et ces messieurs sortent du cimetière sans donner d'autres regrets à la mémoire de leur ami.

CHAPITRE XXII. — Une Pensée de Clémence.

Et moi aussi j'ai quitté le cimetière, mais après avoir laissé partir devant moi ces deux hommes que j'espère ne plus rencontrer sur mon chemin. Je reviens assez tristement à Boissy-Saint-Léger ; la mort du cousin d'Adèle m'a rendu soucieux ; je voudrais savoir ce que ce malheureux jeune homme a pu écrire à mon père ; sans doute de tristes adieux, quelques regrets sur sa vie passée, et de ces belles pensées qu'on trouve au moment de mourir et que l'on n'a jamais eues auparavant.

Il me faut encore raconter à madame Dubinet tout ce dont j'ai été témoin à Gros-Bois, entendre tous les commentaires, toutes les réflexions que font là-dessus la maîtresse et sa servante, ensuite celles du vieux voisin sourd et des deux vieilles filles. Pendant huit jours on ne parle que de cela, on finit par m'ennuyer et à me dégoûter de la campagne. D'ailleurs un des motifs qui m'éloignaient de Paris n'existe plus : je n'y rencontrerai pas madame de Harleville puisqu'elle est partie pour aller on ne sait où. Il n'y a donc plus qu'une femme que je crains... ou plutôt que je brûle de revoir, mais je ne puis supporter l'idée de la rencontrer encore avec cet homme ; je me souviens de ce que j'ai éprouvé quand je l'ai vue passer devant moi avec cet homme qui lui tenait le bras... Ah ! si les gens avides de puissance et de grandeur sont cruellement blessés en perdant le rang qu'ils occupaient, pour un cœur aimant, que la souffrance plus profonde et que toutes les jouissances de la fortune ne sauraient faire oublier.

Je suis indécis sur ce que je dois faire, lorsqu'un matin Darbois arrive chez sa tante. Après avoir embrassé madame Dubinet, bu un verre de malaga et recommandé à la domestique de faire un gâteau au riz pour le dîner, mon collègue vient à moi :

— Eh bien ! mon cher Arthur, c'est donc décidé, tu restes campagnard ?... — Je ne sais... Voilà déjà bien longtemps que je le suis ! — Je gage que tu as fait ici deux ou trois pièces et cinq ou six volumes ?... — Pas tout à fait, mais... — Au fait, on doit supérieurement travailler ici... l'année prochaine je viendrai y passer l'été... — Tu devais venir cet automne y travailler avec moi... — La saison était trop avancée... On doit se coucher comme les poules ici ?... — Et quelles nouvelles de Paris ?... — On y fait des trottoirs... — Ce n'est pas cela que je te demande ; au théâtre ? en littérature ?... — On vend des journaux chez le boulanger et des romans à quatre sous... Mais pour ce qui m'intéresse... as-tu passé chez moi ? — Ah ! oui vraiment... Parbleu ! tu m'y fais penser... ta portière et son époux, qui sont bien le couple le plus laid que j'ai jamais vu, m'ont chargé de te dire qu'une dame est venue plusieurs fois s'informer de toi. — Une dame... et ils t'ont dit comment elle était ?... — Ah ! ils l'ont dépeinte à leur manière... Une dame jeune... qui a l'air un peu malade... ils auront trouvé cela parce que probablement elle n'a pas de grosses couleurs. — Ensuite !... — Ensuite !... ma foi, c'est tout ce qu'ils m'ont dit. — Mais elle a dû dire quelque chose... — Ah ! elle a demandé ton adresse... elle voulait absolument savoir où tu étais. Et ils se sont bien gardés de le lui apprendre, parce qu'ils ne le savaient pas. — Elle n'a pas dit son nom. — Je ne crois pas... mais elle a laissé... une carte... un petit papier, je crois... — Ah ! donne... donne vite... — C'est que je ne l'ai pas pris de crainte de le perdre... — Ah ! Darbois !... c'est affreux... avoir aussi peu de complaisance... je t'avais tant prié de m'apporter ce qu'on remettrait chez moi... — Mon cher ami, je vais t'expliquer la chose, c'est que ton portier et sa femme sentent toujours tellement l'oignon, que j'abrège le plus possible mes conversations avec eux... je suis sûr de pleurer en les quittant. — Si c'était Clémence... Oui...

quelque chose me le dit... Darbois, je te suis, je retourne avec toi à Paris... — Bah !... vraiment ?... tant mieux... — Partons sur-le-champ... — Oh non ! par exemple... nous partirons après dîner ; j'ai commandé un gâteau au riz, et il serait très-malhonnête de n'en pas manger... — Ah ! si tu savais combien je suis impatient de savoir quelle est cette femme qui est venue me demander... — Eh ! mon Dieu ! tu le sauras ce soir ! d'ici là... cette dame ne s'envolera pas... voilà donc cet homme qui avait juré haine au beau sexe, et qui change bien vite de résolution parce qu'une dame a mis un petit papier chez sa portière. — Ah ! Darbois... c'est que... — C'est que tu n'as pas de caractère. Moi, vois-tu, quand je dis que je ne ferai plus une chose, je tiens mon serment ; par exemple, j'ai juré de ne pas manger de homard, je n'en voudrais pas avaler une bouchée !... il est vrai qu'il me fait mal.

Je fais mes préparatifs pour quitter la campagne, la bonne dame Dubinet gronde son neveu de ce qu'il suppose être cause de mon départ ; pour la calmer, nous promettons de revenir tous les deux à la belle saison et de passer un mois avec elle.

Je tâche de faire avancer l'heure du dîner : mais j'ai beau dire, lorsque nous sommes à table, Darbois n'en va pas plus vite : il prétend qu'il ne doit pas s'étouffer pour m'être agréable, et il a la gourmandise de redemander trois fois du gâteau au riz.

Enfin le dîner est fini ; nous faisons nos adieux et nous montons en voiture ; je suis aussi pressé de me retrouver à Paris que je l'étais de le quitter ; mais les chevaux de coucou qui nous conduisent ne secondent pas mon impatience. Nous arrivons à Paris à la nuit. Je quitte Darbois que je me fais conduire chez moi et je me présente brusquement au carreau de la loge de mon portier.

Le mari et la femme poussent une exclamation de surprise en me voyant :

— Ah ! monsieur Arthur ! ah !... ben, par exemple !... si nous pensions à quelqu'un, c'était pas à vous !... Ma foi non... vous arrivez comme une vraie bombe !... — Dites-moi, vous avez quelque chose à me remettre ? — Ah !... oui, v'là des cartes... — Ce n'est pas cela ; une dame est venue... plusieurs fois à ce qu'on m'a dit, et elle a laissé un papier... ou une lettre pour moi ?... — Une dame... pour vous ?... — Ne l'avez-vous pas dit à Darbois ?... l'a-t-il inventé ? — Ah ! oui, une petite dame... c'est-à-dire pas trop petite... maigre... — Oh ! pas trop maigre, mon épouse, mais un brin pâle... comme si elle avait des maux d'estomac. — Eh bien ! enfin, cette dame a laissé une lettre ? — Oui, oui, je m'en souviens à c't heure, c'est la seconde fois qu'elle est venue... et comme je refusions encore de lui dire où était monsieur, ce qui paraissait la contrarier, elle s'en alla, puis revint avec une lettre, en disant : Puisqu'on ne peut plus le voir, j'espère qu'au moins on lui remettra ceci. — C'est ce billet que je vous demande depuis une heure ! — Le billet... dis donc, mon épouse, quoi que tu as fait de ce petite lettre ?... — C'est toi qui la tenais ce matin pour la remettre à M. Darbois... — C'est juste... mais je te l'ai rendue... — Par exemple !... — Mêmement que j'étais occupée avec ma perruche et que tu faisais monter le lait sur le fourneau. — Oui, et je t'ai demandé un brin de chiffon pour soutenir mon feu... — C'est alors que t'as repris le billet... — C'te bêtise... tu ne m'as donné que des chiffons dont j'ai rallumé mon fourneau.

Je comprends que la lettre que je désirais avec tant d'ardeur, et pour laquelle je suis revenu à Paris, a servi à faire monter le lait de mon portier. Je suis furieux, je pousse, je remue, je renverse tout dans la loge du portier ; je veux absolument retrouver cette lettre, je n'entends pas qu'elle soit brûlée, je la veux, il la faut. Pour me consoler, ma portière ne cesse de me répéter : — Monsieur, c'était une bien petite lettre... oh ! toute mince, il ne pouvait pas y avoir grand'chose dedans !

Quand je vois que mes recherches sont inutiles et que la lettre a bien été réellement brûlée, après avoir donné une semonce à mes portiers, je me fais donner les plus grands détails sur la figure, la taille, la mise de cette dame, et ce qu'on me dit augmente ma conviction ; je n'ai plus de doute, c'est Clémence qui est venue.

Venir me voir... m'aimerait-elle encore ? Est-ce seulement un souvenir de politesse... d'amitié ?... sa lettre m'aurait dit tout cela ! et elle est perdue ! Je ne sais que faire... je brûle de revoir Clémence... mais si je m'abusais... si je ne retrouvais plus qu'une femme aimable, à la place d'une amante passionnée... Ah ! ce serait plus ma Clémence d'autrefois, et il me semble qu'il vaudrait mieux ne pas la revoir.

Elle n'a pas dit son nom... comment la demanderai-je ?... N'importe : je sais où elle demeure, je reconnaîtrai bien la maison. J'irai demain. Il faudra bien que je la trouve... et je verrai sur-le-champ dans ses yeux si elle désirait ma présence.

Mais ce jeune homme auquel elle donnait le bras... Ah ! ce souvenir se jette tristement à travers mes espérances ! je veux l'écarter, et il revient sans cesse... Voit-elle toujours ce jeune homme ? je l'ignore... et enfin suis-je certain qu'elle l'aimait ?... ah ! je voudrais tant ne pas le croire !... Pauvre Adolphe ! comme je me moquais dans l'île Saint-Denis !... je ne suis pas tout à fait dans sa situation, mais je commence à comprendre que l'on peut chercher à douter qu'il fasse jour en plein midi lorsque cette clarté-là nous fait mal.

Pour passer ma soirée, je vais chercher des distractions dans plusieurs spectacles. A la Porte-Saint-Martin, je me trouve encore voisin d'Adolphe et de Juliette ; ils sont dans la loge près de celle où je suis entré. Je ne suis nullement surpris de revoir Adolphe avec son infidèle ; je serais bien plus étonné s'il avait cessé de la voir.

Cette fois Adolphe me fait un gracieux salut en m'apercevant ; loin de chercher à se cacher, il semble tout fier d'être vu avec sa maîtresse. Quant à cela, je trouve qu'il a raison : lorsqu'on fait des sottises, il faut les faire ouvertement ; c'est souvent le moyen d'être moins tourné en ridicule.

Madame Ulysse me paraît considérablement engraissée... Si je ne me trompe, cet embonpoint n'est que momentané... Juliette est enceinte ; je ne l'aurais pas vu à sa taille, que je le devinerais à ses mines, aux petites manières qu'elle se donne. Madame semble ne pouvoir faire un mouvement de crainte de se blesser ; elle occupe à elle seule le devant d'une loge, et encore n'a-t-elle pas l'air d'y avoir assez de place. Adolphe lui fait un fauteuil avec ses genoux ; malgré cela, elle ne cesse de se plaindre. Je l'entends qui lui adresse la parole, tout en traînant la voix, comme si cela la fatiguait aussi de parler.

— Mon Dieu ! qu'on est mal ici !... que ces banquettes sont dures !... — Que veux-tu, ma chère amie... elles sont sans doute comme cela dans toutes les loges... Cependant aux premières on devrait être bien. — J'ai pris la place que tu as voulu. — Encore une fois, je ne dis qu'on est horriblement assis !... — Dame... veux-tu essayer d'une autre loge ?... — Oh ! ce serait bien inutile, je crois... — Veux-tu que j'aille demander à l'ouvreuse si elle aurait un coussin pour mettre sous toi ?... — Que vous êtes bête !... pourquoi ne pas lui demander tout de suite un rond en cuir... pour qu'on croie que j'ai des hémorrhoïdes ?... — Ecoute donc, je t'offrais cela pour... As-tu assez d'un petit banc ?... veux-tu deux petits bancs ?... — Vous m'ennuyez... laissez-moi en repos.

Adolphe ne bouge pas ; car ses genoux servant de bras de fauteuil, s'il se permettait de faire un mouvement, madame pourrait en être incommodée. Mais, au bout de deux minutes, c'est Juliette qui parle de nouveau.

— Que vos genoux sont durs... vous avez des os pointus... ça m'entre dans les côtes. — Si tu veux, je vais les retirer... — C'est cela... et puis je tomberai en arrière, ou je m'appuierai sur le devant de la loge... n'est-ce pas ? Dans ma position, croyez-vous qu'il soit commode de s'appuyer en avant pour casser le nez à mon enfant ?... — Je ne te dis pas cela... mais c'est parce que tu te plaignais de... Aïe !... aïe !... — Q'est-ce qu'il y a ?... — Aïe !... — Ah ! mon Dieu !... veux-tu que j'aille chercher l'accoucheur ? — Est-ce que vous voudriez que j'accouchasse au spectacle ?... — Mais c'est parce que ça avait l'air de te prendre... comme si tu allais... — Comme si ! comme si !... ah ! on voit bien que vous n'avez pas l'habitude d'être avec une femme dans ma position... — Ma foi, c'est vrai... tu es la première que je me flatte d'avoir... — Aïe !... — Encore ?... mon Dieu ! bonne amie, est-ce qu'il a remué ?... — Allez-vous-en !... vous m'impatientez... — Mais... ma bonne amie... — Allez me chercher quelque chose à manger... j'ai une envie de crevettes... — De crevettes ?... et où diable veux-tu que j'en trouve, par ici ?... — Je veux des crevettes, monsieur ; j'en veux, il m'en faut... c'est une envie... songez qu'il est dangereux de ne pas satisfaire les envies d'une femme qui est dans ma position... — Ne te fâche pas... je vais courir jusque chez le marchand de comestibles du boulevard Poissonnière... — Allez où vous voudrez... j'en veux... — C'est que je croyais qu'au spectacle on ne mangeait pas de... — Une femme dans ma position mange de tout et partout ; ce n'est jamais ridicule... Aïe !... aïe !... — J'y cours, chère amie.

Et Adolphe, qui croit que Juliette va accoucher d'une crevette, s'il ne se hâte pas de satisfaire sa fantaisie, n'attend pas l'entr'acte, enjambe les banquettes, et sort de la loge comme s'il se jetait dans une trappe anglaise.

Madame Ulysse use terriblement du pouvoir qu'elle a pris sur son jeune amant ; mais elle fait bien... quand un homme pardonne à sa maîtresse ce que celui-là a pardonné, elle peut tout se permettre ; sa puissance s'augmente de toutes les sottises que l'on a faites pour elle.

Après la pièce je sors, laissant dans la loge voisine Juliette changer à chaque instant de position en faisant jouer moins de grimaces. Au coin du boulevard, un homme se jette sur moi en courant : c'est Adolphe avec un cornet de crevettes à la main.

— Ah ! pardon, monsieur... Tiens ! c'est monsieur Arthur... vous quittez le spectacle ?... — Oui, et vous, y rentrez-vous ? — Je vais porter cela à Juliette... c'est une envie qu'elle a... et dans sa position, il faut la contenter... Mon cher monsieur Arthur, je vous dirai que je suis à présent le plus heureux des hommes ! — J'en suis fort aise. — D'abord je me suis, comme vous l'avez vu, raccommodé avec Juliette... J'ai eu de la peine... mais elle ne voulait pas... il a fallu que je la menace de l'enfermer avec un fourneau de charbon... Enfin c'est fini... nous vivons comme des colombes... Elle est d'une douceur de caractère !... Il n'y a que dans cet état où son état la change un peu... Dites donc... je vais être père !... — Je vous en fais mon compliment. — Ma foi, j'en suis tout glorieux !... Je ne fais que chanter l'air de la *Piété filiale*... Je n'ai [pas] besoin de vous dire

que Juliette a dissipé tous mes soupçons relativement à l'aventure de l'île Saint-Denis... j'avais été aveuglé par la jalousie. Du reste, ce Théodore est un drôle ! un chenapan ! Juliette m'a autorisé à le tuer toutes les fois que je le rencontrerai... mais le coquin m'évite sans doute, car je ne l'ai pas aperçu depuis que... Ah ! mon Dieu !... et Juliette qui attend les crevettes... et moi qui n'y pensais plus... Pardon, monsieur Arthur, si je vous quitte si brusquement...

Et Adolphe se sauve sans achever même sa phrase. Je le laisse aller et je rentre chez moi ; j'ai déjà oublié Desigy et sa maîtresse, je ne pense qu'à Clémence, que je compte voir demain. Rien de moins aimable dans le monde qu'un homme amoureux ; parlez-lui de tout ce que vous voudrez, dites-lui les choses les plus intéressantes, vous croyez qu'il vous écoute parce qu'il reste muet devant vous ; mais il est tout préoccupé de ses amours, et au bout d'une minute il ne se rappelle pas un mot de ce que vous lui avez dit.

Toute la nuit je pense à Clémence, au plaisir que j'aurai à la revoir ; plus je me rappelle sa conduite avec moi, les nombreuses marques d'amour qu'elle m'a données, les sacrifices qu'elle m'a faits, plus je m'étonne d'avoir cru si légèrement qu'elle avait cessé de m'aimer. Quelle preuve en ai-je eue ?... Son oubli... Mais qui m'assure qu'elle m'avait oublié ? tout en m'aimant toujours, ne pouvait-elle pas savoir que j'étais amoureux d'une autre ?... N'était-ce pas une raison suffisante pour ne plus me donner de ses nouvelles..... surtout après la manière peu aimable dont je m'étais conduit avec elle la dernière fois qu'elle vint me voir ? Que je l'ai rencontrée dans la rue donnant le bras à un jeune homme, et de là j'ai conclu que ce jeune homme était son amant ? N'est-ce pas juger un peu vite ! une femme ne peut-elle sortir avec un homme sans qu'une liaison intime existe entre eux ? Certes, j'ai eu cent fois des preuves du contraire ! Pourquoi donc ai-je sur-le-champ cru à l'inconstance de Clémence ?... Oh ! j'avais tort... tout me dit maintenant que j'avais tort. Elle est revenue, elle désire me revoir, elle veut qu'elle m'aime toujours... je retrouverai ma Clémence d'autrefois ! et je goûterai bien mieux mon bonheur, car c'est lorsque l'on a craint de perdre ceux qu'on aime que l'on sent à quel point ils nous sont chers.

Sur les dix heures du matin, je ne tiens plus chez moi. Je sors pour aller chez Clémence ; il est encore de bien bonne heure, mais Clémence n'est point de ces jolies femmes qui ne sont visibles que lorsque leur toilette est entièrement achevée ; elle se laisse voir sans apprêts, dans un simple négligé, et les femmes qui se montrent ainsi sont ordinairement matinales.

Je ne sais pas le nom de la rue où je suis allé avec M. Lubin, mais je ne suis point embarrassé pour la retrouver, et cette fois je suis fort aise de ne pas avoir l'homme de lettres avec moi. M'y voici. Je reconnais parfaitement cette rue... Voilà la maison où elle demeure..... Mon cœur bat comme si j'allais à un premier rendez-vous... Ah ! c'est bien plus pour moi !... Un premier rendez-vous n'est souvent qu'un premier plaisir qu'un second fera bientôt oublier ; mais quand il s'agit d'une ancienne amie, d'une femme que l'on ne peut pas remplacer, notre cœur s'intéresse pour toute la vie !...

A quel étage demeure-t-elle ?... Je ne sais pas le nom qu'elle porte maintenant... que demanderai-je au portier ?... Entrons vite et sans m'arrêter... peut-être ne me demandera-t-il pas où je vais.

Je marche hardiment vers la porte cochère, je passe devant le portier, et je suis contre l'escalier lorsqu'une voix me crie :

— Monsieur, où allez-vous ?...

Je m'arrête, car je ne veux cependant pas avoir l'air d'un voleur, et je balbutie : — Je vais... je vais... chez cette dame... vous savez bien... cette jeune dame qui demeure seule... madame... Mon Dieu ! ce nom m'échappe toujours ; madame... madame Clémence... de... des...

— Clémence Desmares, alors... — Justement, madame Clémence Desmares. — A la bonne heure... mais on dit où l'on va... on ne passe pas comme une fusée devant les portiers... Vous savez que c'est au troisième, la porte à gauche. — Oui, oui, je le sais, je vous remercie.

Je me rappelle maintenant que Desmares est le nom de famille de Clémence ; j'aurais dû deviner que c'était celui-là qu'elle avait repris. N'importe, me voilà bien certain que c'est ici, au troisième, qu'elle loge. Je monte... mais doucement, car ma poitrine se gonfle... L'approche d'un grand plaisir gêne toujours notre respiration ; je suis arrivé au second étage lorsque j'entends ouvrir une porte et parler à l'étage supérieur... je m'arrête, et c'est chez Clémence qui parle.

C'est un homme qui parle ; j'entends ces mots : — Au revoir, ma bonne amie... Je reviendrai le plus tôt possible.

Et puis on s'embrasse... Oh ! ou s'embrasse plusieurs fois bien tendrement ; puis on se ferme, et j'entends descendre dans l'escalier.

Je suis resté sans bouger sur le carré du second étage. Je me suis senti glacé, et pourtant mes joues sont brûlantes, ma tête est en feu.

C'est un jeune homme qui descend. Ah ! c'est lui !... c'est le même que j'ai vu tenant Clémence sous son bras... il sort de chez elle... à dix heures du matin... et le son de ses baisers retentit encore à mon oreille ! et je me flattais... et je cherchais à me persuader que j'avais tort de penser qu'il était l'amant de Clémence.

Ce monsieur passé devant moi, il porte la main à son chapeau, puis continue de descendre. Je suis resté comme un terme, appuyé sur la rampe : c'est trop de peine au moment où je croyais retrouver le bonheur.

Je reste quelques instants accablé sous le poids de ma douleur, puis je rappelle mon courage, je rougis de ma faiblesse, et je descends rapidement l'escalier. Maintenant il est inutile que je la revoie... la perfide ! venir chez moi quand elle en aime un autre !... c'est donc pour faire parade de son inconstance, pour jouir de ma peine !... Mais elle n'aura pas ce plaisir ! je jure bien qu'elle ne me verra plus.

Je suis sorti de cette maison... où j'étais entré si heureux, le cœur empli de si doux souvenirs... Allons ! il faut chasser ces idées ; j'é-lais bien niais de croire que l'on m'était restée fidèle ! C'est singulier que pour l'amour l'amour-propre l'expérience soit presque toujours sans profit.

Pendant plusieurs jours, je cours le monde, les soirées, les réunions ; je veux me distraire, m'étourdir ; mais au milieu des plaisirs je porte un visage triste dont on me fait la guerre. Je ne sais pas prendre sur moi et déguiser ce que je ressens. Quand je veux rire, je commence par soupirer.

M. l'adjoint du maire de Grosbois.

Un matin, je rencontre Darbois, qui me dit : — J'allais chez toi... te faire mes adieux... — Où vas-tu ? — En Italie... Un voyage d'a-grément avec un riche Anglais... à frais communs ; mais c'est milord qui payera tout... Il a une bonne voiture... une calèche ; on s'étend, on est à son aise... Je ferai sept ou huit pièces en route, je trouverai des sujets partout.... En six mois nous aurons vu toute l'Italie... Veux-tu venir avec nous ?... — Si j'acceptais, que dirais-tu ? — J'en serais enchanté, parole d'honneur ! — Mais ton milord ? — C'est un bon homme ; pourvu qu'on le fasse rire, il est heureux comme un roi. — Mais je voudrais payer mes dépenses, moi ; je n'entends pas que ton Anglais me défraie... — Tu payeras tout ce que tu voudras ; on est libre. Je n'empêche jamais les autres de payer. Voyons, est-ce dit ? viens-tu avec nous ? — C'est décidé. Je vais de ce pas chercher un passe-port. — Bravo ! c'est charmant !... Et moi je vais prévenir lord Beef que nous serons trois au lieu de deux... Oh ! allons-nous faire des pièces en route !... — A quand le départ ? — Demain, à six heures du soir... Tiens, voici l'adresse de l'hôtel de mon Anglais ; fais-y porter ta valise.

Le lendemain, je suis exact au rendez-vous ; et à six heures cinq minutes, je pars dans une bonne calèche couverte, avec Darbois et lord Beef, que je vois pour la première fois.

Chapitre XXIII. — Voyage et Retour. — Une Explication.

Il y a peu de chagrins qui résistent à la distraction d'un voyage ; lorsqu'il ne les dissipe pas entièrement, au moins parvient-il toujours à les diminuer ; le changement d'air, de lieu, en ranimant les es-prits, ramène souvent la santé, et rappelle aussi la gaieté, qui est la

fois attachés aux murs qui nous entourent ; en les quittant, en les perdant de vue, nous sommes déjà soulagés.

J'éprouve l'heureuse influence des voyages. Au bout de quelques postes, je respire plus à mon aise ; quelques lieues encore, et je commence à rire des réflexions de Darbois et des mines de notre compagnon de route.

Lord Beef est un Anglais dans toute la force physique, grand, gros, blond-roux, avec de gros yeux à fleur de tête et de grandes guêtres qui montent jusqu'aux genoux. Il a d'abord reçu assez froidement le salut que je lui ai fait en montant en voiture. Petit à petit pourtant il se déride, et son air est plus aimable avec moi.

Je fais part à Darbois de mes réflexions, et il me dit : — C'est qu'en montant en voiture tu avais l'air gai comme un croque-mort, et que cela n'avait pas semblé d'un bon augure à milord, qui désire faire un voyage d'agrément ; mais tu t'égaies, tu souris, tu deviens aimable... milord change d'opinion sur ton compte et redevient content aussi, comprends-tu ? — Parfaitement ; mais il n'a pas encore parlé, ton lord Beef ; est-ce qu'il ne sait pas le français ? — Il ne l'entend pas très-bien et n'en sait encore que peu de mots... c'est pour cela qu'il tient beaucoup à l'expression de la physionomie. Attends, je vais le faire parler.

Darbois se tourne vers lord Beef, et lui frappe sur le genou en lui disant : — Eh bien ! milord, cette santé est toujours bonne ?

— *Salut, monsieur !* répond l'Anglais en secouant la tête et en serrant affectueusement la main de mon collègue ; celui-ci reprend : — Sommes-nous en bonnes dispositions pour le déjeuner, milord ? — *Bonjour, monsieur !* répond l'Anglais en secouant de nouveau la main de Darbois.

— Et ferons-nous une foule de conquêtes en voyage, milord, ainsi que je me le suis promis ?

— *Bonsoir, monsieur !* répond lord Beef en lâchant cette fois la main de mon ami.

— Eh bien ! j'espère que c'est gentil, me dit Darbois, qui se pince les lèvres en me regardant. Voilà à peu près tout ce qu'il sait de français, mais il place cela très-adroitement ! — Comment ! indigne menteur, voilà l'homme avec lequel tu voulais faire seul un voyage d'agrément ? — Et pourquoi pas ? je parle pour deux, moi ; et milord mange pour quatre ; je t'assure que c'est un compagnon de route très-agréable, excellent homme du reste, et qui est toujours content quand on a l'air gai et qu'on a bon appétit. — Malgré cela, j'avoue que sa conversation me paraît un peu décousue ! — Tu t'y feras.

Nous avons pris la route de Lyon. Darbois veut visiter les Apennins, le Piémont ; mais à chaque poste il change d'avis, nous ne sommes jamais certains la veille du chemin qu'il nous fera faire le lendemain. Je me laisse conduire ; peu m'importe quelle route nous suivrons, par quelle ville nous passerons. Je vois d'autres lieux, des pays nouveaux pour moi, c'est tout ce que je désire. Quant à lord Beef, quand Darbois lui demande s'il préfère voir Nice ou Milan, il répond : *Bonsoir, monsieur !*

Lorsque Darbois est content de la cuisine d'une ville, il n'y a plus moyen de le lui faire quitter. Ensuite, que ce soit notre chemin ou non, il nous fait passer par les pays dont on vante quelques produits. Dans l'un, nous restons huit jours à cause des pâtés ; dans un autre, nous en passons quatre pour son vin ; Darbois, qui aime beaucoup la charcuterie, nous fait rester quinze jours à Lyon, trouvant toujours un prétexte pour retarder notre départ. Cependant le pauvre lord Beef, qui n'aime ni la hure ni le saucisson, répond : *Bonsoir, monsieur !* d'un air de fort mauvaise humeur, quand Darbois lui offre de la charcuterie, et baragouine ensuite plusieurs minutes dans un jargon que nous ne pouvons comprendre ; malgré cela, Darbois prétend que milord s'amuse beaucoup dans notre compagnie, et qu'il est fort satisfait de son voyage d'agrément.

Nous arrivons enfin à Milan. Pendant que je visite la ville et les environs, que lord Beef se promène en roulant de gros yeux et en disant : — *Bonsoir, monsieur,* à toutes les personnes qui l'examinent, Darbois, qui cherche probablement un sujet de pièce avec les Milanaises, disparaît le matin après le déjeuner et me laisse toute la journée en société avec milord. En toute autre circonstance, je me fâcherais de la conduite de mon collègue, qui s'est débarrassé sur moi du soin de tenir compagnie à son Anglais, et me fait faire un singulier voyage d'agrément. Mais heureusement pour Darbois que les souvenirs de Paris ne sont pas entièrement bannis de ma mémoire, et lorsque je suis avec lord Beef, comme rien ne m'empêche de me croire seul, je puis tout à mon aise me livrer à mes pensées et me transporter en idée dans ce Paris que j'ai quitté si précipitamment.

Darbois nous fait aller à Florence, à Gênes, à Parme ; mon collègue a pris un grand amour pour le macaroni, et dans les villes où on le fait le plus à son goût il nous assure qu'il y a une foule de choses curieuses à voir. Lord Beef, amateur de tout ce qu'on lui dit être curieux, ne se lasse pas de se promener ; mais je commence à me lasser de le conduire et d'entendre ses *bonsoir* ou *salut, monsieur.* Il y a déjà plus d'un mois que nous voyageons ; l'agrément me semble se prolonger beaucoup, et j'aurais déjà quitté Darbois et son Anglais, sans le souvenir de ces baisers que j'ai entendu donner... et...

tant de mal!... je crois vous entendre encore ! et c'est ce qui m'empêche de retourner à Paris. Si je rencontrais Clémence, il me semble que je ne pourrais m'empêcher de lui reprocher sa perfidie... Et à quoi cela m'avancerait-il ?... cela serait tout aussi inutile que de la supplier de m'aimer encore.

Darbois, qui a sans doute laissé à Milan quelque jolie femme qu'il désire revoir, nous y ramène en nous soutenant que c'est le chemin pour aller à Naples, et un matin, en me promenant dans la ville, je ne suis pas peu surpris de me voir accosté par ce même jeune homme avec lequel je causais toujours dans les salons de M. de Reveillère.

— C'est vous, monsieur Arthur... vous à Milan ? — Pourquoi pas ? vous y êtes bien... — Oh ! moi, c'est par ordonnance du médecin ; on me conseille quelques mois d'Italie... je vais aller à Rome... si j'en ai le courage, car je n'ai quitté Paris que depuis huit jours et je

SOCIÉTÉ DE MADAME DUBINET.

Toutes les fois que les vieilles filles toussent, le vieux voisin sourd se met en colère en disant : — Je vous entends bien, ne criez pas si haut.

m'ennuie déjà... — Donnez-m'en donc des nouvelles, à moi qui suis absent depuis près de cinq mois. — Oh ! j'en sais de fort piquantes !... Vous vous rappelez bien la baronne de Harleville... cette jolie femme, ci-devant madame d'Asvéda... dont vous prétendez n'avoir pas été amoureux... — Eh bien ! la baronne... achevez... — Au bout de fort peu de temps de ménage, son mari, déjà jaloux, l'avait emmenée en Angleterre !... — Ah ! ils sont en Angleterre ?... — Attendez donc : là, il paraît qu'un jeune lord a fait les doux yeux à la baronne... nouvelle fureur de ce pauvre mari, qui, ne sachant plus que faire, se décide à ramener sa jolie femme à Paris !... Mais le jeune lord les avait suivis en cachette. Cependant, le baron fait ce qu'il peut pour que sa femme oublie les plaisirs de Londres ; il lui prodigue fêtes, cadeaux, parures, il fait pour elle mille folies ; et pour récompense savez-vous ce que sa chère épouse a fait ?... vous ne devinez pas, mon cher ?... — Parlez, de grâce !... — Elle s'est fait enlever par l'Anglais et a laissé là son vieux baron après avoir, à ce qu'il paraît, emprunté de l'argent et souscrit des billets que son époux se croit obligé de payer... — Ah ! grand Dieu !... que m'apprenez-vous ?... — Rien de bien extraordinaire... ce que j'avais prévu... prédit... — Mais le baron? — Le baron, dont les affaires étaient déjà dérangées par suite du train de vie qu'il menait depuis son mariage, mais dont vous connaissez la fierté, n'en a pas moins reconnu toutes les dettes de sa femme pour faire honneur à son nom ; et, en attendant qu'il puisse les payer, il s'est laissé conduire en prison. — En prison !... mon... monsieur de Harleville en prison pour dettes ?... — Il n'a que ce qu'il mérite ; un homme raisonnable n'épouse pas une femme galante, et madame d'Asvéda n'était pas autre chose !... Mais, dites-moi, à votre tour, que fait-on dans ce pays ? comment s'amuse-t-on ? Les Milanaises sont-elles aimables ?... — Pardon... je n'ai pas le temps... je vous salue.

Je quitte si brusquement le pauvre jeune homme qu'il en reste interdit au milieu de la rue. Mais j'ai déjà pris mon parti, et je me hâte de retourner à l'hôtel où nous logeons, je commande des chevaux de

poste et fais sur-le-champ les préparatifs de mon départ,.. Lord Beef est seul à l'hôtel ; en me voyant aller et venir avec précipitation, il cherche à deviner ce qui m'occupe, et, voulant me questionner, m'accable de : — Salut, monsieur !

Darbois est capable de ne revenir que le soir ; les chevaux sont prêts ; je ne veux pas attendre ; je laisse un mot pour mon collègue, dans lequel je lui apprends qu'un motif impérieux m'oblige à partir sur-le-champ pour Paris. Puis, serrant la main de lord Beef qui me regarde avec inquiétude, je lui dis adieu, et en réponse à un bonsoir, monsieur, qui n'a jamais été si bien placé.

Me voilà en route ; dans cinq jours je serai à Paris ; j'ai le temps de réfléchir tout à mon aise ; je ne puis supporter l'idée de savoir mon père en prison. Habitué à vivre dans l'aisance, à l'âge où l'on ne devrait plus connaître les ennuis, les tracas de la vie, être en prison!... Je ne l'y laisserai pas, tant que mes moyens me permettront de l'en tirer. Mon père m'a privé de sa tendresse, mais cela ne doit pas m'exempter de faire mon devoir, et d'ailleurs je sens bien que je l'aime toujours, moi, et que la nature n'est pas muette dans mon cœur comme dans le sien.

Je vendrai mes rentes, tout ce que je possède, si cela est nécessaire pour libérer mon père ; je suis jeune encore, je puis travailler, je puis supporter des privations ; mais le baron de Harleville ne doit pas être obligé d'avoir recours à des étrangers ; il mourrait plutôt en prison... Oui, je le connais ! il est trop fier pour endurer la moindre humiliation.

J'arrive à Paris, moulu par le voyage ; mais je ne prends pas le temps de me reposer. A peine ai-je été chez mon père que, pour changer de vêtements que je cours chez un jeune avoué qui s'entend parfaitement aux affaires ; je lui apprends mes intentions : il se chargera d'abord de savoir pour quelle somme le baron de Harleville est détenu à Sainte-Pélagie. Il promet de me le dire dès le lendemain et j'attends avec impatience ce moment.

Madame Gervais, une vieille voisine, soignait la pauvre Clémence.

Mon avoué me tient parole : le lendemain je sais que mon père a reconnu des dettes pour quarante-trois mille francs. C'est pour cette somme qu'il est détenu ; avec les frais, cela pourra monter à quarante-cinq mille francs. Je respire !... Je puis facilement réaliser cette somme. A la vérité il ne me restera plus que douze à quinze cents francs de rente ; mais qu'importe ! un auteur n'a-t-il pas sa plume?... Il est vrai que malheureusement les succès dramatiques semblent de préférence s'adresser à la fortune : l'auteur qui a besoin de travailler pour vivre est presque toujours l'auteur qu'on sifflera ; mais ces réflexions ne changeront rien à ma résolution.

Je vais trouver un agent de change ; je vends mes rentes ; j'ai la somme qu'il me faut, et après m'être muni d'une permission, je me rends à Sainte-Pélagie où je demande à parler au baron de Harleville.

Mon père a une chambre pour lui seul ; on me permet de l'y voir. Je ne puis rendre ce que j'éprouve en traversant les tristes corridors de la maison d'arrêt ; en suivant l'homme qui me conduit près de mon père , je me rappelle toute la haine que le baron me porte , la défense qu'il m'a faite , les sentiments qu'il me suppose pour sa femme , et au moment où l'on m'ouvre la porte de sa chambre, je me sens frémir et trembler, comme si je venais pour faire une mauvaise action.

Mon père est assis devant une table, la tête penchée sur sa poitrine ; il porte, suivant son usage, une redingote bleue, un gilet blanc, un col noir : ses cheveux me semblent déjà blanchis ; sa physionomie est triste , mais n'a rien perdu de sa fierté. A mon entrée dans sa chambre, présumant sans doute que c'est le porte-clefs, il ne tourne pas la tête, et je reste quelques instants à le considérer, sans qu'il se doute que son fils est auprès de lui.

Je me décide cependant à faire quelques pas vers lui en balbutiant :
— Pardon, monsieur le baron, si j'ose...

Ma voix le fait tressaillir, il lève vivement la tête, fronce les sourcils en m'apercevant, et s'écrie :
— Vous ici, monsieur !... que venez-vous y faire ?... qui vous a permis de venir m'y poursuivre ? Avez-vous oublié la défense que je vous ai faite ?

— Non , monsieur , mais j'ai cru que les murs de cette prison me permettraient de l'enfreindre.

— Vous avez eu tort... doublement tort... venir me voir dans cette maison... n'est-ce pas encore pour insulter à mon malheur ?

Ah ! monsieur ! pouvez vous me supposer cette affreuse pensée ?

— Oui, oui , je dois croire capable de toutes les perfidies celui qui n'a pas craint de porter des regards criminels sur l'épouse de son père, et qui bravant ma défense, méconnaissant mon autorité, poursuit en tout lieu l'objet de sa honteuse passion... Si j'avais pu excuser , pardonner un égarement passager, votre obstination à nous suivre, lorsque j'emmenais ma femme loin de Paris, votre présence à Gros-Bois, dans l'auberge où nous étions , sont des faits qui suffiraient pour motiver mon courroux.

— Monsieur , vous me jugez bien mal !... vous m'accusez à tort !... si vous saviez quel motif me faisait agir alors... mais, hélas ! vous ne me croiriez pas ! vous êtes tellement prévenu contre moi !

— Si je fus injuste pour vous , jadis , vous avez pris bien soin , depuis, de me donner raison !

Le baron se lève , marche avec agitation dans la chambre en prononçant quelques mots que je ne puis comprendre , puis , s'arrêtant tout à coup devant moi, il me montre la porte, et me disant :
— Sortez , monsieur, sortez, et désormais dispensez-moi de vos visites.

Le ton dont mon père me dit ces mots a quelque chose de si dur et de si méprisant , que je sens à mon tour ma fierté renaître ; mon front rougit, mais ce n'est plus de crainte ; mon courage est revenu, ma conscience me dit que je ne dois point trembler comme un coupable, et loin de sortir, je réponds à mon père, d'un ton calme, mais ferme :

— Non, monsieur le baron, je ne vous quitterai pas ainsi. Il y a trop longtemps que je suis en butte à vos mépris , à votre haine , sans en deviner la cause... car ce n'est pas de votre mariage avec madame d'Asvéda que date l'aversion que vous me témoignez ; vous m'avez renié pour fils depuis que , malgré vos remontrances, j'ai embrassé la profession des lettres ; mais il n'est pas possible que cette circonstance seule m'ait privé de votre tendresse. Un père pardonne des torts plus graves, il me suffit que je l'ignore ; mais je vous prie de me les faire connaître, monsieur, afin de les réparer si cela est en ma puissance. Mais on ne condamne pas un homme sans lui apprendre quel est son crime : c'est bien le moins que je sache enfin ce qui m'a fermé le cœur de mon père.

Le baron, qui a paru étonné de la manière dont je lui ai parlé, réfléchit quelques instants ; puis, me montrant une chaise, me dit d'un air plus calme :
— Eh bien ! monsieur, puisque vous le voulez... je vais vous apprendre ce qui depuis bien longtemps a privé mes nuits de sommeil, mes jours de bonheur... C'est le secret de mon âme que je vais vous confier... Mais enfin , puisque vous y touchez aussi , ce secret, et peut-être n'avez-vous pas tort en m'en demandant la révélation. Écoutez-moi, monsieur.

Je m'assieds en face du baron. osant à peine respirer, tant je crains de perdre une seule des paroles qu'il va prononcer. Après quelques instants de méditation, mon père commence enfin :
— Je me mariai par amour. J'aimai votre mère éperdument ; elle était belle, aimable... parfaitement élevée ; je pensais qu'elle ferait mon bonheur. Mais quelques mois de mariage suffirent pour me faire voir que je m'étais abusé. Votre mère ne m'aimait pas, c'est-à-dire, elle m'aimait... par devoir... par principes... parce qu'elle portait mon nom. Mais ce n'était point cet amour passionné que j'éprouvais pour elle et que je comptais trouver chez mon épouse. Je la voyais souvent triste, rêveuse ; je pensai qu'il existait quelque motif, quelque cause pour qu'elle ne partageât pas mon amour. Je dissimulai mes tourments, je feignis l'aimitié, la bonhomie de ces hommes qui se contentent de l'estime de leur femme, et , à force de questionner la mienne sur les premiers penchants de son cœur, je l'amenai à m'a-

vouer qu'elle avait aimé un jeune homme qui venait chez ses parents ; ce jeune homme, qui l'adorait, l'avait demandée à son père : mais celui-ci avait refusé d'unir sa fille à quelqu'un qui n'avait ni fortune ni état. Je cachai à ma femme le dépit que me faisait éprouver sa confidence que j'avais pourtant sollicitée, et je cherchais moi-même à l'effacer de mon souvenir, lorsque quelques mois ensuite nous rencontrâmes dans le monde un jeune auteur. Je ne sais par quelle fatalité il me fut présenté. Ce jeune homme était aimable avec moi, mais sérieux près de ma femme. Cependant on parlait chaque jour de succès au théâtre, et votre mère semblait y prendre un intérêt qui me déplut ; enfin , je ne pus m'empêcher un jour de lui en demander la raison... elle ne craignit pas de m'avouer que ce jeune auteur était le même qui lui avait fait la cour lorsqu'elle était demoiselle. J'éprouvai alors des tourments qu'il faut avoir ressentis pour les comprendre. Je trouvai moyen de fermer ma maison à ce jeune homme ; mais le repos en avait fui pour jamais , et , dès cet instant, il n'y eut plus de bonheur possible dans mon union avec votre mère. Ce fut à cette époque qu'elle m'annonça qu'elle était enceinte ; et ce qui , en tout autre temps m'eût comblé de joie, me rendit alors encore plus malheureux : des soupçons affreux déchiraient mon âme !.. mais que faire ?... que dire ?... rien ne me prouvait que mes soupçons fussent fondés. Vous vîntes au monde ; je vous embrassai d'abord avec ivresse, puis bientôt je vous repoussai de mes bras... C'est ainsi que je vous vis grandir près de moi ; quelquefois vous comblant de caresses... ou fuyant votre vue qui me faisait mal. J'étais malheureux , et sans doute votre mère ne fut pas heureuse non plus , quelque jamais un reproche ne sortît de ma bouche. Lorsqu'elle mourut... vous aviez quinze ans ; j'ignore si elle avait deviné la cause de mes chagrins, mais je lui avais constamment cachée. La mort de votre mère me fit faire des réflexions ; elle avait toujours été si douce, si bonne !... Je pensai que je m'étais tourmenté sans raison, que mes soupçons étaient mal fondés. Alors je revins à vous, je me sentais disposé à vous rendre ma tendresse... Mais quelle fut ma douleur, mais votre colère, lorsque, bravant mes ordres, méprisant mes conseils, vous refusâtes de suivre la carrière des armes... et cela pour être auteur !... pour faire des pièces !... Vous ne pouvez vous imaginer tout le mal que j'éprouvai lorsque j'appris, de vous-même, que vous aviez une vocation décidée pour la carrière des lettres... c'était la profession de cet homme que votre mère avait aimé, de cet homme cause des angoisses, des tortures que j'éprouvais depuis si longtemps ; alors tous mes soupçons me semblèrent justifiés, mes doutes résolus... je n'eus plus pour vous que de la haine, car je pensais que vous n'étiez pas mon fils.

— Ah ! monsieur le baron... ah ! mon père... car vous l'êtes... oh ! oui, ma mère ne fut pas coupable, mon cœur me le dit... Combien je regrette maintenant d'avoir moi-même fortifié... réveillé d'affreux soupçons... Si j'avais su... si vous m'aviez ouvert votre âme , ah ! je vous le jure , j'aurais renoncé à suivre une carrière qui avait flatté mes goûts et séduit mon imagination !...

— Non , je ne devrais rien vous révéler ; je voulais voir si cette vocation d'écrire était innée chez vous... rappelez-vous d'ailleurs que vous résistâtes à mes instances... à mes ordres même. En obtenant des succès dans cette carrière , vous pensiez me fléchir... obtenir votre pardon ; mais, au contraire, chacun de vos triomphes fortifiait ma conviction,... Je voyais de la ressemblance entre vos ouvrages et ceux de cet homme que votre mère a aimé. Si vous n'aviez eu que des chutes, j'aurais pu revenir à vous, car je me serais dit : — La nature ne l'avait pas fait poète. Je vous ai appris, monsieur, la cause de mon éloignement pour vous dès que vous eûtes embrassé cette profession... Vous le voyez, ce n'est point à la profession des lettres que s'attachait ma prévention... Je vous défendis de continuer à porter mon nom...croy z bien que ce n'était pas par mépris pour le théâtre... je l'y aurais entendu prononcer avec fierté, si j'avais pensé que vous fussiez vraiment mon fils.

— Eh quoi ! monsieur... sur de vagues soupçons... que rien n'a pu justifier, parce que la jalousie s'empare de votre cœur, vous accusez une femme dont la conduite, vous l'avouez vous-même, ne vous donna jamais la preuve qu'elle fût coupable ; vous repoussez de vos bras votre fils... ne me demandant qu'à vous aimer, à vous chérir... La nature m'a donné une vocation pour une autre carrière que la vôtre... mais quoi de plus commun dans le monde, où l'on voit les fils s'illustrer dans la même profession que leurs parents, où les talents et le génie ne sont jamais héréditaires ? Ah ! monsieur le baron, revenez à des sentiments plus justes, plus vrais, plus dignes de vous, et, qui, j'ose l'espérer, ne sont pas entièrement étrangers à votre cœur !... La voix du sang se fait encore entendre dans votre âme... et le jour de ce duel... ce jour affreux, où vous étiez le témoin de mon adversaire... c'est elle, sans doute, qui vous obliga de ne point permettre un combat que vos yeux ne pouvaient supporter, et qui, malgré vous, aurait révolté la nature !...

— En effet, monsieur, je ne chercherai point à le nier. Lors de votre duel avec M. de Follard, je m'étais d'abord promis de ne voir en vous qu'un étranger ; mais au moment où le combat allait s'engager, je ne pus m'empêcher de me dire : Si c'était mon fils !... alors vous avez vu avec quelle précipitation je m'interposai entre votre adversaire et vous.

— Eh bien! monsieur, cette voix secrète qui vous a parlé alors, n'est-ce pas celle de la Providence qui ne voulait pas qu'un père pût être témoin de la mort de son fils?... et après cela comment pouvez-vous encore me refuser ce nom?...

— Vous oubliez, monsieur, votre conduite depuis ce temps... votre amour pour une femme que vous deviez respecter, — Monsieur le baron, je vous le jure sur l'honneur, si j'éprouvai un instant le pouvoir des charmes de madame d'Asvéda du moment qu'elle devint baronne de Harleville, je n'eus plus pour elle que du respect, et...

— Et c'est par respect que vous alliez la trouver chez sa sœur, rue Saint Antoine? s'écrie le baron en se levant et marchant avec agitation dans la chambre. — Je vous assure que ce n'est pas elle que je pensais trouver là!... — Quel mensonge!... Et malgré mon ordre formel, c'est par respect encore que vous nous suivites à Gros-Bois; que, dans l'espoir de revoir Adèle, vous alliez entrer dans l'auberge où elle était?... — Ah! monsieur... si vous saviez quel motif... il y allait de votre fortune, de votre vie peut-être... Vous n'avez donc pas reçu de lettre de Follard?... vous ignorez donc qu'il s'est tué peu d'instants après votre départ de Gros-Bois?... — J'ai appris sa fin; elle m'a peu étonné et je n'ai reçu aucune lettre de lui. Mais la mort de Follard ne peut avoir aucun rapport avec votre conduite... Il y allait, dites-vous, de ma fortune... de ma vie... Je sais que vous faites fort bien des romans, monsieur; mais vous me dispenserez de croire à celui-là. Cessons un entretien qui me fait mal... Je vous le répète, il ne peut plus rien y avoir de commun entre nous, et vos visites, loin de m'être agréables, ne font que m'irriter encore. — Eh quoi!... quand le malheur vous accable, vous refusez le droit de voir fils?... — Vous n'êtes point mon fils... Vous avez le droit de porter mon nom, je le sais... mais ma bouche ne vous le donnera jamais.

Ces paroles cruelles me glacent, me serrent le cœur. Je sens qu'il est inutile d'insister davantage. Le baron s'est jeté sur une chaise, il me tourne le dos et ne semble plus vouloir me parler. Je prononce à demi-voix un adieu auquel il ne daigne pas répondre, et je sors de la prison sans lui avoir dit le principal motif qui m'y amenait. Mais je connais le baron, il aurait refusé sa liberté plutôt que d'accepter les secours de son fils.

Je ne me crois pas pour cela dispensé de remplir mon devoir. Mon père sera libre sans savoir à qui il doit ce service; je ne veux pas que la reconnaissance soit un poids pénible p ur son cœur.

Je vais trouver mon avoué, auquel je remets les fonds nécessaires pour que, dans les vingt-quatre heures, cette affaire soit terminée.

Le lendemain, on apprend à M. de Harleville qu'il est libre. Il demande presque avec colère qui s'est permis de payer ses dettes; et comme on ne peut le lui dire, il prétend ne pas vouloir accepter un service d'une main inconnue. Il veut rester en prison; mais à Sainte-Pélagie, on ne garde pas les gens quand ils ne doivent plus; et malgré lui, le baron est mis en liberté.

Chapitre XXIV. — Deux Intérieurs de ménage.

Que les gens qui ne croient à rien, que les esprits forts (qui sont rarement les esprits justes) plaisantent sur cette voix secrète qu'on nomme la conscience, parce qu'ils ont peut-être leurs raisons pour ne point vouloir l'entendre moi je trouve qu'il y a en nous-mêmes quelque chose qui nous satisfait lorsque nous avons bien agi. J'éprouve cela quand je sais mon père libre, et dans cette jouissance il n'entre aucune vanité; car ce que j'ai fait, personne ne le sait.

Cet événement va m'obliger à vivre beaucoup plus modestement, il me reste environ quinze cent francs de rente et ce que je gagnerai; mais depuis quelque temps j'ai bien peu travaillé. Je dois d'abord me chercher un logement moins coûteux, ensuite il bornera ma dépense: je travaillerai davantage, et je m'amuserai moins, ou peut-être m'amuserai-je plus; car les plaisirs dispendieux ne sont pas toujours ceux qui procurent les plus douces jouissances.

Ah! je serais bien heureux encore si mon père me rendait sa tendresse, si je pouvais lui ôter cette pensée que j'ai été son rival... et détruire cette prévention que depuis longtemps il a contre moi!... Hélas! il a toujours été malheureux, et j'en ai été innocemment la cause. S'il m'avait appris plus tôt ce secret, je jure bien que j'aurais renoncé à cette profession qui réveillait sa jalousie; mais à présent comment faire pour regagner sa tendresse et détruire tous les soupçons qu'il a formés sur moi?

Pour me distraire de ces pensées, je me mets à chercher un logement, je m'arrête devant les écriteaux, je monte lorsque les maisons me plaisent et lors même que les logements ne me conviennent pas; je ne perds toujours pas mon temps en montant les escaliers, car, pour quelqu'un qui aime à observer, à étudier les mœurs, il y a beaucoup de choses à remarquer en allant voir des logements.

Un jour je me trouve dans la rue des Petites-Écuries, j'entre dans une maison où je vois plusieurs écriteaux. Je demande au portier s'il a un logement de garçon.

— De g rçon... si on veut; nous en avons un où loge un ménage, mais ça n'est ni grand ni cher, et ce serait peut-être l'affaire de monsieur. — Pouvez-vous me le montrer? — Monsieur, c'est que je suis seul à la loge pour le moment, mais montez au second, à droite;

il y a du monde: vous pourrez entrer et voir tout à votre aise... n'ayez pas peur de gêner... ce sont des gens si sales... si peu rangés!... vous n'avez pas besoin d'user vos bottes sur leur paillasson, allez!... aussi nous leur donnons congé, parce que nous voulons du monde propre.

D'après cela, je vois que je puis sans indiscrétion aller voir l'appartement du second. Je monte, je vais pour sonner; mais je m'aperçois que la porte est entr'ouverte; je la pousse en frappant doucement.

J'entends les cris d'un enfant en bas âge; mais personne ne vient, et je pénètre dans une petite pièce carrée où il y a quatre chaises, dont deux sont cassées, une jolie table à manger en acajou, sur laquelle est une cage avec des oiseaux, et une assiette ébréchée contenant le reste de la pâtée d'un chien. Au milieu de la chambre sont deux savates et une botte; puis un balai et un vase d'un usage très-nécessaire et que je crois inutile de nommer.

Je reste au milieu de tout cela, ne sachant si je dois avancer ou reculer, je regarde le balai, les oiseaux, et je m'éloigne du vase dont le voisinage n'a rien de flatteur. J'entends toujours crier l'enfant, je me décide à frapper encore sur la table.

Une voix qui m'est bien connue crie de la pièce à côté:

— Entrez donc, je ne peux pas me déranger, moi, je soigne la bouillie au petit.

J'ouvre alors une porte en face de moi. Je me trouve dans une espèce de chambre à coucher, assez élégamment meublée, mais où règne autant de désordre que dans la première pièce, quoiqu'il soit alors plus de midi. Le lit, qui est sans rideaux, n'est point fait; des vêtement d'homme et de femme sont épars sur les meubles, sur un guéridon. Près des débris d'un déjeuner à la fourchette est un peigne, une brosse à dents et un pot de pommade; le plumeau est sur le lit, et enfin sur une fort belle psyché sont jetées des couches d'enfant.

Un monsieur est assis dans un fauteuil à la Voltaire; ce monsieur est à moitié habillé; son pantalon, sans bretelles, tombe sur ses talons; sa veste n'est pas boutonnée; il est sans cravate, sa tête est encore coiffée d'un foulard; enfin il tient sur ses bras un poupon de trois à quatre mois, dont il semble très-embarrassé, parce qu'il faut aussi qu'il surveille la bouillie qui se fait au feu de la cheminée.

Avant qu'il se soit retourné, j'avais reconnu Adolphe. En me voyant, il fait un cri de surprise et manque de laisser rouler son poupard dans les cendres.

— Tiens! c'est monsieur Arthur... ah! quel hasard... Eh ben!... Dodore qui roulait dans le feu... Allons, soyez sage, Dodore, le nanan se fait. Comment! vous voilà, monsieur Arthur!... prenez donc une chaise, excusez si je ne me lève pas... c'est que je suis un peu embarrassé dans ce moment...

— Oh! je serais désolé de vous déranger!... je ne m'attendais pas à vous trouver ici, j'ignorais que vous y demeurassiez Je cherche un logement, et j'étais monté pour voir celui-ci... Je suis bien content que le hasard m'ait procuré le plaisir de vous voir... Ma femme est allée se baigner et m'a recommandé l'enfant... Ah! c'est que je me suis marié depuis que je ne vous ai vu... — Ah! vous êtes marié. — Oui, mon père étant mort, j'étais bien mon maître. Ma foi, je me suis dit, il faut faire une fin. Juliette est la femme qui me convient, elle est faite à mon caractère... ensuite... sa position... cet enfant... vous comprenez... — Oh! je ne vous blâme pas. — Mais asseyez-vous donc, je vous en prie.

Je me retourne et je cherche une chaise qui soit libre: cela était difficile à trouver; enfin, après avoir ôté le jupon et les bas sales qui étaient sur l'une d'elles, je m'assieds en face d'Adolphe, que je ne puis me lasser de regarder, tenant son enfant dans ses bras.

— Vous voyez, monsieur Arthur, un tableau de bonheur domestique... Voilà mon fils Théodore... il a trois mois... Hein, quelles joues! c'est solide ça... il s'est un peu barbouillé, mais c'est la santé des enfants. — Votre fils s'appelle donc Théodore? — Oui... c'est une idée de ma femme... une bizarrerie, car elle ne pouvait pas souffrir le Théodore que nous connaissions; mais après tout, c'est un nom comme un autre, et je n'ai pas voulu la contrarier... J'appelle le petit Dodore; c'est plus doux... Il est bien gentil, trouvez-vous qu'il me ressemble? — Extraordinairement. — Vous me faites plaisir, d'autant plus que vous êtes le premier qui me dise ça. Silence, Dodore... silence, braillard... je ne peux pas te donner à téter, moi. — Est-ce que votre femme nourrit? — Mais non nous avons une nourrice sur lieu... Juliette dit que c'est très-bon genre... Elle est allée se baigner aussi, la nourrice. Par exemple, c'est un peu cher tout cela; mais notre nourrice est une bonne fille; elle fait la cuisine, elle cire les bottes... elle fait tout ce qu'on veut... pourvu que je po te l'enfant, elle est contente. — Mais où la loge-vous donc ici? — Ah! il y a encore une pièce là-bas, la cuisine, où elle couche; mais nous sommes trop petitement ici, c'est pour cela que nous allons déménager, et puis Juliette aime beaucoup à déménager... elle dit que ça nettoie les meubles. Aussi, depuis que nous sommes ensemble, voilà plus de douze logements que nous faisons... Ah! mon Dieu... ah! polisson de Dodore... qu'est-ce que tu as fait?... j'ai la main toute mouillée... Je crois qu'il faudrait le changer... Voudriez-vous avoir la complaisance de me passer une des couches qui sont sur la psyché. Mille pardons de la peine. — Comment!... est ce que vous savez chang r un enfant? — Mais oui, ma femme prétend même que je m'y prends mieux qu'elle.

Oh! mon Dieu, quand on veut s'en donner la peine !... ce n'est pas la mer à boire... Allons, voilà la bouillie qui se sauve à présent... Attends, Dodore... reste là une minute, mon gros mignard.

Adolphe pose sur le fauteuil à la Voltaire l'enfant qu'il vient de démailloter, et il va remuer et retirer la bouillie dont une partie s'échappe dans le feu... Pendant ce temps, le petit Dodore crie à nous fendre les oreilles, et son père en fait autant parce qu'il vient de se brûler en voulant goûter du gratin. Ce tableau du bonheur domestique et la vue de tout ce qui m'entoure seraient capables de m'ôter pour jamais le goût du mariage, et je ne veux pas rester plus longtemps chez Designy.

Je me lève en disant adieu au père de famille; Adolphe court après moi en tenant son enfant et sa bouillie.

— Eh bien! vous partez déjà, monsieur Arthur? — Oui, je vous laisse à vos soins de ménage... — Mais vous n'avez pas été regarder l'autre pièce de notre logement... — C'est inutile... cet appartement ne me conviendrait pas, il y a trop à y faire pour le rendre habitable... — Vous trouvez?... C'est parce que vous le voyez sans que le ménage soit fait... il est vrai que nous le négligeons un peu depuis quelques jours; mais ma femme dit que ce n'est guère la peine de balayer ici puisque nous allons déménager. — On s'en aperçoit. — Voulez-vous goûter ma bouillie?... elle est bien bonne. — Je vous remercie. Adieu, Adolphe. Soyez heureux dans votre ménage : c'est tout ce que je désire. — Oh! je le suis... je le suis très-souvent, surtout quand ma femme est de bonne humeur. Je ne vous engage pas à venir nous voir, parce que je sais qu'entre ma femme et vous il y a eu... une petite pique... Malgré ça, je suis sûr que ça ferait bien plaisir à Juliette si vous veniez. — Moi, je vous avoue que je préfère ne pas venir. Adieu. — Eh bien! adieu, monsieur Arthur. Quand Dodore marchera, j'irai le promener jusque chez vous.

Je me hâte de sortir de chez Designy en tâchant de me frayer un passage à travers les savates, les couches et les balais. En passant devant le portier, je lui dis que le logement ne me convient pas, et il répond en secouant la tête : — V'là l'effet qu'il fait à tout le monde depuis ce ménage de sagouins nous l'a gâté... et encore que ça jette des infamies dans les plombs, que je ne suis occupé qu'à les déboucher... Dieu de Dieu!... trois ménages comme ces gens-là, et ça donnerait le choléra-forbus dans une maison!

Je ne suis étonné ni du mariage d'Adolphe ni du rôle qu'il joué chez lui. D'après ce que j'ai vu, tout cela devait arriver. Quelle sera la suite de ce mariage?... Je crains de le deviner : le malheur et la misère. Mais, telle chose qui arrive, je ne plaindrai point Designy; il n'aura que ce qu'il mérite; et quand un homme se conduit comme il l'a fait, il me semble qu'il n'y a plus moyen de s'intéresser à lui.

Quelques jours après avoir vu ce tableau du ménage d'Adolphe, qui m'avait donné si peu de goût pour le mariage, en cherchant de nouveau un logement, j'entre dans une maison de la rue de Lancry, et le portier m'engage aussi à monter au troisième; le logement à louer étant habité par un jeune ménage, il y a, me dit-il, du monde pour le faire voir.

Tout en montant l'escalier, je me disais : Si ce jeune ménage est le pendant de celui de Designy, je jurerai bien que je resterai garçon.

Je sonne à la porte que l'on m'a indiquée; car celle-ci est fermée au moins : cela m'annonce déjà plus d'ordre : je ne suppose pas beaucoup chez les personnes qui laissent leur porte ouverte.

Une jeune femme, habillée simplement, mais avec goût, vient m'ouvrir; elle tient un enfant dans ses bras; mais un enfant bien frais, bien propre, couvert de langes bien blancs. Je m'excuse de la déranger, en lui expliquant ce qui m'amène; elle m'engage très-poliment à entrer et à examiner le logement.

Je vois d'abord une petite salle à manger bien cirée, bien frottée; une table, un buffet et des chaises composent tout l'ameublement de cette pièce, mais on se mirerait dans tout cela. A gauche est une cuisine, si bien rangée, si bien tenue, que l'on y mangerait volontiers, ce qui est très-rare dans les cuisines de Paris. Une cloison, placée dans la salle à manger, forme un petit cabinet de toilette très-commode; enfin, j'entre dans la chambre à coucher, qui fait aussi salon; les meubles n'y sont pas aussi modernes, aussi beaux que ceux de Designy; et cependant cette pièce semble plus riche, parce que tout est si soigné, si bien à sa place, que cela y donne un air d'élégance.

Il y a pourtant un berceau dans cette chambre; mais ce berceau, placé au pied du lit, est recouvert de jolis rideaux de taffetas vert; et, du reste, il n'y a rien dans cette pièce qui accuse la présence d'un enfant au maillot.

J'ai tout vu, et je vais me retirer, car je crains d'être indiscret; cependant le logement me plaît beaucoup, et je ne serais pas fâché de savoir s'il n'a point quelque désagrément qui forcent ceux qui l'habitent à le quitter. Cette dame, s'apercevant que l'appartement me plaît, et devinant, je crois, que je crains d'être importun en lui demandant d'autres renseignements, a la bonté de venir au-devant de mes questions.

— Monsieur, ce logement semble vous convenir? — Oui, madame. — Mais vous voudriez peut-être savoir s'il n'a pas quelque désagrément qui nous le fait quitter? — Madame... je craindrais d'abuser de votre complaisance. — Pas du tout, monsieur; avant de louer un lo-

gement, il est bien naturel de prendre toutes ses informations; si vous voulez vous asseoir, monsieur, je vous demanderai la permission d'en faire autant... car mon fils me fatigue un peu à porter... — Ah! madame,.. je suis désolé de vous avoir tenue debout si longtemps.

Cette dame me montre un siége, puis s'assied elle-même devant la cheminée; et, après avoir tendrement embrassé son enfant, le place sur ses genoux de manière à le bercer doucement. Je regarde tout cela, j'admire cette jeune mère, non-seulement parce qu'elle est fort jolie, mais aussi parce que je trouve qu'une femme a infiniment plus de grâce qu'un homme à tenir un enfant.

— Monsieur, me dit cette dame, il n'y a que trois mois que nous habitons ce logement, mon mari et moi, et si nous le quittons si vite, ce n'est pas qu'il nous déplaise; bien au contraire, nous en éprouvons même des regrets. Mais nous étions venus loger ici pour être plus près du bureau de mon mari, qui travaille dans une maison de commerce, et, aujourd'hui, voilà qu'il vient de trouver une place beaucoup plus avantageuse dans une maison de banque; mais c'est à la Chaussée-d'Antin, près de la Madeleine, et je veux aller demeurer par là; car mon mari est souvent obligé de retourner le soir à son bureau, et je ne veux pas qu'il ait une si grande course à faire!... on est trop longtemps en route; c'est tout cela qu'on a de moins à se voir!... et moi, je m'ennuie quand je suis longtemps sans voir mon mari, et inquiète quand je le sais loin de moi.

Tout cela m'a été dit avec une franchise, un naturel qui me charme; on voit que cette jeune femme a aussi du plaisir à parler de son mari; elle m'en paraît encore plus jolie, car, car tout en aimant les femmes des autres, on n'en admire pas moins celles qui ne veulent être que la femme d'un seul.

— Ainsi, madame, il n'y a ici aucune autre raison de local qui vous engage à déménager. — Non, monsieur, cette maison est bien tranquille, bien tenue, et, sans le changement de bureau de mon mari, nous y serions sans doute restés longtemps; nous le pensions si bien que nous avions fait quelques dépenses, quelques changements ici : par exemple la cloison, qui fait un cabinet de toilette dans la première pièce, n'existait pas quand nous sommes entrés ici; nous l'ôterons, si elle ne convient pas à la personne qui prendra ce logement.

— Je la trouve fort commode, au contraire, je m'en arrangerai avec vous, madame. — Oh! monsieur, ce sera alors à mon mari qu'il vous faudra parler, car je n'entends rien aux affaires d'argent, de comptes; et quoique celle-ci soit bien peu de chose, je serais fort embarrassée pour vous dire ce que cette cloison a pu ou peut valoir. Je ne suis bonne qu'à soigner mon ménage et mon enfant. — Ah! madame, on ne peut être au-dessus d'une femme qui n'est bonne qu'à cela. — C'est que probablement vous êtes marié, monsieur? — Non, madame, mais vous me raccommodez avec le mariage, pour lequel j'avais peu de penchant. — Ah! monsieur, c'est un si grand bonheur de vivre avec quelqu'un que l'on aime, qui vous aime... il n'y a que dix-huit mois que je suis la femme d'Auguste, mais pour lui comme pour moi, je suis bien sûre que ce temps a paru bien court, et à présent que nous avons un enfant, est-ce qu'il est possible que nous connaissions jamais l'ennui!... Mon fils n'a que sept mois, mais il ressemble déjà beaucoup à son père... Oh! mon Dieu, monsieur, je vous dis tout cela, comme si cela pouvait vous intéresser !... excusez-moi, mais je suis si heureuse d'avoir un fils !... mon mari me dit que j'en perds la tête !... mais je vois bien qu'il en est tout aussi aise que moi.

Je me lève, car je crains d'être importun, et je demande à cette dame à quelle heure on peut voir son mari.

— Monsieur, il vient de cinq heures jusqu'à sept, si cela ne vous dérange pas; vous serez sûr alors de le trouver. — Eh bien! madame, demain vers cinq heures, j'aurai le plaisir de voir monsieur votre mari.

Je prends congé, on me reconduit fort poliment, et je m'éloigne enchanté du logement, enchanté de cette dame et surtout de ce tableau du bonheur conjugal qu'elle vient d'offrir à mes yeux. Son Auguste doit être bien heureux !... je suis sûr que sa femme ne s'occupe qu'à lui plaire, qu'à prévenir ses désirs. Sans doute, il le mérite et l'aime bien aussi; c'est probable, car on voit toujours que les maris aimables sont aimés... mais il n'y en a pas beaucoup d'aimables.

Le lendemain, vers cinq heures, je retourne rue de Lancry, afin de voir M. Auguste et m'arranger avec lui de sa cloison.

La jeune dame que j'ai trouvée la veille vient m'ouvrir et me reçoit déjà comme une connaissance. Moi, je suis des personnes qui sont sans façon avec moi; je trouve que c'est une manière aimable de mettre le monde à son aise.

On me fait entrer dans la chambre à coucher. Un jeune homme est assis devant un bureau; la jeune dame lui dit : — Auguste, voilà ce monsieur qui est venu hier, et auquel le logement convient...

Le jeune homme se lève, me salue et vient à moi. Je le regarde, et tout aussitôt je me sens troublé, oppressé; je ne sais plus ce que je veux dire, ce que je viens faire, car j'ai reconnu dans ce monsieur celui qui donnait le bras à Clémence, celui qui a descendu l'escalier lorsque je montai chez elle.

Je ne sais si l'on s'aperçoit de mon trouble, mais on m'offre un siége. J'accepte; je tâche de me remettre; et pendant que M. Auguste me parle cloison, menuiserie et mémoire de serrurier, je me rappelle

Clémence, cette rencontre, ces baisers que j'ai entendus, puis tout ce que cette jeune femme m'a dit hier de son heureux ménage, de son bonheur domestique. Marié depuis dix-huit mois seulement, son mari aurait déjà une maîtresse ! je sais bien que cela s'est vu; mais alors rendrait-il sa femme aussi heureuse ? se plairait-il autant dans son ménage ?

Pendant que je fais ces réflexions, il est probable que je réponds tout de travers à ce que me dit ce monsieur; car il sourit en me répétant : — Ainsi , monsieur , ce logement ne vous convient plus ? — Pardonnez-moi , monsieur , pardonnez-moi. — Et vous garderez la cloison pour quatre-vingt-dix francs ? — Oui, monsieur... oh ! ce que vous voudrez. — Elle m'en a coûté cent vingt; je vous montrerai les mémoires. — Oh ! c'est inutile, monsieur, je m'en rapporte entièrement à vous. — Alors c'est une affaire conclue ? — Oui, monsieur.

Quoique l'affaire qui m'amenait soit terminée, je ne voudrais pas m'en aller encore, je voudrais amener la conversation sur un autre sujet, et je ne sais comment m'y prendre. La jeune femme est là. Je serais désolé de lui causer la moindre peine, d'éveiller sa jalousie; d'ailleurs que demanderai-je à son mari ?... Je ne sais comment faire, je l'examine, je regarde sa femme, son enfant, et je me tais.

M. Auguste vient heureusement à mon secours en disant : — Je vous avoue que je n'aime pas du tout déménager; il faut une circonstance semblable pour nous faire quitter. Avant d'être ici, nous demeurions au Marais, rue Saint-Claude, et certainement nous avons eu beaucoup de regret de quitter, mais comme démeniez pour nous rapprocher de mon bureau. — Ah ! vous demeuriez rue Saint-Claude, au Marais ?.... — Oui , dit la jeune femme , et je regrette surtout une voisine fort aimable, dont je me suis séparée avec bien de la peine.... — Une voisine.... dans votre maison ?.... — Sur le même carré que nous, nous logions au troisième comme ici.

Ah ! de quel poids je me sens soulagé ! ils logeaient dans la maison, sur le même carré que Clémence ; ces baisers que j'ai entendus, c'était à la femme qu'il les donnait, et ce jour où Clémence est sortie avec lui, je me rappelle maintenant qu'elle a regardé aux fenêtres de la maison et cherché une dame qui y était.... Je comprends, je devine tout ! Clémence m'aime toujours ; elle ne m'a pas été infidèle ; je la soupçonnais à tort. Je ne saurais dire quelle joie remplit mon cœur, et il n'a fallu qu'une minute, qu'un moment pour dissiper tous mes soupçons.

Cependant pour être plus certain de ne point me tromper, je dis à mon tour : — J'ai connu une dame qui habitait dans la rue que vous venez de me nommer..... elle se nommait Clémence Desmares. — Mais c'est justement celle dont nous vous parlions , qui logeait sur notre carré. — Oh ! une bien aimable, bien gentille dame !..... Elle était souvent triste , et nous faisions tous nos efforts pour l'égayer, mon mari et moi; elle ne sortait jamais, ne recevait personne... elle lisait beaucoup, c'était son seul plaisir; mais croyez, monsieur, serait-il indiscret de vous demander votre nom ?... — Arthur, madame. — Quoi ! vous êtes monsieur Arthur?... — Oh ! nous vous connaissions alors... par vos ouvrages , du moins , car cette dame les aime beaucoup et les lisait toujours.

En achevant ces mots cette dame sourit et regarde son mari , qui sourit aussi. Je devine que Clémence a laissé deviner ses secrètes pensées, et ce qu'elle nous a plus heureux; elle parlait de moi, elle m'avait donc pas oublié; et moi je l'ai abandonnée, je l'ai crue coupable ! je n'ai pas même voulu qu'on lui apprît où j'étais !

Je me lève précipitamment, je prends congé des jeunes époux, je me donne à peine le temps de les saluer, et me voilà dans la rue, puis sur les boulevards, marchant ou plutôt courant sans m'arrêter jusqu'à la rue Saint-Claude, n'ayant qu'une pensée, qu'un désir, voulant revoir Clémence et la supplier de me pardonner.

J'entre dans sa maison, je crie au portier : — Madame Desmares, et je monte lestement l'escalier. Arrivé au troisième , je sonne à la première porte et j'attends avec impatience que l'on m'ouvre. Si elle allait me recevoir mal.... Oh ! non , je me jetterai à ses pieds , à son cou ; je l'embrasserai tant, qu'il faudra bien qu'elle m'aime encore.

On est bien longtemps à m'ouvrir. Ah ! j'entends venir, enfin... mais quelle marche lente.... il me semble que ce n'est point celle de Clémence. Je ne me trompais pas, c'est une vieille femme qui m'ouvre la porte.

— Madame Desmares ? — C'est ici, monsieur..... mais on ne peut pas la voir en ce moment. — Pourquoi cela ? — Monsieur ignore donc que madame Desmares est malade, bien malade, depuis quelques jours ? ça lui a pris par la fièvre , puis cela a redoublé , puis le délire s'en est mêlé, et elle n'est pas bien du tout...

— Oh ! n'importe , madame , je suis son ami , son frère, celui qui l'aime le plus au monde; je la verrai, et il y a plus, je la soignerai, je veillerai près d'elle, je ne la quitterai plus qu'elle ne soit rétablie. Tout en disant cela, j'entre, je traverse une petite pièce, et je pénètre dans une autre. La vieille femme me suivait, tout étonnée de me voir agir ainsi, et ne sachant si elle devait m'y opposer.

Clémence est couchée ; j'approche de son lit, j'entr'ouvre les rideaux. Elle repose , mais sa respiration est pénible, son sommeil est bien agité. Comme elle est changée ! le chagrin, la maladie ont déjà

bien altéré ses traits. Je dépose un baiser sur son front en tâchant de ne point l'éveiller. La vieille femme me regarde faire en ouvrant de grands yeux.

Je referme les rideaux et m'adresse à elle : — Etes-vous garde-malade, madame ? — Non , monsieur , mais je demeure dans la maison, tout en haut ; j'ai su que cette jeune dame était malade, qu'elle était seule : je suis venue la soigner. — Ah ! je vous en remercie mille fois ! — Encore , c'est que madame Desmares ne voulait pas d'abord que je restasse près d'elle. Elle me remerciait en disant : — Je n'ai besoin de rien, ça se passera. Mais moi je voyais bien à ses yeux, à son pouls que ça ne se passerait pas si vite. — Et vous avez fait venir un médecin ? — Mon Dieu, non; cette dame ne l'a jamais voulu.... et depuis hier seulement qu'elle a le délire, je ne sais que penser, moi; et puis, dame! quand on n'est pas riche.... — Ah ! madame, de grâce, allez vite chercher, demander un médecin de ce quartier, qu'il vienne sur-le-champ. Tenez, voici de l'argent; prenez, de grâce; vous pouvez en avoir besoin pour acheter ce qu'il ordonnera ; allez, allez vite. La vieille femme sort. Après avoir fait cinq ou six tours dans la chambre, je m'assieds près du lit de Clémence. Je regarde autour de moi; Clémence est malheureuse, je crains de la deviner !... Sans doute son mari lui donne à peine de quoi vivre, elle est trop fière pour lui demander plus; et moi, son amant , son seul ami, moi qui suis cause de son infortune, je l'accusais, je la maudissais, je ne voulais plus la voir !

La vieille revient avec un médecin; il regarde la malade, défend qu'on l'éveille, écrit une ordonnance, et promet de revenir. Moi, je suis bien décidé à rester là, toujours près d'elle jusqu'à ce qu'elle ait recouvré la santé.

La vieille femme ne se permet plus aucune réflexion; elle m'obéit aveuglément, et je vois qu'elle me prend pour le mari de Clémence.

La nuit est venue. J'engage la bonne voisine à aller prendre du repos chez elle ; je veillerai seul près de la malade. La vieille ne s'éloigne qu'après m'avoir bien recommandé Clémence. Me la recommander !... elle ! personne au monde ne la veillerait mieux que moi !

Clémence parle en rêvant. Mon nom est plusieurs fois sorti de ses lèvres ; je l'embrasse tendrement : il me semble que cela doit lui faire du bien. Je lui ai fait prendre quelque cuillerées de la potion qu'on a ordonnée. La nuit s'écoule ainsi. Elle me semble longue, car Clémence paraît toujours souffrir. Mais au point du jour elle devient plus calme; un sommeil plus doux s'est emparé d'elle, et moi, en la regardant dormir et respirer plus librement, je me figure que ce sont mes baisers, plutôt que la potion du médecin, qui ont produit ce bien-là.

Que de réflexions m'assiégent pendant toute cette nuit ! En regardant autour de moi, puis en reportant les yeux sur cette femme adorée qui est là couchée, je me sens bien heureux, et je voudrais être riche pour l'entourer de soins, de bien-être, pour qu'elle n'eût plus aucun vœu, aucun désir à former.

Je ne me repens pas de ce que j'ai fait pour mon père, mais je suis désolé de n'avoir plus que de quoi vivre modestement... Enfin rendons d'abord la santé à Clémence ; nous songerons après à lui procurer l'aisance qu'elle n'a plus.

Sur les sept heures elle s'éveille. Ses rideaux sont tirés; mais j'entends sa voix; elle appelle sa voisine : le délire l'a quittée. Si ma présence allait lui faire du mal? Non. Il me semble au contraire que cela la guérira tout à fait.

— Etes-vous là, madame Gervais? murmure-t-elle d'une voix faible. — Non... madame Gervais est allée se reposer. — Mais qui donc est là?... qui donc me parle alors ?... — Quelqu'un qui depuis longtemps avait bien envie de vous voir... quelqu'un qui vous aime de toute son âme... mais qui fut bien coupable... et qui craint que vous ne soyez fâchée contre lui. — Oh ! mon Dieu ! quelle voix!... Si je ne me trompais pas... je serais si heureuse !... Arthur... Arthur... est-ce vous?.....

J'ai ouvert les rideaux ; et, pour toute réponse, je l'entoure de mes bras, je la presse contre mon cœur. Pendant quelques minutes, nous sommes trop émus, trop heureux pour pouvoir parler.

Clémence verse des larmes, mais celles-là sont de joie; elle balbutie : — Arthur... quoi ! c'est toi !... comment se fait-il ?... — Je suis là depuis hier; j'ai passé toute la nuit à tes côtés. — C'est donc cela que je me suis sentie si bien. — Chère Clémence ! — Tu m'aimeras donc encore ? — Plus que jamais ! et si tu n'as pas entendu parler de moi depuis longtemps, c'est que je croyais aussi, moi, que tu ne m'aimais plus. — Ne pas t'aimer!... oh ! mon Dieu!... est-ce possible ?... — Et tu as pu croire cela ? — Oui, et cela m'a rendu bien malheureux!... Depuis ce jour où je vous avais vue sortir en donnant le bras à un autre homme... — Oh ! je me le rappelle bien, ce jour-là, et j'en ai eu assez de regrets. Je vous avais aperçu dans la rue avec un monsieur; vous étiez arrêté, vous regardiez les maisons. Alors... je savais que vous aimiez une autre femme... que vous m'aviez oubliée. Je voulus cependant m'assurer si je vous étais devenue totalement indifférente; je mis à la hâte un chapeau, un châle; puis je priai le mari d'une de mes voisines de vouloir bien me donner le bras jusqu'au boulevard. Nous passâmes devant vous.., Mais quand je vous vis attacher vos regards sur moi, quand je crus y remarquer du trouble, de la douleur, ah! je fus sur le point de qui ter la personne qui avait bien voulu m'accompagner, et de voler vers vous; mais je me dis : Il me repoussera peut-être!... et voilà pourquoi je ne le fis pas.

J'embrasse de nouveau Clémence; je lui apprends comment j'ai fait connaissance avec ses anciens voisins; je lui conte tout ce que j'ai éprouvé, tout ce que j'ai fait depuis que je ne l'ai vue. Je ne lui cache rien, ni mes fautes, ni mes peines; avec une femme que l'on aime sincèrement, il ne faut pas avoir d'arrière-pensées.

La vieille voisine vient pendant que nous causons encore; elle est toute surprise de voir à Clémence l'œil bon et le sourire sur les lèvres.

— Oh! je suis guérie, lui dit Clémence. — Il paraît, madame, que cette potion vous a fait grand bien!...

Clémence me regarde en murmurant:

— C'est vous qui m'avez rendu la santé! — Mais pendant que j'étais malade pourquoi n'avoir pas fait avertir madame Auguste qui t'aime tant? — Oh! je sais bien qu'elle aurait tout quitté pour venir me soigner... mais elle est mère, elle nourrit, je ne voulais pas qu'elle se dérangeât, qu'elle se fatiguât pour moi. D'ailleurs je tenais si peu à la vie! je pensais que tu m'avais entièrement oubliée, et j'aimais autant mourir. Maintenant... je ne pense plus de même... et il me semble déjà que le bonheur m'a rendu les forces et la santé.

Le contentement du cœur est en effet un des meilleurs remèdes aux souffrances physiques. Clémence l'éprouve, le mieux qu'elle ressent on le lui confirme ; les faits auront. Cependant, obligé de me présenter quelquefois, je ne veux pas que sa vieille voisine la quitte tant qu'elle est encore faible. Mais enfin, quand Clémence est tout à fait rétablie et qu'un léger incarnat a remplacé la pâleur qui couvrait son visage, oh! alors je suis le premier à congédier la bonne femme.

CHAPITRE XXV. — L'Adjoint du maire.

Clémence a entièrement recouvré la santé; elle est jolie, aimante, bonne comme autrefois, et je crois que je la chéris cent fois plus encore, car j'ai eu occasion de savoir que les femmes qui nous aiment réellement, sans caprices, sans coquetterie, sont aussi les seules près desquelles nous sommes vraiment heureux.

Je me suis informé de la situation de mon père; j'ai appris qu'après être sorti de prison il avait vu de nouveau accourir près de lui ses hautes connaissances, ses amis du grand monde, presque tous gens titrés comme lui, qui ne lui auraient pas avancé un sou pour sortir de prison, parce que ces personnes-là n'aiment pas à prêter de l'argent, ce qui, d'ailleurs, leur serait difficile, mais qui se sont empressés de lui offrir leur appui, leur crédit près des ministres et des personnages en faveur : il ne faut pas croire que les hommes obligeants soient rares; au contraire, entre gens de même caste, on aime à se rendre service, à se soutenir mutuellement; mais il ne faut pas que cela aille jusqu'à prêter de l'argent; c'est là que viennent échouer les meilleures dispositions.

Par le crédit de ses amis, et grâce au nom honorable qu'il porte, le baron de Harleville vient d'être nommé à un emploi important; et, ce qui est mieux, c'est qu'il a daigné accepter. Le voilà donc en faveur, en crédit, à même surtout de faire des heureux; car, sa charge le mettant continuellement en relation avec les gens en place, il lui est facile d'en obtenir ce qu'il leur demandera. Mais je connais le baron, et je suis certain qu'il n'emploiera son crédit que pour les personnes qu'il en jugera dignes.

Tranquille sur le sort de mon père, pouvant maintenant voir Clémence chaque jour, et passant près d'elle tout le temps que je ne donne pas au travail, je devrais être entièrement heureux; mais il y a encore quelque chose qui trouble mon bonheur, qui m'afflige au fond de l'âme, et que je ne sais comment faire cesser.

Je me suis aperçu que Clémence est dans la gêne, qu'elle s'impose mille privations; elle a essayé, mais en vain, de me le cacher. Entre nous, il ne peut y avoir de mystère; nous devinons ce que nous ne nous disons pas. Je l'ai priée, suppliée de partager ce que je possède encore; elle m'a froidement refusé avec fierté, elle ne veut rien de moi que mon amour; elle m'a dit qu'elle se fâcherait si je lui faisais encore de semblables propositions. J'ai été obligé de me taire; mais je me désole de ne pouvoir changer sa situation.

Un soir je l'ai quittée tard; elle est encore faible des suites de sa maladie, elle a besoin de repos, elle m'assure qu'elle va s'y livrer. Je m'éloigne, mais je suis inquiet, agité, et, au bout d'une demi-heure, quelque chose me ramène chez Clémence.

Je la trouve encore levée, travaillant près de sa lampe, usant ses yeux sur ces ouvrages de femme qui demandent tant de temps et rapportent si peu. Je lui arrache sa broderie en m'écriant:

— Clémence! vous voyez bien que vous me trompez... vous vous tuez pour gagner quelque argent... et vous refusez mes services!... — Arthur, je rougirais devant vous, si j'étais à votre charge... Je sais que, pour payer les dettes de votre père, vous avez été obligé à de grands sacrifices... et d'ailleurs je ne veux pas être entretenue!... — Quel mot prononcez-vous là!... Votre fierté est ridicule !... quand on s'aime comme nous nous aimons, tout doit être commun...

— Mais, mon Dieu, je suis heureuse! je vous vois tous les jours, vous

m'aimez, c'est tout ce que je demande... Je suis bien la maîtresse de travailler, j'espère !... — Non, vous n'êtes pas maîtresse d'altérer votre santé, de prendre sur votre repos. . Si vous le faites, c'est que vous y êtes forcée. De grâce, répondez-moi franchement, combien souffrir votre mari vous donne-t-il de pension?... — Mais... — Et ne me mentez pas, ou je me fâche aussi. — Il me donne... quatre cents francs... — Quatre cents francs !... un homme qui a quinze mille francs de rente!... — J'ai été coupable... et je n'ai le droit de me plaindre... — Quatre cents francs !... Pauvre femme !... et on veut que vous viviez avec cela !... — En travaillant beaucoup, je puis en gagner à peu près autant. Cela me suffirait; si je suis un peu gênée, c'est ma maladie qui en est cause... et puis monsieur Moncarville ne m'envoie pas toujours exactement ce qu'il doit me donner... — C'est-à-dire que, non content de vous laisser dans la misère, il ne vous donne pas encore le pain qu'il vous promet!... — Arthur... je dois souffrir en silence; tout cela est la suite de ma faute... mais puisque je ne me plains pas, puisque je me trouve heureuse, moi... — Si vous avez été coupable, j'en suis la cause; c'est donc à moi de vous tirer de cette pénible position... Vous ne pouvez rester dans cette situation. Vous refusez de rien accepter de moi, mais vous ne refuserez pas une pension convenable que vous ferait votre mari.... Eh bien! c'est à moi de l'obliger à vous traiter avec moins d'inhumanité. — Que dites-vous?... que voulez-vous faire?... — Ne craignez rien! je sais que je ne puis moi-même m'adresser à votre mari... aussi n'est-ce pas moi qui lui parlerai. Mais vous m'avez dit, je crois, que M. Moncarville était lié avec un certain M. de Gérancourt, qu'il avait pour lui beaucoup de considération? — Oui, et M. de Gérancourt a jadis rendu différents services à mon mari; je crois même qu'ils sont intimes... Mais M. Moncarville a en lui la plus grande confiance; mais ce M. de Gérancourt, qui est devenu conseiller d'état, est un homme fier, hautain, et qui ne s'intéressera nullement à moi. — Peut-être... laissez-moi faire, Clémence, et fiez-vous à moi.

Je me suis beaucoup avancé, car je ne connais que fort peu M. de Gérancourt : je l'ai rencontré quelquefois en société, et il m'avait assez légèrement engagé à l'aller voir; mais alors il était moins en faveur... N'importe... pour être utile à Clémence, je ne dois-je pas tout tenter?... Dès le lendemain j'irai chez le conseiller.

Il m'en coûte pour aller solliciter : si c'était pour moi, je n'en aurais pas le courage; mais il s'agit de Clémence, je ne dois pas balancer. Le lendemain, j'ai fait toilette, et, sur le midi, je me rends chez M. de Gérancourt. J'entre dans un premier salon où j'aperçois une douzaine de personnes qui attendent leur tour pour être introduites dans le cabinet de l'homme en place.

Quel triste métier que celui de solliciteur! je m'assieds dans un coin et je tâche de prendre patience. Mais une heure s'écoule, tous ceux qui sont là n'ont pas été introduits; cependant, de temps à autre, arrivent quelques gens titrés qui se font annoncer, et, sans attendre pénètrent sur-le-champ dans le cabinet de M. le conseiller. Je veux essayer d'en faire autant : je m'adresse à un valet, et le prie de dire à son maître que M. Arthur aurait un mot à lui dire.

Le valet va faire ma commission; mais il revient m'annoncer que son maître est occupé et ne peut m'entendre en ce moment. Ah! je conçois bien qu'en ne m'appelant que Arthur, on ne doit pas espérer être introduit avant les autres : je m'éloigne la colère dans le cœur; j'envoie au diable les gens en place, qui n'ont d'égards que pour les titres, et je suis bien tenté de ne plus retourner chez M. de Gérancourt.

Mais est-ce donc ainsi que je serai utile à Clémence ?... Ah! il faut de la persévérance... du courage! Je me rappellerai que celle que j'aime s'impose mille privations, et je ferai antichambre chez M. le conseiller.

Je suis retourné chez M. de Gérancourt; la salle où l'on attend est encore occupée par beaucoup de monde. Je vais m'asseoir, décidé à ne pas m'éloigner comme la première fois. Le valet auquel j'ai parlé la veille en a jetant sur moi des regards impertinents; il présume sans doute que nous attendons en vain, et que son maître n'aura pas encore le temps de nous recevoir.

Je suis assis près d'un petit homme, qu'à son costume, à ses manières, il est facile de reconnaître pour un habitant de la campagne. Il semble avoir envie de causer, et ne tarde pas à m'adresser la parole.

— C'est ben ennuyeux d'attendre, pas vrai, monsieur? — Oui, c'est fort ennuyeux. — Encore vous, qui êtes de Paris, vous êtes peut-être fait à ça. Mais moi, qui habite la campagne, ça me dérange de venir comme ça... et v là trois jours de suite que je passe des heures ici; et puis, quand j'espère parler à M. le conseiller, on me dit qu'il ne reçoit plus... qu'il est trop tard... c'est bien désagréable... Encore s'il s'agissait de moi... mais c'est pour ma commune que je trime comme ça... — Vous êtes quelque chose dans votre commune ? — Adjoint du maire, et comme le maire a la goutte, c'est moi qui trotte.

J'allais demander à l'adjoint du maire quelle commune il administrait, lorsque la porte du salon s'ouvre avec violence, un homme entre... c'est mon père. Il passe devant moi, ne peut réprimer un mouvement de surprise en m'apercevant, puis dit au valet de chambre:

— Allez annoncer le baron de Harleville.

Le valet est parti. Je baisse les yeux, et ne puis retenir un soupir en songeant que le nom de mon père, ce nom, qui est bien le mien, m'aurait déjà cent fois ouvert la porte du cabinet de l'homme en place.

En effet, le valet revient bientôt dire :

— Monsieur le baron de Harleville peut entrer.

Le baron va pénétrer dans le cabinet de M. de Gérancourt, lorsque mon voisin, l'adjoint du maire, se lève et court à mon père en lui criant :

— Pardon, monsieur; un instant, s'il vous plaît... voilà deux fois que j'entends prononcer votre nom... il me semble que c'est ben celui d'une personne pour qui j'ai là une lettre dans ma poche... Oh! dame, il y a déjà plusieurs mois que j'ai c'te lettre, mais je ne savais pas où vous trouver,.. ce Paris est si grand, et puis il n'y a pas d'adresse.

Tout en disant cela, l'habitant de la campagne fouillait dans ses poches, et parmi une foule de choses tâchait de trouver la lettre.

Mon père s'était arrêté; il regardait l'adjoint du maire, et semblait douter que cet homme eût vraiment affaire à lui; il lui répond d'un ton d'impatience :

— Je ne comprends pas ce que vous voulez me dire, monsieur; si vous avez une lettre pour moi, qui vous l'a remise? — Oh! dame... c'est toute une histoire... D'abord faut vous dire que je sommes adjoint du maire à Grosbois... Connaissez-vous cet endroit?

Au nom de Grosbois, le baron a pâli; moi-même, qui d'abord prêtais peu d'attention à cette conversation, je me suis troublé; ce nom me rappelle tant de souvenirs que je prête une oreille attentive.

— Oui, monsieur, je connais votre pays... j'y ai passé... dit le baron à demi-voix et en cherchant à entraîner le paysan dans un coin du salon, mais celui-ci continue de parler très-haut, suivant l'habitude des gens de la campagne.

— Eh ben! monsieur, je sommes adjoint du maire, je venons ici pour une coupe de bois, une affaire de la commune; mais toutes les fois que je venions à Paris, j'avions votre lettre dans ma poche, parce que M. le maire me disait : Si tu découvres par hasard ce baron de Harleville, tu feras la commission de ce pauvre jeune homme qui s'est tué dans notre village... il y a neuf mois à peu près.

— Il y a neuf mois, dites-vous? attendez... n'est-ce pas le 19 d'octobre?... — Ma foi, je crois que oui... si bien que c'est à l'auberge qui est sur la place que ce malheur a eu lieu.... Un jeune homme ben couvert, ma foi, et qui avait sept francs dans son gousset... Ah! la v'là, c'te chienne de lettre !... elle est un peu salie... mais dam', depuis le temps qu'elle se promène dans notre poche...

— Donnez... donnez, monsieur... — Voyez si c'est ben votre nom. — Oui... elle est bien pour moi! — Alors vous êtes sans doute le voyageur qui s'était arrêté ce même jour là cheux nous avec une dame dans une belle voiture.... — Oui... oui, c'est moi... — Ma fine, je sommes ben content d'avoir enfin fait la commission de ce pauvre garçon.

Le baron a pris la lettre avec beaucoup de trouble, il s'est retiré pour la lire dans un coin du salon. Moi, qui ai entendu tout ce dialogue, je me sens vivement agité, car je ne sais pourquoi il me semble que la lettre de ce malheureux Follard doit m'intéresser. Je ne perds point le baron de vue : tout en lisant je le vois très-ému, et de temps à autre il porte ses yeux sur moi, et ce ne sont plus des regards courroucés, sévères comme autrefois; il me semble y lire de l'amitié, de la tendresse; mais je n'ose y croire encore.

Le valet de chambre vient de chez son maître, et s'adressant à moi ainsi qu'aux personnes qui attendaient depuis longtemps, il nous dit :

— Il est inutile que l'on attende davantage, M. le conseiller est trop occupé; il ne recevra plus personne aujourd'hui, excepté M. le baron de Harleville.

Chacun se dispose à se retirer; je vais en faire autant, lorsque mon père vient à moi, me prend la main et dit au valet :

— Annoncez aussi à votre maître mon fils, M. Arthur de Harleville.

Je ne puis rendre ce que j'éprouve; je me sens trembler; le plaisir, le saisissement m'empêchent de parler; tous les yeux se portent sur moi, on me regarde avec étonnement; mais mon père me tient toujours la main; il me serre comme pour me rendre à moi-même, et le valet, qui, tout surpris aussi, a été jusqu'à ma commission, revient bientôt, d'un air fort poli, nous dire que M. le baron et son fils peuvent entrer.

Mon père me présente à M. de Gérancourt, qui me fait mille amitiés tout en s'étonnant de n'avoir pas su plus tôt que j'étais le fils du baron de Harleville; mais mon père répond qu'avant de me laisser porter son nom il avait voulu que je m'en fisse un dans la carrière des lettres. Quant à moi, je suis si étourdi de mon bonheur et de tout ce qui m'arrive, que je ne sais trop ce que je dis ni ce que je réponds. Cependant je n'oublie pas Clémence; j'avais écrit une petite requête en sa faveur, je la remets à M. de Gérancourt, et il me promet de s'en occuper.

Nous sortons de chez M. le conseiller. Je suis toujours mon père; son cabinet est en bas, il me fait monter avec lui, et nous arrivons à sa demeure; moi, heureux, enchanté d'avoir recouvré l'amitié de mon père, mais n'osant encore lui adresser aucune question.

Enfin nous sommes seuls chez M. de Harleville; alors il m'ouvre les bras en me disant :

— Arthur, mon fils, j'ai eu bien des torts envers toi... veux-tu me les pardonner?

Je ne trouve pas un mot à répondre; mais je me jette dans les bras de mon père, et pendant plusieurs minutes je le tiens pressé contre mon cœur.

Notre émotion mutuelle étant un peu calmée, le baron me fait asseoir près de lui et me dit :

— J'ai su ta belle conduite pour me faire sortir de prison, et je t'avoue qu'elle me donna des regrets de t'avoir traité si durement. Cependant d'affreux soupçons tourmentaient mon cœur, et je ne pouvais encore les détruire, lorsqu'il y a quinze jours je reçus la nouvelle de la mort de ma femme. Une courte maladie a terminé sa carrière de désordres et de folies; elle est morte à Bordeaux; elle m'adressa un dernier adieu, quelques mots de repentir, dans lesquels elle me disait que j'avais tort d'en vouloir à mon fils (je lui avais, pendant notre dernier voyage, appris les liens qui nous unissaient); elle me disait donc que depuis qu'elle portait mon nom tu ne lui avais jamais témoigné qu'un profond respect. Cette lettre avait ébranlé mes soupçons... et pourtant elle ne les détruisait pas encore complétement.... Ta présence à Grosbois me semblait toujours une preuve de ton amour pour Adèle... Ah! combien j'étais injuste !... pauvre Arthur !... C'est pour me sauver la vie que tu as bravé ma colère... Cette lettre de Follard vient de m'apprendre la vérité! Le malheureux a confessé le crime qu'il voulait commettre et que ton arrivée imprévue empêcha... Maintenant je me rappelle les paroles que tu m'as dites dans ma prison... il y allait de ma fortune, de ma vie peut-être !... Ah! tant de dévouement de ta part me prouve combien ma prévention était injuste !... Ainsi que je l'ai fait à ton égard, je rendis la mère malheureuse sur de trompeuses apparences... Je fus bien coupable, je le sens; mais désormais, mon fils, je ne veux plus songer qu'à réparer mes torts, et à force d'amour pour toi j'apaiserai peut-être aussi l'ombre de ta mère.

De nouveaux embrassements scellent encore notre réconciliation. Je sens que j'ai retrouvé mon père, et je vois qu'il ne sait pas aimer à demi.

Le baron me prie de demeurer avec lui. Il ne veut me gêner en rien, ni dans mes occupations, ni dans mes plaisirs; il me déclare que mes amis seront les siens, et qu'en portant désormais son nom je n'en serai pas moins libre que lorsque je n'étais qu'Arthur tout simplement.

Il me tarde d'aller faire part de mon bonheur à celle qui a toujours partagé mes peines. Je cours chez Clémence, je lui apprends quel changement inattendu vient de s'opérer dans le cœur de mon père; elle partage ma joie, elle est aussi heureuse que moi de cet événement. Bientôt pourtant son front s'obscurcit; je veux en connaître la cause.

— Vous êtes maintenant monsieur Arthur de Harleville, me dit-elle, vous allez être accueilli, recherché dans le grand monde... vous ne vous plairez plus avec... vos anciennes connaissances. — Clémence, ce que vous me dites là est bien injuste, il bien faux surtout, car je pense que vous ne me croyez pas positivement un sot. Est-ce ceux-là que la fortune et les grandeurs rendent oublieux et suffisants, mais les gens d'esprit ne sont jamais plus aimants, plus aimables que lorsqu'ils sont heureux.

Huit jours après cet événement, grâce à M. de Gérancourt, que j'ai été revoir, M. Moncarville fait à sa femme une pension de deux mille francs; en cas de nouvelle querelle cette pension cesserait; mais alors la veuve de M. Moncarville n'en aurait plus besoin, puisque, d'après son contrat de mariage, elle hériterait de la moitié des biens de son mari.

Clémence, dont les goûts sont simples, dont la parure est modeste, se trouve riche avec ce revenu, et du moins elle n'aura plus besoin de prendre sur son repos pour me cacher son indigence.

C'est auprès d'elle, c'est avec madame Auguste, qu'elle voit souvent, que j'aime à passer tout le temps que je ne donne pas à mon père. Afin d'être agréable au baron de Harleville, qui pourtant ne me le demande jamais, je l'accompagne quelquefois dans le grand monde; mais ensuite je me retrouve avec encore plus de plaisir dans le petit cercle dont l'amour et l'amitié font tous les frais.

Le temps s'écoule bien vite quand on est heureux; désormais j'en fais la douce épreuve : il y a déjà près de deux ans qu'on me nomme Arthur de Harleville et que j'ai recouvré l'amitié de mon père, lorsque je rencontre sur le boulevard un monsieur assez salement vêtu, qui porte sur ses bras un enfant de six mois à peu près et donne la main à un bambin de deux à trois ans.

Ce monsieur me sourit. Je ne le reconnaissais pas d'abord; car sa toilette est si négligée que ce n'est plus cet Adolphe d'autrefois, qui sans être un petit-maître, était au moins toujours fort propre.

C'est bien Désigny cependant, et je me hâte d'aller à lui.

— Bonjour, mon cher Adolphe. — Bonjour, monsieur Arthur! il y a bien longtemps que nous ne nous sommes vus !... — C'est vrai; vous êtes un peu maigri depuis ce temps... — Ah! dame... j'ai tant de mal avec les mioches!... vous voyez, j'en ai deux maintenant, et Ju-

liette est enceinte d'un troisième... Il me paraît que vous allez bien...
— Oui... bien, si l'on veut... quand il y en aura trois à promener, je
ne sais pas trop comment je ferai !... — Pourquoi votre femme ne les
promène-t-elle pas? — Oh! elle est toujours souffrante, elle est très-
délicate, Juliette... et puis nous avons eu du chagrin... surtout ma
femme... en apprenant la mort de ce pauvre diable... Quand on a
connu les gens, ça fait toujours de la peine... — Quel pauvre diable?...
qui donc est mort? — Comment! vous ne le savez pas?... c'est Théodore... ce pauvre Théodore, dans une partie de cheval, à Montmorency, après un déjeuner où on avait un peu bu... il paraît qu'il était
en train; bref, il a été jeté sur des pavés... il ne s'en est pas relevé...

Adolphe Designy promène les petits, Juliette est si souffrante !

On a appris cela brusquement à ma femme... qui venait de dîner, ça
lui a donné une indigestion, et elle est toujours souffrante depuis...
— Je ne vois pas, moi, ce que la perte d'un tel homme a de malheureux... c'est un fripon de moins sur la terre, mais il en restera
encore assez... — Vous croyez... au fait... c'est possible... ma femme
dit qu'il n'était qu'égaré, mais que c'était un homme qui avait de
grands moyens. Adieu, monsieur Arthur, je rentre, parce que
voici l'heure de donner la soupe à la marmaille. — Et c'est vous qui
êtes chargé de ce soin? — Il le faut bien, Juliette est si souffrante !... et
nous sommes sans bonne, nous avons encore renvoyé la dernière
avant-hier... ça fait treize depuis deux mois. On a bien de la peine à
trouver ce qu'on veut dans Paris. Si vous entendiez parler d'une fille
à placer... d'un bon sujet... de l'âge de dix à douze ans, nous les prenons très-jeunes, parce que c'est moins cher; vous seriez bien aimable
de me l'envoyer. — Cela suffit. — Adieu, monsieur Arthur... Allons,
Dodore, marchons, s'il vous plaît. »
Adolphe s'éloigne avec ses enfants. Pauvre homme!... Je le regarde
aller traînant l'un et portant l'autre, et il me ferait rire s'il ne me faisait pas pitié.
Un moment après, devant le passage des Panoramas, j'aperçois

beaucoup de monde rassemblé, je m'informe de ce qui est arrivé
m'apprend qu'on vient d'arrêter un homme qui vendait des ch
pour la sûreté des montres, parce qu'au moment où un monsieu
en marchandait une, il avait été vu enlevant la montre du cr
acheteur.
Je ne sais quel sentiment de curiosité me porte à désirer vo
voleur. Je perce la foule... je m'approche... deux gardes munici
tenaient un individu qui semblait braver tout le monde... Je l
visage... Je reconnais M. Salomon, qui, au moment où on l'entra
crie encore d'un air insolent:
— Ma pipe, sacredié!... laissez-moi donc ramasser ma pipe...
est un peu culottée, celle-là!
C'était le dernier des trois amis dont je ne savais pas le sort. A
Follard a fini par un suicide, Théodore à la suite d'une orgie
M. Salomon ira probablement aux galères.
Il y a encore un homme dont je désire connaître la situation; ce
là n'était que ridicule, mais du moins il était honnête. On dev
que c'est de M. Lubin que je veux parler. Je m'informe de lui, ca
ne voudrais pas le savoir dans la peine. Je parviens à découvri

C'était M. Salomon, qui criait encore aux municipaux d'un air insolent:
— Ma pipe, sacredié! laissez-moi donc ramasser ma pipe !

demeure, je m'y rends, je demande M. Lubin. On m'apprend qu'il
est mort de joie il y a huit jours. Le pauvre auteur venait d'avoir une
pièce reçue aux Funambules, et il n'avait pu supporter son bonheur.
Deux années s'écoulent encore, et M. Moncarville va rejoindre
M. Lubin. Il meurt laissant une soixantaine de mille francs à son fils
naturel ; le reste de sa fortune revient à sa veuve.
Voilà donc Clémence riche et libre. Vous pensez peut-être qu'alors
nous allons nous unir?... Mais nous sommes si heureux ainsi, pourquoi
changer? Laissons aller le temps, nous verrons ensuite; car, en fait de
mariage comme en fait d'amour, il ne faudrait dire: *Ni jamais, ni
toujours.*

FIN DE NI JAMAIS, NI TOUJOURS.

; on
înes
r lui
dule

r ce
aux
'en-
ne,

ella
nsi
et

uine
je
sa

LA
RANCE ILLUSTRÉE

GÉOGRAPHIE, HISTOIRE, ADMINISTRATION ET STATISTIQUE,

105

artes Géographiques
COLORIÉES

Par A-H. DUFOUR.

PAR

V.-A. MALTE-BRUN.

105

Livraisons de texte.

310 VIGNETTES
GRAVÉES

Par J. BEST.

ivisée et publiée par Départements, Provinces, Cours Impériales, Divisions Militaires, Archevéchés.

EN VENTE :

DÉPARTEMENTS.

1re Série.

1 CHER	» 40
2 NORD	» 40
3 SEINE-ET-MARNE	» 40
4 LOIRET	» 40
5 PAS-DE-CALAIS	» 40

2e Série.

6, 7 RHONE, plan de Lyon	» 60
8 DOUBS	» 40
9 BAS-RHIN	» 40
10 OISE	40

3e Série.

11 HAUT-RHIN	» 40
12 INDRE-ET-LOIRE	» 40
13, 14 SEINE INFÉRIEURE, pl. Havre	» 80
15 CHARENTE-INFÉRIEURE	» 40

4e Série.

16, 17, 18 SEINE-ET-OISE, plans de Versailles, Saint-Germain	1 20
19 LOIRE-INFÉRIEURE	» 40
20 INDRE	» 40

5e Série.

21, 22 EURE, plan de Louviers	» 80
23 AISNE	» 40
24 NIÈVRE	» 40
25 AIN	» 40

6e Série.

26, 27 BOUCHES-DU-RHONE, plan de Marseille	» 80
28 CALVADOS	» 40
29 YONNE	» 40
30 CORSE	» 40

7e Série.

31, 32 GIRONDE, plan de Bordeaux	» 80
33 EURE-ET-LOIR	» 40
34 ORNE	» 40
35 ILLE-ET-VILAINE	» 40

8e Série.

36 SAONE-ET-LOIRE	» 40
37 LOT	» 40
38 SOMME	» 40
39 MANCHE	» 40
40 DROME	» 40

9e Série.

41 ISÈRE	» 40
42 CHARENTE	» 40
43 MORBIHAN	» 40
44 LOIR-ET-CHER	» 40
45 ALLIER	» 40

10e Série.

46 COTES-DU-NORD	» 40
47 ARIÈGE	» 40
48 FINISTÈRE	» 40
49 HAUTES-ALPES	» 40
50 BASSES-PYRÉNÉES	» 40

11e Série.

51 MARNE	» 40
52 HAUTE-VIENNE	» 40
53 TARN	» 40
54 AUBE	» 40
55 MAINE-ET-LOIRE	» 40

12e Série.

56 PYRÉNÉES-ORIENTALES	» 40
57 BASSES-ALPES	» 40
58 AUDE	» 40
59 HAUTE-MARNE	» 40
60 DORDOGNE	» 40

DÉPARTEMENTS,

13e Série.

61, 62 COTE-D'OR, plan de Dijon	» 80
63 VAUCLUSE	» 40
64 ARDENNES	» 40
65 MAYENNE	» 40

14e Série.

66 SARTHE	» 40
67 VIENNE	» 40
68 HÉRAULT	» 40
69 LOT-ET-GARONNE	» 40
70 CREUSE	40

15e Série.

71 HAUTE-LOIRE	» 40
72 GERS	» 40
73 VENDÉE	» 40
74 LANDES	» 40
75 DEUX-SÈVRES	» 40

16e Série.

76 CORRÈZE	» 40
77, 78 HAUTE-GARONNE, pl. Toulouse	» 80
79 VAR	» 40
80 JURA	» 40

17e Série.

81 LOIRE	» 40
82 GARD	» 40
83 VOSGES	» 40
84 HAUTE-SAONE	» 40
85 ARDÈCHE	» 40

18e Série.

86 TARN-ET-GARONNE	» 40
87 MEURTHE	» 40
88 LOZÈRE	» 40
89 HAUTES-PYRÉNÉES	» 40
90 CANTAL	» 40

19e Série.

91 MOSELLE	» 40
92 PUY-DE-DOME	» 40
93 MEUSE	» 40
94 AVEYRON	» 40
95 COLONIES D'AMÉRIQUE	» 40

20e Série.

96 COLONIES D'ASIE D'AFRIQUE	» 40
97 ALGÉRIE	» 40
98, 99, 100 SEINE, pl. de Paris, Environs	1 20

21e Série.

101 LA FRANCE, Géographie, Carte physique	» 40
102 LA FRANCE, Histoire, Carte par Province et Département	» 40
103 LA FRANCE, Littérature, Carte des communications	» 40
104, 105 LA FRANCE, Industrie, Carte générale (double)	» 80

PROVINCES.

ALGÉRIE (Algérie)	» 40
ALSACE, Bas-Rhin, Haut-Rhin	» 90
ANGOUMOIS, Charente	» 40
ANJOU, Maine-et-Loire	» 40
ARTOIS, Pas-de-Calais	» 40
AUNIS, SAINTONGE, Charente-Inférieure	» 40
AUVERGNE, Puy-de-Dôme, Cantal	» 90
BÉARN, Basses-Pyrénées	» 40
BERRY, Cher, Indre	» 90
BOURBONNAIS, Allier	» 40
BOURGOGNE, Côte-d'Or, Yonne, Saône-et-Loire, Ain	2 10
BRETAGNE, Ille-et-Vilaine, Côtes-du-Nord, Finistère, Morbihan, Loire-Inférieure	2 10
CHAMPAGNE, Aube, Haute-Marne, Marne, Ardennes	1 70

PROVINCES.

COLONIES FRANÇAISES, colonies d'Amérique, colonies d'Asie et d'Afrique	» 90
COMTAT VENAISSIN, Vaucluse	» 40
COMTÉ DE FOIX, Ariège	» 40
CORSE, Corse	» 40
DAUPHINÉ, Isère, Drôme, Hautes-Alpes	1 30
FLANDRE, Nord	» 40
FRANCHE-COMTÉ, Doubs, Jura, Haute-Saône	1 30
GASCOGNE, Landes, Gers, Hautes-Pyrénées	1 30
GUYENNE Gironde, Lot, Dordogne Aveyron, Tarn-et-Garonne, Lot-et-Garonne	2 90
ILE-DE-FRANCE, Seine, Seine-et-Oise	» 40
Seine-et-Marne, Oise, Aisne	3 70
LANGUEDOC, Haute-Garonne, Tarn, Aude, Hérault, Gard, Lozère, Haute-Loire, Ardèche	3 70
LIMOUSIN, Haute-Vienne, Corrèze	» 90
LORRAINE, Meurthe, Moselle, Meuse, Vosges	1 70
LYONNAIS, Rhône, Loire	1 30
MAINE ET PERCHE, Sarthe, Mayenne	» 90
MANCHE, Creuse	» 40
NIVERNAIS, Nièvre	» 40
NORMANDIE, Seine-Inférieure, Eure, Calvados, Orne, Manche	2 90
ORLÉANAIS, Loiret, Eure-et-Loir, Loir-et-Cher	1 30
PICARDIE, Somme	» 40
POITOU, Vienne, Vendée, Deux-Sèvres	1 70
PROVENCE, Bouches-du-Rhône, Var, Basses-Alpes	1 70
ROUSSILLON, Pyrénées-Orientales	» 40
TOURAINE, Indre-et-Loire	» 40

COURS IMPÉRIALES.

AGEN, Gers, Lot, Lot-et-Garonne	1 30
AIX, Basses-Alpes, Bouches-du-Rhône, Var	1 70
AMIENS, Aisne, Oise, Somme	1 30
ANGERS, Maine-et-Loire, Mayenne, Sarthe	1 30
BASTIA, Corse	» 40
BESANÇON, Doubs, Jura, Haute-Saône	1 30
BORDEAUX, Charente, Dordogne, Gironde	1 30
BOURGES, Cher, Indre, Nièvre	1 30
CAEN, Calvados, Manche, Orne	1 30
COLMAR, Bas-Rhin, Haut-Rhin	» 90
DIJON, Côte-d'Or, Saône-et-Loire, Haute-Marne	1 70
DOUAI, Nord, Pas-de-Calais	» 90
GRENOBLE, Hautes-Alpes, Drôme, Isère	1 30
LIMOGES, Corrèze, Creuse, Haute-Vienne	1 30
LYON, Ain, Loire, Rhône	1 70
METZ, Ardennes, Moselle	» 90
MONTPELLIER, Aude, Aveyron, Hérault, Pyrénées-Orientales	1 70
NANCY, Meurthe, Meuse, Vosges	1 30
NIMES, Ardèche, Gard, Lozère, Vaucluse	1 70
PARIS, Aube, Eure-et-Loir, Marne, Seine, Seine-et-Marne, Seine-et-Oise, Yonne	4 30
PAU, Landes, Basses-Pyrénées, Hautes-Pyrénées	1 30
POITIERS, Charente-Inférieure, Deux-Sèvres, Vendée, Vienne	1 70
RENNES, Côtes-du-Nord, Finistère, Ille-et-Vilaine, Loire-Inférieure, Morbihan	2 10
RIOM, Allier, Cantal, Haute-Loire, Puy-de-Dôme	1 70
ROUEN, Eure, Seine-Inférieure	» 90
TOULOUSE, Ariège, Haute-Garonne, Tarn, Tarn-et-Garonne	2 10
ALGER, Algérie	» 40

DIVISIONS MILITAIRES.

1re Division. PARIS, Seine, Seine-et-Oise, Oise, Seine-et-Marne, Aube, Yonne, Loiret, Eure-et-Loir	4 90
2e Division. ROUEN, Seine-Inférieure, Eure, Calvados, Orne	1 50
3e Division. LILLE, Nord, Pas-de-Calais, Somme	1 30
4e Division. CHALONS-SUR-MARNE, Marne, Aisne, Ardennes	1 30
5e Division. METZ, Moselle, Meuse, Meurthe, Vosges	1 70
6e Division. STRASBOURG, Haut-Rhin, Bas-Rhin	» 90
7e Division. BESANÇON, Doubs, Jura, Côte-d'Or, Haute-Marne, Haute-Saône	2 50
8e Division. LYON, Rhône, Loire, Saône-et-Loire, Ain, Isère, Hautes-Alpes, Drôme, Ardèche	3 70
9e Division. MARSEILLE, Bouches-du-Rhône, Var, Basses-Alpes, Vaucluse	2 10
10e Division. MONTPELLIER, Hérault, Aveyron, Lozère, Gard	1 70
11e Division. PERPIGNAN, Pyrénées-Orientales, Ariège, Aude	1 30
12e Division. TOULOUSE, Haute-Garonne, Tarn-et-Garonne, Lot, Tarn	2 10
13e Division. BAYONNE, Basses-Pyrénées, Landes, Gers, Hautes-Pyrénées	1 70
14e Division. BORDEAUX, Gironde, Charente-Inférieure, Charente, Dordogne, Lot-et-Garonne	» 50
15e Division. NANTES, Loire-Inférieure, Maine-et-Loire, Deux-Sèvres, Vendée	1 70
16e Division. RENNES, Ille-et-Vilaine, Morbihan, Finistère, Côtes-du-Nord, Manche, Mayenne	2 50
17e Division. BASTIA, Corse	» 40
18e Division. TOURS, Indre-et-Loire, Sarthe, Loir-et-Cher, Vienne	1 70
19e Division. BOURGES, Cher, Indre	1 70
20e Division. CLERMONT-FERRAND, Puy-de-Dôme, Haute-Loire, Cantal	1 30
21e Division. LIMOGES, Haute-Vienne, Creuse, Corrèze	1 30

ARCHEVÊCHÉS.

PARIS, Seine, Eure-et-Loir, Seine-et-Marne, Loiret, Loir-et-Cher, Seine-et-Oise	4 10
LYON, Rhône, Ain, Loire, Saône-et-Loire, Haute-Loire	2 30
ROUEN, Seine-Inférieure, Calvados, Eure, Orne, Manche	2 30
SENS, Yonne, Aube, Nièvre, Allier	1 70
REIMS, Ardennes, Aisne, Marne, Oise	2 10
TOURS, Indre-et-Loire, Sarthe, Mayenne, Maine-et-Loire, Ille-et-Vilaine, Loire-Inférieure, Finistère, Morbihan, Côtes-du-Nord	3 70
BOURGES, Cher, Indre, Puy-de-Dôme, Creuse, Haute-Vienne, Haute-Loire, Corrèze, Cantal	3 30
ALBY, Tarn, Aveyron, Lot, Pyrénées-Orientales	2 10
BORDEAUX, Gironde, Lot-et-Garonne, Charente, Aisne, Dordogne, Charente-Inférieures, Vendée	3 70
AGEN, Gers, Landes, Basses-Pyrénées	1 70
TOULOUSE, Haute-Garonne, Tarn-et-Garonne, Ariège, Aude	2 50
AIX, Bouches-du-Rhône, Var, Basses-Alpes, Hautes-Alpes, Corse	2 50
BESANÇON, Doubs, Haute-Saône, Bas-Rhin, Haute-Rhin, Moselle, Meuse, Jura, Vosges, Meurthe	3 70
AVIGNON, Vaucluse, Gard, Drôme, Ardèche, Hérault	2 10
CAMBRAI, Nord, Pas-de-Calais	» 90

ON PEUT TOUJOURS SOUSCRIRE AU CHOIX :

1° Par LIVRAISON contenant le Département et la Carte coloriée. 40 c. — 2° Par SÉRIE de cinq Départements. 2 fr. 10 c. — 3° Par VOLUME contenant vingt Départements. 8 fr. — 4° Par PROVINCE. — 5° Par COURS IMPÉRIALES. — 6° Par DIVISIONS MILITAIRES. — 7° Par ARCHEVÊCHÉS.

L'Ouvrage complet : *Le Texte* broché en 2 vol., prix : 21 fr. — *L'Atlas* broché en 1 vol., prix : 21 fr. — *Le Texte et l'Atlas réunis* forment 5 vol. in-8°, prix : 42 fr.

PUBLIÉ PAR GUSTAVE BARBA, LIBRAIRE-ÉDITEUR, RUE DE SEINE, 31.

PUBLICATIONS HISTORIQUES SUR L'INDÉPENDANCE ITALIENNE.

HISTOIRE DE L'ITALIE

ET DE

SES RAPPORTS AVEC L'AUTRICHE

DEPUIS 1815 JUSQU'A NOS JOURS

PAR

JOSEPH RICCIARDI

DÉPUTÉ AU PARLEMENT DE NAPLES EN 1848

ILLUSTRATIONS PAR CHARLES METTAIS

CARTE DE L'ITALIE COLORIÉE, DRESSÉE PAR A. H. DUFOUR

Prix : 2 francs 40 centimes.

HISTOIRE DU PIÉMONT

PAR

CLAUDE GENOUX

ILLUSTRATIONS PAR JANET-LANGE

Carte du Piémont coloriée, dressée par A. H. Dufour

Prix : 1 franc 50 centimes.

SOUS PRESSE

HISTOIRE D'AUTRICHE

PAR

LÉONARD CHODZKO

ILLUSTRATIONS PAR JANET-LANGE.

HISTOIRE

DES

CAMPAGNES DE FRANCE

EN ITALIE

depuis 1792 jusqu'aux Traités de 1815

PAR CHANUT

ILLUSTRATIONS DE JANET-LANGE.

PARIS. TYPOGRAPHIE DE HENRI PLON, RUE GARANCIÈRE, 8.

www.ingramcontent.com/pod-product-compliance
Lightning Source LLC
LaVergne TN
LVHW022119080426
835511LV00007B/912